A CONTRA CORRIENTE

A CONTRA CORRIENTE

SOLUCIONES PRÁCTICAS
PARA PREVENIR PROBLEMAS

DAN HEATH

REVERTÉ MANAGEMENT

Upstream
A contracorriente

© **Editorial Reverté, S. A., 2021**
Loreto 13-15, Local B. 08029 Barcelona – España
revertemanagement.com

Edición en papel
ISBN: 978-84-17963-26-2

Edición en ebook
ISBN: 978-84-291-9616-0 (ePub)
ISBN: 978-84-291-9617-7 (PDF)

Editores: Ariela Rodríguez / Ramón Reverté
Coordinación editorial y maquetación: Patricia Reverté
Traducción: Betty Trabal
Revisión de textos: Mariló Caballer Gil

Impreso en España – *Printed in Spain*
Depósito legal: B 8281-2021
Impresión y encuadernación: Liberduplex
Barcelona – España

55

A mi hermano Chip, que me sacó de
la Universidad de Derecho

Índice

ÍNDICE

TERCERA PARTE
Aún más a contracorriente

Nota del autor
sobre las fuentes

Se realizaron más de 300 entrevistas para este libro. Si una cita aparece sin un número de referencia («Smith dijo»), se debe a que proviene de una de esas entrevistas. En las citas que proceden de otras fuentes, esa fuente se especifica («como dijo Smith al *New York Times*», etc.).

Cuando utilizo detalles o datos de otras fuentes, las cito en las notas finales. Si una historia determinada está basada en los informes de otra persona, la fuente se cita en el texto.

CAPÍTULO 1

Ir a contracorriente

Estás con un amigo haciendo un picnic a la orilla de un río cuando de repente oyes un grito que viene del agua —un niño se está ahogando—. Sin pensártelo dos veces te tiras al agua, agarras al niño y lo arrastras hasta la orilla. Cuando todavía estás recuperándote del susto, oyes a otro niño pidiendo ayuda. Tú y tu amigo os tiráis al agua para rescatarlo también. Después, oís a otro niño gritando, y a otro, y a otro... Entre los dos apenas podéis con todo. Entonces, de repente, ves que tu amigo sale del agua y parece que te está dejando solo. «¿Adónde vas?», le preguntas. Tu amigo responde: «Voy río arriba, a contracorriente, a ver al chico que está tirando al agua a estos niños».

—Una parábola de salud pública (adaptada del original que se le atribuye comúnmente a Irving Zola)

En el año 2012, Ryan O'Neill, líder del equipo de experiencia del cliente de la web de viajes Expedia, había estado analizando algunos datos del centro de atención al cliente de la compañía y había descubierto una cifra tan inverosímil que parecía casi increíble. De cada cien clientes que reservaban un viaje en Expedia online —incluidos vuelos, hotel o alquiler de vehículo—, el 58 % de ellos hacía una llamada *a posteriori* para pedir ayuda.

El principal atractivo de una web de viajes online es, por supuesto, el autoservicio: que no necesites llamar a nadie. Imagínate una gasolinera en la que puedas pagar con tarjeta directamente en el surtidor, pero el 60 % de las veces algo sale mal y tienes que entrar en la tienda a pedir ayuda. Más o menos eso es lo que pasaba en Expedia.

Tradicionalmente, ese centro de atención al cliente era reconocido por su eficiencia y por la alta satisfacción del cliente. Los empleados estaban entrenados para satisfacer a sus clientes cuanto antes, porque las llamadas cortas minimizaban los gastos. «El objetivo que buscábamos era una cuestión de rentabilidad», dijo O'Neill. «Habíamos estado intentando reducir ese gasto. En vez de hacer llamadas de diez minutos, ¿podíamos reducirlas a dos minutos? Pero lo que realmente había que plantearse era: ¿Por qué dos minutos? ¿Por qué uno solo?».

Cuando te pasas años solucionando problemas, a veces te olvidas de que puedes prevenirlos. O'Neill compartió lo que iba descubriendo con su jefe, Tucker Moodey, líder del equipo de operaciones globales de clientes. Juntos profundizaron en una pregunta clave que nunca se habían planteado: ¿Por qué nos llaman tantos clientes? Elaboraron una lista de los asuntos sobre los que pedían ayuda los clientes.

La primera razón por la que llamaban resultó ser para pedir una copia de su itinerario. Solo en el año 2012 recibieron casi veinte millones de llamadas por ese motivo. ¡Veinte millones de llamadas! Es como si todos los habitantes de Florida llamaran a Expedia una vez al año.

Con un coste aproximado de 5 dólares por llamada, representaba un problema de 100 millones de dólares. ¿Por qué los clientes no recibían su itinerario automáticamente? Las respuestas eran bastante sencillas: porque los clientes habían escrito mal su dirección de email, porque el itinerario acababa en la bandeja de spam o porque por error eliminaban el itinerario pensando que era una oferta de algo. Lo peor es que en la web no había una opción para que los clientes pudieran recuperar sus itinerarios.

O'Neill y Moodey mostraron sus datos a Dara Khosrowshahi, entonces consejera delegada de Expedia. «Tenemos que hacer algo con esto», dijo O'Neill. Khosrowshahi, además de estar de acuerdo en que debían concentrarse en reducir el volumen de llamadas, dijo que la experiencia del cliente tenía que ser la máxima prioridad. Se creó una «sala de operaciones» en la que personas de diferentes grupos operativos se reunían diariamente y tenían un único cometido: *evitar que los clientes tengan que llamar*.

El grupo de la «sala de operaciones» desarrolló soluciones para todas las peticiones de ayuda de los clientes. Consiguieron bastante pronto soluciones para el problema principal, la petición de los itinerarios: añadieron una opción automática al sistema de buzón de voz de la compañía («pulsa 2 para que te reenvíen el itinerario»), cambiaron la manera de enviar los emails para evitar los filtros de spam y crearon una herramienta online para que los clientes pudieran descargarse el itinerario.

Actualmente, casi nadie llama para pedir su itinerario. Han conseguido eliminar veinte millones de llamadas relacionadas con ese tema. También se han terminado casi todas las llamadas relacionadas con los otros diez asuntos más habituales. Desde el año 2012, el porcentaje de clientes de Expedia que telefonea para pedir ayuda se ha reducido del 58 % a apenas el 15 %.

En Expedia, su esfuerzo por reducir el volumen de llamadas fue una exitosa intervención *a contracorriente*. Las acciones que van a favor de la corriente reaccionan a los problemas cuando ya han ocurrido; en cambio, las acciones que van a contracorriente pretenden evitar que esos problemas ocurran. Puedes contestar a la llamada de un cliente que se queja de que no tiene el itinerario (a favor de la corriente) o puedes hacer innecesaria esa llamada asegurándote de que reciba su itinerario por adelantado (a contracorriente).

Evidentemente, todos preferiríamos vivir en un mundo que se mueva siguiendo la corriente, en el que pudiéramos evitar los problemas, en lugar de tener que resolverlos. ¿Qué es lo que nos impide evitar que sucedan algunos problemas? Analizando el éxito de Expedia, nos cuesta entender por qué tardaron tanto en actuar. ¿Cómo pudieron llegar hasta el punto de que veinte millones de personas tuvieran que llamar para solicitar sus itinerarios? ¿No deberían haberse disparado las alarmas mucho antes, por ejemplo, cuando habían recibido siete millones de llamadas?

Los ejecutivos de Expedia no eran ajenos al problema, sabían que el volumen de llamadas era enorme, pero simplemente estaban organizados para ignorar ese problema. En Expedia, igual que en muchas otras compañías, el personal trabaja dividido en equipos, y cada uno de ellos se encarga de sus propios asuntos. El equipo de marketing se encargaba de atraer a clientes a su web; el equipo de producto incitaba a los clientes a que hicieran una reserva; el equipo de tecnología se preocupaba de que los diferentes elementos de la web funcionaran sin problemas; y el equipo de atención al cliente trataba los problemas de los clientes de una forma rápida y satisfactoria.

Pero faltaba algo: un equipo que garantizara que los clientes *no tuvieran que llamar para pedir ayuda*. De hecho, ninguno de esos equipos ganaba nada por evitar las llamadas: nadie evaluaba la calidad de los servicios.

En cierta medida, los objetivos de cada uno de los equipos incitaban a que los clientes hicieran más llamadas. Para el equipo de producto, cuyo objetivo era incrementar al máximo el número de reservas, lo mejor era pedir a los clientes que escribieran su email solamente una vez; porque, si les pedían que lo hicieran una segunda vez, podrían hartarse. Podrían perder a una de cada cien personas que se sintieran lo suficientemente molestas como para abandonar la transacción. Pero el efecto colateral de esta decisión era que algunos clientes escribían mal su dirección de email y tenían que acabar llamando a la compañía para pedir su itinerario. Era un fallo del sistema. Esos clientes nunca habrían tenido que llamar. Al final, ambos equipos conseguían cumplir con sus objetivos: el equipo de producto cerraba una transacción, y el equipo de atención al cliente resolvía la llamada consecutiva rápidamente.

Ir a contracorriente

Mark Okerstrom, que fue director financiero de Expedia durante cinco años y que en el 2017 fue nombrado consejero delegado, dijo: «Cuando creamos organizaciones, hacemos todo lo posible para que las personas se enfoquen en un objetivo. Básicamente, les estamos dando permiso para que sean miopes. Estamos diciéndoles: «Este es tu problema. Define tu misión, crea tu estrategia y alinea tus recursos para solucionarlo. Y tienes el legítimo derecho de ignorar todo aquello que no se corresponda con ese objetivo».

Lo que quiere decir Okerstrom es que el enfoque es al mismo tiempo la fuerza y la debilidad de las organizaciones. La especialización inherente a las organizaciones crea una gran eficiencia, pero también desalienta los esfuerzos para integrar otras maneras de trabajar nuevas y ventajosas: las acciones *a contracorriente*.

Y esto ocurre también en numerosos ámbitos de la sociedad. A menudo, nos quedamos atrapados en un círculo vicioso como respuesta. Apagamos incendios, hacemos frente a las emergencias, lidiamos con un problema tras otro; pero nunca nos detenemos a arreglar los sistemas que causan esos problemas.

Los médicos rehabilitan a los adictos a las drogas; los de recursos humanos seleccionan a profesionales para sustituir a los ejecutivos de talento que abandonan las empresas, y los pediatras recetan inhaladores a los niños que tienen problemas respiratorios. Y, obviamente, es maravilloso que los profesionales puedan solucionar esos problemas, pero ¿no sería mejor que los adictos nunca probaran las drogas, que los ejecutivos estuvieran tan contentos como para no marcharse de la empresa y que los niños no tuvieran asma? Entonces, ¿por qué nuestros esfuerzos están más orientados a la reacción que a la prevención?

En el año 2009 hablé con el subjefe de policía de una ciudad canadiense; fue una de las conversaciones que despertó mi interés por el pensamiento a contracorriente. El policía creía que las fuerzas policiales estaban mucho más orientadas a reaccionar ante los crímenes que a intentar evitarlos. «Muchos policías quieren jugar a polis y cacos», dijo. «Es más fácil decir "he arrestado a este chico" que decir "he estado un tiempo hablando con este chico rebelde"».

Me puso el ejemplo de dos policías. El primero pasaba la mitad de su turno de pie en un cruce donde ocurrían muchos accidentes; su presencia visible hacía que los conductores tuvieran más cuidado, y así se evitaban colisiones. El segundo policía se escondía en el cruce para pillar a los que hacían giros no permitidos. El primer policía hace mucho más por la seguridad pública, dijo el subjefe de policía; pero se recompensa más al segundo, porque puede mostrar las multas que ha puesto.

Una de las razones por las que preferimos reaccionar ante un problema antes que evitarlo es porque resulta más tangible. El trabajo a favor de la corriente es más fácil de ver y de medir que el trabajo a contracorriente, que está lleno de ambigüedades. Un día, una familia evita un accidente de coche gracias a la presencia del policía, que hace que el conductor sea más cauteloso, pero ni esa familia ni el policía son conscientes de lo que no ha ocurrido. ¿Cómo demostrar algo que *no* ha ocurrido? Como jefe de policía, lo único que puedes hacer es tener pruebas fehacientes de los accidentes ocurridos en el cruce y detectar el éxito cuando las cifras comienzan a reducirse. Pero, aunque estés seguro de que tus esfuerzos han valido la pena, nunca sabrás a *quién* has ayudado. Simplemente verás que las cifras se han reducido. Tus victorias son historias escritas con cifras, las protagonizan héroes invisibles que han salvado a víctimas invisibles.

En este libro defino los trabajos a contracorriente como aquellos que pretenden evitar los problemas antes de que ocurran o, como alternativa, que reducen sistemáticamente el daño que ocasionan. Enseñar a los niños a nadar, por ejemplo, es una manera excelente de evitar ahogamientos; aunque, en ocasiones, hasta los nadadores más expertos puedan correr el riesgo de ahogarse. Por ese motivo, para mí, un chaleco salvavidas también es una solución a contracorriente. A primera vista, los chalecos salvavidas parecen una solución reactiva: cualquiera que necesite un chaleco salvavidas es porque ya tiene un problema. Pero, si el «problema» que queremos evitar es que *la gente se muera ahogada*, entonces el chaleco salvavidas puede evitarlo.

Una característica de los trabajos a contracorriente es que implica un pensamiento sistémico: puesto que las autoridades son conscientes del riesgo de ahogamiento, compran y distribuyen chalecos salvavidas en los lugares donde es posible que ocurra una emergencia. En cambio, un padre que se tira desesperadamente a una piscina para rescatar a su hijo que se está ahogando está llevando a cabo una acción reactiva —normalmente, existe una interacción entre la proactividad y la reactividad: después de que el padre haya salvado a su hijo, el parque acuático seguramente revisará el incidente y hará cambios para evitar que vuelva a ocurrir algo similar. El rescate a posteriori lleva a una mejora a contracorriente—.

Prefiero la palabra *a contracorriente* a las palabras *preventivo* o *proactivo* porque me gusta la forma en que la metáfora de la corriente nos impulsa a ampliar nuestro pensamiento sobre las soluciones. Este capítulo ha empezado con la historia de unos niños que se ahogaban, y en ella destacan dos posicionamientos: a contracorriente y a favor de la corriente. Pero, en realidad, también podemos intervenir en cualquiera de los puntos intermedios. En otras palabras, ir a contracorriente no supone un destino final, sino una dirección. Las lecciones de natación están ubicadas en una posición más elevada que los chalecos salvavidas. Y siempre hay una manera de remontar todavía más arriba la corriente; lo cual implica mayor complejidad.

Para estudiar el espectro de una acción a contracorriente voy a exponer un problema concreto. En el año 2013, unos ladrones entraron en casa de mis padres en College Station, Texas. Mis padres estaban dando un paseo por el barrio, y los ladrones aprovecharon su ausencia para entrar por la puerta trasera y robar una cartera, dos iPhones y algunas joyas. Mis padres informaron a la policía, pero por desgracia nunca capturaron a los ladrones. La respuesta siguiendo la corriente fracasó.

¿Qué podría haber evitado ese robo? Unos segundos antes, una alarma ensordecedora; minutos antes, una evidencia de un sistema de alarma —como esas señales de las compañías de seguridad que ves en las fachadas de las casas; o quizá esto habría desviado su objetivo a la casa de otro vecino—. Horas antes, la presencia visible de la policía. Meses antes, si los ladrones hubieran sido arrestados previamente, podrían haber participado en algún tipo de terapia conductual para romper el ciclo de reincidencia. Años antes, tengamos en cuenta que ningún niño crece aspirando a robar casas. Por lo tanto, una solución muy a contracorriente ante el robo podría ser crear un contexto de comunidad dotado de tal cantidad de oportunidades que los robos serían innecesarios. Si esta idea te parece algo así como ultraoptimista, espérate a llegar al capítulo 5, donde hablo de que hay un país en el que prácticamente ha desaparecido el abuso del alcohol y las drogas por parte de los jóvenes simplemente adoptando una filosofía similar a la de las oportunidades.

¿Te imaginas evitar un robo *décadas* antes de que ocurra? Sí, es posible. Las posibilidades a contracorriente son interminables. El psicólogo y experto en desarrollo infantil Richard Tremblay afirma que el mejor momento para prevenir un futuro comportamiento agresivo es cuando el potencial delincuente aún está en el vientre materno. Tremblay señala una serie de factores de riesgo que afectan a la madre y que predicen la agresividad física crónica de un niño: pobreza materna, tabaquismo, malnutrición, ira, depresión, malas relaciones maritales, una escasa educación y tener un bebé siendo adolescente. Según Tremblay, todos estos factores suelen coincidir, pero lo más importante es que se pueden *cambiar*. Actualmente, está trabajando en un programa que ayuda a mujeres embarazadas que se encuentran en situaciones de alto riesgo. «Para resolver el problema de las agresiones, que suele ser un problema masculino, tenemos que concentrarnos en las mujeres», dijo Tremblay a *Nature*. «Si mejoras la calidad de vida de esas mujeres, mejorarás también la de las siguientes generaciones».

Ir a contracorriente

Si supiéramos que todas esas soluciones funcionan, preferiríamos las soluciones que van a contracorriente: aquellas que hacen que menos niños se conviertan en delincuentes. Es evidente que algunas soluciones a contracorriente son más deseables, pero el problema reside en que son más complejas y ambiguas. Piensa en ello: Tremblay está proponiendo mejorar al máximo el entorno de las mujeres embarazadas para reducir su propensión a los factores de riesgo —pobreza, ira o depresión—; lo cual quiere decir que, a su vez, el hijo de esas mujeres sea menos propenso a la agresividad y, por lo tanto, a la delincuencia. Es posible que dieciocho años después el hijo de esas mujeres acabe yendo a la universidad, en lugar de robando casas. Los esfuerzos a favor de la corriente son más limitados, rápidos y tangibles; en cambio, los esfuerzos a contra corriente son más amplios, lentos y difusos, pero cuando funcionan lo hacen *de verdad* y consiguen que se logren unas mejoras enormes y duraderas.

Entonces, ¿qué es lo correcto?, ¿ir a contracorriente o a favor de la corriente? ¿Deberíamos detener los robos mediante un sistema de alarma o alimentar bien a la madre del futuro «delincuente»? Lo primero y más importante que debemos plantearnos es por qué es necesario elegir. Si las empresas son capaces de crear múltiples niveles de protección para *evitar caídas de la red*, entonces seguramente nosotros podemos invertir en múltiples niveles de protección contra la delincuencia y otros problemas importantes.

Si en un mundo con escasos recursos tuviéramos que elegir necesariamente un punto de intervención, esta sería la incómoda respuesta: no sabríamos cuál es el correcto. El mundo no tiene suficientes pruebas —por no hablar de voluntad— para elegir el punto correcto en la «corriente» de la delincuencia; en realidad, en la corriente de casi cualquier problema importante. Esta es una de las razones principales por las que he escrito este libro. Porque, aunque tenemos un amplio abanico de opciones disponibles para tratar los problemas del mundo, nos hemos limitado a un pequeño tramo de la corriente: la zona de respuesta. Reaccionar, reaccionar, reaccionar.

Gastamos miles de millones de dólares para recuperarnos de los huracanes y los terremotos; sin embargo, apenas dedicamos recursos para prepararnos ante esos desastres. Hay cientos de agencias y organizaciones cuya finalidad es la de ayudar a los sintecho, pero ¿cuántas hay que se dediquen a *evitar que la gente se quede sin hogar?* Cuando empieza a expandirse el ébola en un país extranjero se convierte en una prioridad internacional y, una vez pasada la epidemia, no conseguimos fondos para ayudar a los sistemas sanitarios locales y evitar así otra epidemia.

No quiero decir que una solución a contracorriente sea siempre la más adecuada, ni que tengamos que abandonar el trabajo a favor de la corriente, porque siempre necesitaremos que alguien esté en la otra orilla para rescatarnos. El tema es que nuestra atención es manifiestamente asimétrica. Estamos tan concentrados en salvar a los niños que se están ahogando en el río que jamás nos paramos a pensar por qué es necesario salvarlos.

En ningún otro sector es tan evidente la necesidad de un cambio como en el de la industria sanitaria, que con 3,5 billones de dólares constituye casi una quinta parte de la economía de Estados Unidos. El sistema de salud estadounidense está diseñado casi en su totalidad para reaccionar. Funciona como una tecla gigante para deshacer. ¿Arterias obstruidas? Las desbloquearemos. ¿Cadera rota? La sustituiremos. ¿Problemas de visión? Los corregiremos. Si todo sale bien, volverás a tu salud basal. Pero es difícil encontrar en el sistema a alguien cuyo trabajo consista en responder a *qué hacer para que estés más sano* —pregunta diferente a la de *cómo responder a los problemas que hacen que no estés sano*—.

¿Podría cambiar el sistema sanitario y funcionar a contracorriente, en lugar de limitarse a reaccionar? Para ello habría que hacer cambios importantes en la política, y la política de la sanidad es un asunto notoriamente partidista. Con la intención de conocer mejor los valores fundamentales de conservadores y liberales, una organización denominada The Health Initiative, liderada por Rebecca Onie y Rocco Perla, reunió a dos grupos focales en Charlotte, Carolina del Norte: uno formado por mujeres demócratas afroamericanas, y otro por mujeres republicanas blancas. A cada grupo se le formuló esta pregunta: «Si tuvieras cien dólares, ¿cómo los invertirías en la salud de tu comunidad?». Se les daba la opción de gastar los cien dólares en varias categorías.

Las demócratas afroamericanas destinaron casi un tercio de los fondos al sistema sanitario formal —hospitales y clínicas— y al resto a cosas que no tenían nada que ver con ello: 25 dólares a comida sana, 19 dólares a vivienda y 14 dólares al cuidado de los niños, por ejemplo. ¿Cómo invirtieron los fondos las mujeres republicanas blancas? Casi de la misma manera. Coincidieron prácticamente en todos los porcentajes. Los mismos resultados se obtuvieron con los otros grupos focales cuando se realizó el estudio por todo el país: con hombres, con latinos, con votantes indecisos y demás. «Las similitudes en los patrones de gasto eran sorprendentes», dijo Perla. «Eso nos dio mucho que pensar».

Lo cierto es que, aunque discutamos con gente que piensa diferente a nosotros, en el fondo todos estamos de acuerdo en cómo *deberíamos* gastar nuestros recursos. Desde el punto de vista político, todos pensamos que la mejor manera de «comprar salud» es invirtiendo dos tercios de nuestro presupuesto en sistemas que hagan que la gente esté sana —alimentación, vivienda, etc.— y un tercio en sistemas que curen a la gente. En otras palabras, muchos de nosotros pensamos que por cada dólar que gastamos en el cuidado sanitario siguiendo la corriente deberíamos gastar dos dólares a contracorriente.

Resulta que esta proporción es bastante parecida a la norma global de los países desarrollados. El modelo de gasto medio a lo largo del tiempo en otros países desarrollados es que por cada dólar que un país gasta en sanidad siguiendo la corriente gasta otros dos o tres a contracorriente. Hay un caso atípico entre esos países; y, sí, somos nosotros. En Estados Unidos, la proporción es 1:1; es decir, por cada dólar que invertimos en esfuerzos a contracorriente invertimos también uno en esfuerzos a favor de la corriente. Esta es la proporción más baja entre el gasto a contracorriente y el gasto a favor de la corriente de todos los países semejantes a Estados Unidos.

Estamos acostumbrados a oír que Estados Unidos «gasta demasiado» en sanidad. Es una afirmación demasiado simplista. Es cierto, gastamos mucho más en atención médica formal como porcentaje del PIB que cualquier otro país desarrollado pero, si sumamos lo que otros países gastan en sanidad más lo que gastan en «asistencia social» —que es básicamente un gasto a contracorriente, que va desde la vivienda hasta las pensiones y las ayudas a los niños— resulta que el gasto de Estados Unidos es normal y corriente. Por lo que se refiere al gasto total, somos el noveno país de 34, según los datos de un estudio de 2017 realizado por Elizabeth Bradley, Heahter Sipsma y Lauren Taylor.

Tal como indican Bradley y Taylor en un libro titulado *The American Health Care Paradox*, lo que de verdad distingue el enfoque de la sanidad de Estados Unidos no es tanto la *cantidad* del gasto como la *forma de gastarlo*. En comparación con otros países, los estadounidenses gastamos más dinero en curar las dolencias de la gente que en mantenerla sana. Vamos corriente abajo mientras otros países van corriente arriba.

De hecho, todavía es peor: ni siquiera nuestro gasto *a contracorriente* va tan corriente arriba como el de otros países. Según el informe de una investigación que hizo RAND, otros países desarrollados gastan casi el triple que nosotros, como porcentaje del presupuesto a contracorriente, en apoyar a las familias —créditos para niños, asistencia infantil, etcétera—. Por otra parte, nosotros gastamos un 30 % más que ellos en la «tercera edad».

Una consecuencia de la inversión que hace el sistema sanitario estadounidense siguiendo la corriente es que es pionero en el tratamiento de pacientes con enfermedades graves, como el cáncer o las enfermedades cardíacas. Por eso los príncipes sauditas vuelan a Houston o a Boston para ser tratados de cáncer. Pero no solo se benefician de ello los príncipes, sino todos los que padecen este tipo de enfermedades.

Estados Unidos es líder mundial en las prótesis de rodillas, en las cirugías de *bypass*, en el número de gente que vive con un trasplante de riñón y en el porcentaje de personas mayores a las que se les ha puesto una prótesis de cadera en tan solo seis meses. Estos son los frutos de invertir en acciones a favor de la corriente.

¿Cuáles son el lado negativo o las desventajas de invertir a favor de la corriente? Veamos algunos datos de Noruega, un país interesante con el que compararnos ya que, como porcentaje del PIB, nuestro gasto total en sanidad corriente arriba y corriente abajo es similar. Pero las prioridades de gasto de Noruega son totalmente diferentes a las nuestras: por cada dólar que gastan siguiendo la corriente, gastan aproximadamente 2,50 dólares a contracorriente.

¿Cuáles son las prioridades de gasto en Noruega? Pongamos como ejemplo el parto. Una mujer noruega embarazada no paga nada por sus visitas prenatales, ni por el parto, ni por las visitas posparto. Todo eso lo tiene cubierto.

Suponiendo que los padres estén empleados durante 6 de los 10 meses anteriores al nacimiento de su bebé, tendrán derecho a un permiso completo de paternidad. La madre deja de trabajar tres semanas antes de la fecha prevista para el parto. Después, ambos padres pueden tomarse un permiso de 15 semanas. Una vez finalizado ese periodo, la familia continúa teniendo una reserva adicional de 16 semanas y los padres se repartirán los días de permiso como les convenga. Y lo mejor de todo es que ese tiempo de permiso es remunerado. En total son 49 semanas —por cierto, si la madre o el padre no cumplen con el requisito de tener trabajo, no reciben la paga del permiso, pero sí reciben un cheque de unos 9.000 dólares—.

Cuando el niño cumple un año se le adjudica una plaza en una buena guardería durante todo el día, y los padres pagan en proporción a sus ingresos una tarifa limitada a unos cientos de dólares al mes. Y a las familias se les paga una pequeña cantidad mensual —un poco más de 100 dólares por niño— hasta que el niño cumple dieciocho años. Ese dinero puede utilizarse para comprar pañales, comida o material escolar. O puede utilizarse para empezar a ahorrar para entrar la universidad; lo cual no es demasiado útil, ya que la enseñanza universitaria en Noruega es gratuita.

¿Qué población está más sana? ¿La noruega o la estadounidense? Las diferencias son enormes. En cuanto a mortalidad infantil, Noruega ocupa el 5º puesto mejor del mundo, y Estados Unidos ocupa el 34º. Esperanza de vida: Noruega 5º puesto, y Estados Unidos, el 29º. Nivel de estrés: Noruega ocupa el 1er puesto, y Estados Unidos, el 21º. Felicidad —en esto seguro que los aventajamos—, pues no: Noruega ocupa el 3er puesto, y Estados Unidos, el 19º.*

Recuerda que ambos países gastan casi lo mismo en salud —a contracorriente y a favor de la corriente— como porcentaje de su PIB. Noruega no está gastando más, sino que está gastando de diferente manera. Los estadounidenses suben los agudos, los

---

* Expongo algunas cualificaciones aquí para evitar simplificar demasiado. Aunque Estados Unidos igualara el nivel de gasto de Noruega a contracorriente, no es seguro que los resultados en la población fueran comparables. Hacer que toda una población esté sana es muy difícil, y el legado de desigualdad y racismo en Estados Unidos hace que sea aún más difícil que en una población homogénea como la de Noruega. El otro problema es más un problema matemático. No es que haya algo sagrado en estos «ratios» del gasto a contracorriente y del gasto a favor de la corriente —por ejemplo, se podría lograr que el ratio de Estados Unidos fuera mejor recortando el gasto que sigue la corriente en sanidad; pero eso no haría que toda la población estuviera más sana—. El tema es que, si pensamos en el gasto en sanidad como una enorme olla de dinero, los estadounidenses dedican ese dinero de diferente manera que otros países. Y, para mejorar la salud, lo lógico sería o bien *aumentar* el gasto a contracorriente, o dejar de gastar a favor de la corriente y gastar a contracorriente.

noruegos suben los bajos. La elección de Estados Unidos como nación ha sido ser cada vez mejores en el rescate de niños que se ahogan en el río.

Se podrían elegir otras opciones.

~~~~~~~

Mi objetivo con este libro es convencerte de que deberíamos cambiar nuestras energías y dedicarlas más a realizar trabajos a contracorriente: tanto en el ámbito personal como en el organizacional, nacional y global. Podemos —y debemos— dejar de lidiar continuamente con los síntomas de los problemas y empezar a solucionarlos de una vez por todas.

Al mismo tiempo, debemos tener los ojos bien abiertos ante los desafíos a los que nos enfrentaremos mientras realizamos este cambio. Puede servirnos de ejemplo esta opción de la Ciudad de México. En 1989, las autoridades de la ciudad prohibieron a la población conducir un día por semana según el último dígito de su matrícula. Lo que pretendían era fomentar el uso del transporte público y mejorar así la calidad del aire. Fue un enorme esfuerzo a contracorriente para *prevenir* la contaminación del aire. Pero no funcionó: muchos mexicanos se compraron otro coche —normalmente, un viejo cacharro que les resultaba más barato— y así podían conducir cada día. La calidad del aire empeoró.

Unas buenas intenciones no garantizan nada.

Lo que me entusiasma de los esfuerzos a contracorriente es la forma en que reflejan lo mejor y lo peor de la humanidad. Ir a contracorriente es una declaración oficial: *No tengo que estar a merced de estas fuerzas: puedo controlarlas. Puedo modelar mi mundo.* Y en esta declaración están las semillas del heroísmo y la arrogancia.

A veces, este deseo de control nos lleva a éxitos sorprendentes. Recordemos la erradicación de la viruela, un virus que en el siglo XX mató a unos 300 millones de personas en todo el planeta. Gracias a un enorme esfuerzo mundial, la viruela fue poco a poco desapareciendo. El último ser humano infectado de forma natural con viruela fue Maow Maalin, un cocinero del hospital de Merca, Somalia. En 1977, tras descubrir que estaba infectado, se realizó un esfuerzo frenético de dos semanas vacunando a 54.777 personas de su comunidad para asegurar que la enfermedad no se expandiera más.* Y eso supuso el final de la viruela. No la tratamos, la vencimos. Es un buen ejemplo de un trabajo a contracorriente.

Pero ese deseo de control —puedo modelar esta situación a mi antojo— también nos puede incitar a actuar en situaciones que no dominamos del todo. Jugamos con sistemas que apenas conocemos y tropezamos con un laberinto de consecuencias imprevistas. No cabe la menor duda de que nuestros nobles esfuerzos por hacer un mundo mejor pueden fácilmente hacer un mundo peor.

Hay algunos problemas complicados que los líderes proactivos deberían desenredar. ¿Cómo detectar los problemas antes de que ocurran? ¿Cómo medir el éxito cuando el éxito está definido como cosas que *no ocurren*? Recuerda el caso del subjefe de policía que usaba su presencia para evitar accidentes en lugar de poner multas. Y, por cierto, ¿quién debería pagar esas cosas que no ocurren?

Más adelante hablaremos de tal complejidad y conoceremos a gente que ha conseguido superarla. Visitaremos la primera ciudad del mundo que ha eliminado la indigencia crónica.

---

* Una posdata asombrosa: Maalin vivió y se dedicó después a erradicar la polio en Somalia utilizando su experiencia con la viruela para destacar la importancia de las vacunas. Por cierto, hubo otra persona infectada de forma *no natural* con la viruela en 1978 bajo trágicas circunstancias: Janet Parker, fotógrafa médica en Reino Unido, cuyo estudio de revelado estaba justo encima del laboratorio del profesor Henry Bedson. Este había estado trabajando con el virus de la viruela y, con las prisas por terminar un estudio, había traspasado ciertas medidas de seguridad permitiendo que el virus viajara hasta la habitación de Parker a través de un conducto de aire. Parker murió, y Bedson se suicidó por lo que había cometido.

Estudiaremos una escuela que ha incrementado su índice de graduados en un 25 % concentrándose intensamente en un solo año de bachillerato. Y conoceremos una empresa de internet que ofrece servicios de subscripción y que ha descubierto cómo predecir qué clientes cancelarán su suscripción anual *antes de cuatro semanas después de haberla contratado.*

Nuestra exploración está dividida en tres etapas. En primer lugar, hablaremos de las tres fuerzas que nos empujan a favor de la corriente y que, por lo tanto, dificultan nuestra habilidad de prevenir problemas. Después, en el centro del libro, estudiaremos las siete preguntas fundamentales que los líderes con iniciativa deberían plantearse. Estudiaremos acciones exitosas y acciones no exitosas para prevenir problemas para descubrir las estrategias que prosperan y las barreras a la proactividad. Por último, analizaremos el pensamiento «aún más a contracorriente»: ¿Qué hacer cuando te enfrentas a un problema que nunca has tenido y que quizás nunca volverás a tener?

La mayoría de nosotros estamos de acuerdo en que «más vale prevenir que curar», pero nuestras acciones no suelen respaldar estas palabras. La mayoría de nuestros esfuerzos en la sociedad están optimizados para ofrecer kilos de cura rápida y eficiente. Celebramos la respuesta, la recuperación o el rescate. Pero somos capaces de hacer cosas más grandes: menos deshacer y más superar. Lo que el mundo necesita es un tipo de héroes más tranquilos, que luchen por un mundo en el que los rescates dejen de ser necesarios. Tanto en nuestras vidas como en la sociedad, ¿cuántos problemas estamos dejando pasar simplemente porque nos hemos olvidado de que podemos solucionarlos?

PRIMERA PARTE

TRES BARRERAS QUE NOS IMPIDEN ACTUAR A CONTRACORRIENTE

~~~~~~~~~~

CAPÍTULO 2

La ceguera ante el problema

En 1999, el doctor y entrenador deportivo Marcus Elliott pasó a formar parte del personal de los New England Patriots, cuyos jugadores habían sufrido varias lesiones en los isquiotibiales. En aquel momento había una especie de mentalidad fatalista sobre las lesiones. La gente pensaba que las lesiones «formaban parte del deporte», dijo Elliott. «Es la propia naturaleza del deporte, y no son más que lesiones normales». El fútbol es un deporte duro y los jugadores se lesionan; es algo inevitable.

Elliott tenía una filosofía diferente. Él pensaba que la mayoría de las lesiones eran consecuencia de un mal entrenamiento. En general, los entrenamientos de los equipos de fútbol tienen como finalidad robustecer y fortalecer a los jugadores. Aunque la complexión de los jugadores y la posición en la que juegan son muy diferentes, su entrenamiento casi siempre es el mismo. «Es algo así como ir a una visita al médico y, sin que te pregunte nada ni te haga ninguna prueba, te firme una receta», dijo. «No tiene sentido. Pero es así como el entrenamiento de los atletas profesionales se realiza... Hay un único programa de entrenamiento igual para todos».

Elliott cambió el método de los entrenamientos. A los jugadores que tenían más riesgo de sufrir lesiones en los músculos isquiotibiales, como eran los que más recibían el balón, se les prestaba más atención. Elliott estudió a cada uno de los jugadores, comprobó su fuerza, observó la mecánica de sus *sprints* y buscó desequilibrios musculares —es decir, si un muslo era más fuerte que el otro—. A partir de esas evaluaciones dividió a los jugadores en grupos según su riesgo de sufrir lesiones: alto, moderado y bajo. Los jugadores de alto riesgo pasaron por un entrenamiento agresivo fuera de temporada para corregir las señales de alerta muscular que encontraba Elliott.

La temporada anterior, los jugadores del Patriots habían sufrido veintidós lesiones en los isquiotibiales. Después del programa de Elliott, el número se había reducido a tres. El éxito hizo creyentes a los escépticos. Veinte años después, los métodos basados en los datos y adaptados a cada jugador, como el que usaba Elliott, son mucho más populares.

Más tarde, Elliott fundó una empresa de ciencia del deporte llamada P3, que analiza y entrena a atletas de élite. Esta firma utiliza una tecnología que capta el movimiento en 3D para microanalizar a los atletas mientras corren, saltan y pivotan. Los resultados son de una precisión espectacular; como si fuera una resonancia magnética. Elliott puede sentarse con un atleta y decirle: *mira, cuando aterrizas después de un salto, haces un 25 % más de fuerza con un lado de tu cuerpo, hemos visto que tu fémur está rotando internamente y que la tibia lo hace externamente. Esto hace que tu rotación relativa esté en el percentil 96 de los atletas que hemos examinado, y todos los atletas que hemos visto por encima del percentil 95 han sufrido alguna lesión en la rodilla al cabo de dos años. Deberíamos pues trabajar en esto, y después de entrenarlo volveremos a analizarlo para ver cómo ha cambiado.* Más de la mitad de los jugadores actuales de la liga de fútbol americano han sido analizados por P3.

«No esperes a que se produzcan las lesiones», dice Elliott. «En lugar de eso, busca aquellas señales que indican que hay un riesgo y actúa sobre ellas. Porque, si esperas a que la lesión se produzca, nunca podrás recomponer las cosas igual que estaban antes de la lesión». Elliott y los que comparten su filosofía han hecho que la ciencia de la prevención de lesiones esté cada vez más presente en el deporte profesional.

La ceguera ante el problema

Los atletas profesionales juegan fuerte, y es lógico que se lesionen, es inevitable. Esta mentalidad es un ejemplo de lo que yo llamo «la ceguera ante el problema»: la creencia de que las consecuencias negativas son naturales e inevitables porque están fuera de nuestro control. Cuando estamos ciegos delante de un problema, hacemos como si se tratara del tiempo. Sabemos que hace mal tiempo, pero nos encojemos de hombros. *¿Qué se supone que tengo que hacer? El tiempo es el tiempo.*

La ceguera ante el problema es la primera de las tres barreras al pensamiento a contracorriente que estudiaremos en esta sección. No *vemos* un problema y, por lo tanto, no podemos solucionarlo. Esa ceguera crea una pasividad que incluso puede afectarnos ante grandes problemas. Para ser proactivos, primero tenemos que tratar esa ceguera.

En 1998, el índice de graduaciones en las escuelas públicas de Chicago (CPS) era del 52,4 %. Un estudiante de una escuela de Chicago tenía solo una probabilidad entre dos de obtener el graduado. «Todos los sistemas están perfectamente diseñados para obtener los resultados que obtienen», escribió el experto en sanidad Paul Batalden. Y las CPS conformaban un sistema diseñado para que fracasaran la mitad de los estudiantes.

Imagínate que eres el profesor o administrador de este sistema, una persona con buen corazón dispuesta a cambiar este porcentaje inadmisible. ¿Por dónde empezarías exactamente? Tus nobles aspiraciones enseguida chocarían con la enorme masa en expansión de las CPS, con sus 642 escuelas, con más de 360.000 estudiantes y con más de 36.000 empleados. Para hacernos una idea de la magnitud podemos comparar el distrito escolar en Green Bay, Wisconsin, con sus 21.000 estudiantes, y las CPS, que tienen el mismo número de *profesores*. El presupuesto de 6.000 millones de dólares de las CPS es casi el mismo que el de toda la ciudad de Seattle.

Esta es la historia de cómo un grupo de entusiastas intentó cambiar desde dentro un sistema que era enorme y estaba totalmente descompuesto: un grupo de personas que fue a contracorriente con la esperanza de ayudar a aquellos jóvenes a que no renunciaran y consiguieran el graduado. Para provocar el cambio, primero tuvieron que enfrentarse a una mentalidad errónea. Elizabeth Kirby, directora de la Kenwood Academy High School y una de las líderes del cambio, dijo que «los estudiantes llevan demasiado tiempo creyendo que tienen un 50 % de probabilidades de terminar el bachillerato. Esos chicos creen que en el bachillerato es dónde se decide quién va a triunfar y quién no, y que si no triunfan es por su culpa. Y, como esto es así, nadie se lo cuestiona».

Esto es así, nadie se lo cuestiona. Eso es la ceguera ante el problema. Dentro de las CPS hay mucha gente que ha acabado aceptando el elevado índice de fracasos atribuyéndolo a una serie de causas radicales imposibles de salvar: familias pobres, educación media inadecuada, experiencias emocionales traumáticas, desnutrición, etc. Para colmo, los chicos no se *esfuerzan*, faltan a las clases, no hacen los deberes y no muestran interés. ¿Qué puede hacer un profesor de secundaria o el director de una escuela para revertir esa situación? La situación, en general, parecía irremediable; y cada año que pasaba y la proporción de graduados seguía siendo del 50 %, se reforzaba la sensación de impotencia de los profesionales de la educación. *Es un mundo difícil, pero es como es y no podemos hacer nada al respecto.*

El primer rayo de esperanza —con el que los líderes escolares podrían marcar una diferencia significativa en el índice de graduación— surgió de unos estudios académicos realizados por Elaine Allensworth y John Easton en el Consortium on School Research (CCSR) de la Universidad de Chicago. En el año 2005, el CCSR publicó sus resultados de que se podía predecir con el 80 % de precisión qué estudiantes de primer año se graduarían y cuáles no.

La predicción dependía de dos factores sorprendentemente simples: (1) que el estudiante hubiera aprobado cinco de los créditos de un curso, y (2) que el estudiante no hubiera suspendido más de un semestre una materia principal, como las matemáticas o el inglés. Estos dos factores combinados llegaron a conocerse como el indicador Freshman On-Track (FOT, o estudiantes de primero de bachillerato que están en la pista). Los estudiantes de primer año de bachillerato que estaban en la pista según esta medida tenían 3,5 veces más probabilidades de graduarse que los que no lo estaban.

«El indicador Freshman On-Track es más importante que *todo lo demás*», dijo Paige Ponder, que había sido contratado por las CPS en 2007 para gestionar el proyecto FOT. Visiblemente alejados del cálculo estaban el nivel económico, la raza, el género y, tal vez lo más increíble, el rendimiento académico del estudiante del último año de ciclo medio.

Sobre este último punto cabe añadir que los estudiantes que estaban en el cuartil inferior en cuanto a los resultados del último año de ciclo medio, pero que estaban en la pista como estudiantes el primer año de bachillerato, tenían un 68 % de probabilidad de graduarse —muy por encima de la media del distrito—. Los investigadores descubrieron que *hay algo especial en los resultados de un estudiante de primero de bachillerato* que le predispone a prosperar o fracasar al final del bachillerato.

¿Por qué? ¿Qué hay de especial en primero de bachillerato? Parte de la respuesta es que en Chicago no hay grado medio. El grado elemental va desde primero hasta octavo, y el grado superior empieza en el grado noveno. Así, el cambio de octavo o noveno es una enorme transición: principalmente, una graduación repentina de la niñez a la edad adulta.

«La gente es vulnerable durante las transiciones», dijo Sarah Duncan, cuya organización sin ánimo de lucro Network for College Success desempeñó un papel esencial en el trabajo de las CPS. Decía que a menudo los estudiantes experimentaban por primera vez el fracaso en el primer curso de bachillerato, y parecía que en cierto modo los profesores disfrutaban diciéndolo, como si se tratara de una dura prueba. «Los profesores pensaban que los niños que suspendían pensarían "tengo que esforzarme más"», dijo Duncan. «A veces sí que lo hacen, pero la mayoría de los chicos de catorce años interpretan el fracaso como: "Esto no van conmigo, no soy lo suficientemente bueno". Y entonces se retiran».

¿Qué hay que hacer para que los estudiantes se mantengan en la pista? Ten en cuenta que el indicador FOT no es más que una predicción; no resuelve nada, igual que un detector de humos no apaga incendios. Y como un detector de humos, si la alarma se dispara, quiere decir que algo malo ha ocurrido, que has perdido la oportunidad de *prevenir* el problema —si un estudiante acaba el primer año de bachillerato fuera de la pista, el daño ya está hecho—.

Pero, a diferencia del detector de humos, el indicador FOT es una receta potencial para la prevención: asegura que los estudiantes en riesgo puedan soportar toda la carga de un curso y les ofrece ayuda extra en las materias principales.*Para lograr esta misión se tuvieron que modificar muchas de las prácticas de las CPS.

Por un lado, si resulta que primero de bachillerato es el punto de transición crítico, es fundamental que los mejores profesores sean quienes enseñen a esos estudiantes. Esta idea invirtió el orden jerárquico: normalmente, los mejores profesores querían trabajar con jóvenes más maduros, pero ahora eran los jóvenes de primero de bachillerato los que se merecían a los mejores profesores.

También, visto desde la perspectiva del indicador FOT, algunas políticas disciplinarias empezaron a parecer autodestructivas. «Cuando empezamos el trabajo, en muchas ocasiones se expulsaba a los chicos durante dos semanas», dijo Sarah Duncan. «No por llevar una pistola a la escuela, sino por una absurda pelea en un pasillo que ni siquiera había llegado a las manos». Era la época de la «tolerancia cero».

Pero ¿qué pasa cuando a los estudiantes de riesgo, aquellos que ya están luchando por aguantar en la pista, se les expulsa durante dos semanas? Pues que se quedan retrasados en los estudios, se pierden clases, salen de la pista y no se gradúan.

---

* La vieja advertencia de que la correlación no es igual a la causalidad se aplica aquí. No era seguro que la mejora de los resultados del FOT de los estudiantes de primero de bachillerato aumentara el índice de graduación, pero había buenas razones para creer que ambos factores estaban vinculados causalmente y, por supuesto, estaban rastreando sus esfuerzos para poder probarlo.

Entonces era muy poco probable que el director de una escuela se diera cuenta de que sus políticas de dura disciplina arruinaban literalmente la probabilidad de éxito de un estudiante. *Todos los sistemas están perfectamente diseñados para obtener los resultados que obtienen.* De todas formas, el cambio más importante fue el de la mentalidad de los profesores. El trabajo Freshman On-Track «cambia la naturaleza de cómo los profesores ven sus trabajos; cambia la relación entre profesores y alumnos», dijo la investigadora Elaine Allensworth. «Esta es la diferencia entre "yo doy las clases y después pongo las notas" y "mi trabajo consiste en asegurarme de que todos los estudiantes aprueben, y para ello tengo que averiguar por qué hay estudiantes que lo pasan mal"».

Como profesor, si aceptas que tu trabajo consiste en apoyar a los estudiantes, y no en evaluarlos, todo cambia. Cambia, por ejemplo, tu manera de colaborar, porque tú solo no puedes ayudar a un estudiante con dificultades al que ves solamente una hora al día. ¿Solo tiene dificultades en tu clase o le sucede en varias asignaturas? ¿Cuántas veces se salta las clases? ¿Han encontrado otros profesores alguna manera mejor de acercarse a él? En resumen, tendrás que conocerlo mejor y necesitarás colaboradores.

Tradicionalmente, los profesores se reunían por departamentos; por ejemplo, los de materias sociales, los de inglés, etc. Ahora, los profesores empiezan a reunirse por disciplinas en lo que se denominan *freshman success teams* (equipos para el éxito de los alumnos de primero de bachillerato). Se reúnen regularmente para analizar los informes de los datos que envía el distrito y que dan información en tiempo real sobre cada uno de los estudiantes. Por primera vez pueden compartir una visión global del progreso de cada estudiante.

«Lo bonito de los profesores es que, independientemente de la filosofía que tengan, cuando hablan de Michael, por ejemplo, es porque se preocupan por él», dijo Paige Ponder hablando de un estudiante hipotético. «Todo se reduce a un caso real que realmente le importa a la gente... "¿Qué vamos a hacer con Michael la semana que viene?"».

Cada estudiante tiene diferentes necesidades. Aliyah necesita ayuda extra en matemáticas, pero ella no la pedirá: si se la ofreces, la aceptará. Malik tiene que acompañar a su hermana cada mañana al parvulario, así que siempre llega tarde: necesita tener una asignatura optativa a primera hora; así, si la suspende por llegar tarde, no será una asignatura troncal. Kevin es un holgazán y esquivará el trabajo siempre que pueda: su madre se quedará con él si se lo pides. Jordan necesita que alguien llame a su casa cada vez que no va a clase —controlar la asistencia es una de las partes más importantes del proyecto FOT; como dice Ponder: «Es obvio que, si vas a la escuela, *terminarás la escuela*»—.

Poco a poco, un estudiante tras otro, reunión tras reunión, clase tras clase, semestre tras semestre… las cifras empezaron a mejorar. La asistencia a clase de los estudiantes mejoró, sus calificaciones y el indicador On-Track también lo hicieron. Y, cuatro años más tarde, el número de graduados fue enorme. En el año 2018, el índice de graduación había aumentado hasta el 78 % —más de un 25 % en veinte años—, gracias a los esfuerzos a contracorriente de cientos de profesores, administradores y académicos.

Una estimación aproximada es que, entre los años 2008 y 2018, consiguieron graduarse 30.000 estudiantes que sin el trabajo de las CPS no se habrían graduado. Esos graduados nunca sabrán que, en una realidad diferente en la que el trabajo del FOT se hubiera retrasado o no se hubiera llevado a cabo, no se habrían graduado y sus vidas habrían sido considerablemente más duras.

Pero, como lograron graduarse, esos estudiantes verán que a lo largo de sus vidas sus salarios se incrementan de media en 300.000 o 400.000 dólares. Los líderes de las CPS consiguieron una victoria corriente arriba que vale 10.000 millones de dólares; eso contando solamente el salario extra que los estudiantes recibirán, sin incluir los innumerables efectos dominó positivos que conlleva el tener un salario mayor, desde mejor salud hasta mayor felicidad.

La ceguera ante el problema

La historia de éxito de las CPS presagia muchos de los temas que analizaremos en este libro. Para ser un líder a contracorriente tienes que detectar pronto el problema, centrarte en aspectos relevantes de complejos sistemas, encontrar maneras fiables de medir el éxito, ser innovadores respecto a las formas de trabajar juntos e integrar el éxito en los sistemas para que permanezca. Pero recuerda que, para que ocurriera algo en las CPS, los líderes primero tuvieron que despertar de su ceguera. No puedes resolver un problema que no ves, o uno que ves como una condición de vida lamentable pero inevitable (*El fútbol es un deporte duro; es inevitable que los futbolistas se lesionen*).

¿Por qué caemos en esta trampa de la ceguera ante el problema? Como pista, mira la imagen que aparece a continuación, que muestra varias imágenes de una tomografía computarizada de tórax. Este es el tipo de secuencia visual que los radiólogos analizan para buscar un cáncer de pulmón. ¿Ves algo raro?

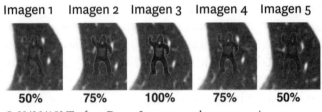

© [9/30/19] Trafton Drew. Imagen usada con permiso.

Sí, es un gorila mini, y no, este paciente no se lo había tragado. El gorila fue insertado en las imágenes por unos investigadores de Trafton Drew que quisieron gastarle una broma a un grupo de radiólogos. ¿Cuántos radiólogos, concentrados en la búsqueda de nódulos potencialmente cancerígenos, vieron al gorila?

No muchos: 20 de 24 no lo vieron. Habían caído presos de un fenómeno denominado «ceguera perceptiva», que consiste en que nuestra atención especial en una tarea hace que nos perdamos información importante que no tiene que ver con esa tarea. La ceguera perceptiva nos lleva a no tener una visión periférica. Cuando la ceguera viene acompañada de la presión del tiempo, puede crear una falta de curiosidad. *Tengo que estar concentrado en lo que estoy haciendo.* Cuando a profesores y directores se les pide año tras año que aumenten las puntuaciones de los estudiantes y se les niegan los recursos que necesitan para prosperar, y se les azota con una serie interminable de cambios regulatorios y curriculares, pierden su visión periférica. Son como los radiólogos que escanean tan atentamente las imágenes para encontrar nódulos que no ven el gorila. Del mismo modo, con el tiempo, los profesores dejan de preocuparse por el índice de graduación, porque están cansados de intentar mejorarlo y porque no pueden hacer nada al respecto.

Y, por cierto, si no te crees demasiado lo de los radiólogos y el gorila, ¿te has dado cuenta de que el número de las tres páginas anteriores ha sido sustituido por un duendecillo?

En primeras pruebas con lectores, aproximadamente la mitad de ellos se dio cuenta y la otra mitad no. Si te has dado cuenta, sospecho que la repetición habrá hecho que tu interés decaiga. La primera vez que lo ves piensas: «¿Qué es esto, un duendecillo?». La segunda vez es como: «Vaya, aquí hay otro». La cuarta vez, el duendecillo ya ha desaparecido de tu conciencia. Esto es la habituación. Nos acabamos acostumbrando a los estímulos que son repetitivos. Entras en una habitación e inmediatamente te das cuenta del zumbido del aire acondicionado, pero al cabo de unos minutos te has acostumbrado a él y se convierte en algo normal.

Para reforzar este último punto sobre conseguir la «normalidad», piensa que la habituación suele utilizarse como terapia para las fobias. Por ejemplo, a la gente que tiene miedo a las agujas se le pide que mire imágenes de agujas o que las toque muchas veces hasta que desparezca su irracional miedo. Las agujas habrán sido normalizadas. En un contexto terapéutico, esta normalización es deseable, pero la habituación es un arma de doble filo: imagínate que lo que se está normalizando es la corrupción o el abuso.

Entre los años sesenta y setenta, el acoso sexual se había normalizado tanto en los lugares de trabajo que incluso se animaba a las mujeres para que lo aceptaran. Esto es lo que decía Helen Gurley Brown, editora de *Cosmopolitan*, en su libro de 1964 *Sex and the Office*: «Un hombre casado suele querer mujeres atractivas a su alrededor a las que puede ver o no como objetos sexuales —nunca me convencerás de que esto no es cierto—. Es posible que no esté planeando atraparte para su colección, sino solo tratar de determinar tu actitud básica hacia los hombres. Una mujer remilgada que piense que la cicuta es preferible al pecado, aunque no se trate de *su* pecado, puede arruinar el placer de un hombre en su trabajo. Una ejecutiva atractiva del sector textil dijo: "Preferiría que un hombre se me insinúe con toda normalidad en cualquier momento a que arruine mi trabajo"». Esta es una cita real. Es como si hubiera contraído el síndrome de Estocolmo sexual.

Un estudio de 1960 realizado por la National Office Management Association concluía que, de las 2.000 empresas estudiadas, el 30 % de ellas afirma «tener muy en cuenta» el atractivo sexual a la hora de contratar recepcionistas, operadoras de centralitas y secretarias.

El término *acoso sexual* fue acuñado en 1975 por la periodista Lin Forley, que había estado dando un curso sobre mujeres y trabajo en la Universidad Cornell. Invitó a un grupo de mujeres a una sesión de «concienciación» y les preguntó sobre su experiencia en el trabajo. «Cada una de esas chicas había pasado por la experiencia de tener que abandonar un trabajo o de haber sido despedida por haber rechazado proposiciones sexuales de un jefe», dijo en una entrevista de 2017 con el presentador de *On the Media* Brooke Gladstone.

Forley buscó intencionadamente un término —una etiqueta— que identificara esas experiencias compartidas, y dio con el de *acoso sexual.* Más adelante escribió en el *New York Times*: «Las mujeres trabajadoras enseguida hicieron suya la frase; la cual, en última instancia, plasmaba la coacción sexual que estaban sufriendo día a día. Ya no tenían que explicar a sus amigos y familias que "me golpeó y no aceptó un no por respuesta, así que tuve que irme". Lo que habían hecho con ella tenía un nombre».

Antes hemos hablado de que la habituación ayuda a eliminar las fobias normalizando el problema. Lo que Lin estaba haciendo con el término *acoso sexual* era justamente lo contrario. Ella quería cuestionar lo que era normal: recalificar el trato coercitivo a las mujeres como algo normal, estigmatizarlo. Contribuyó a que la sociedad se despertara de su ceguera ante el problema dándole un nombre.

~~~~~

La ceguera ante un problema es un fenómeno tanto político como científico. Todos participamos en una negociación perpetua sobre lo que vamos a sancionar como «problema» en nuestra vida y en nuestro mundo. Estos debates son importantes porque, una vez que algo se ha codificado como «problema», exige una solución. Lleva una obligación implícita. A veces, esas negociaciones son con nosotros mismos, como el alcohólico que niega tener un «problema», o con personas allegadas, como en una negociación marital sobre si ir o no a una terapia de pareja. En nuestra sociedad, hay un mercado abarrotado de problemas compitiendo por atraer gran parte de nuestros recursos y de nuestra atención.

A veces, nos autoconvencemos para abordar los problemas equivocados. En 1894, cuando más de 60.000 caballos transportaban a la gente diariamente por Londres, la revista *Times* predijo: «Dentro de cincuenta años, todas las calles de Londres estarán enterradas bajo dos metros y medio de estiércol».

Dejemos a un lado un momento la anomalía logística de esta pesadilla en particular. (¿Cómo se habrían agregado exactamente los últimos 30 centímetros a la pila?). Sin embargo, ese temor era totalmente lógico: esos 60.000 caballos expulsaban diariamente entre 6 y 15 kilos de estiércol cada uno. En la primera reunión internacional de planificación urbana que se celebró en la ciudad de Nueva York en el año 1898, se abordó el problema del estiércol de los caballos en la conferencia. Como todos sabemos, esa crisis afortunadamente nunca llegó. Fue solucionada con la aparición del automóvil —a cambio, ahora son las excreciones de los coches, el CO_2 y otros, las que nos causan grandes problemas—.

Para entender lo que es participar en la lucha actual contra la ceguera ante los problemas —una lucha para despertar y movilizar al público contra un obstáculo— veamos la trayectoria de una activista brasileña llamada Deborah Delage, cuyo despertar se produjo cuando dio a luz a su hija.

En agosto de 2003 Delage, que estaba embarazada de 37 semanas, fue a ver a su ginecólogo a la ciudad de Santo André, en São Paulo, para una revisión rutinaria. Cuando llegó, el ginecólogo le dijo que ya estaba de parto —tenía contracciones tan suaves que no se las había tomado en serio—. Se le administró una dosis de oxitocina (en Estados Unidos suele ser Pitocin), un medicamento que hace que los músculos del útero se contraigan para acelerar el parto. Doce horas después, el doctor decidió practicarle una cesárea, y nació Sofia. Tanto Deborah como Sofia estaban a salvo y se recuperaban bien.

Deborah estaba encantada por encontrarse tan bien, pero al pensar en su experiencia se inquietaba cada vez más. ¿Por qué habían tenido que acelerarle el parto? ¿Por qué su médico había decidido tan rápido practicarle una cesárea?

Encontró un foro de discusión en internet en el que las madres compartían su experiencia con los partos y se sintió identificada con muchas de ellas que, a pesar de querer un parto natural, habían acabado con una cesárea. De hecho, muchas decían que sus médicos les habían *desaconsejado* el parto natural. «Me di cuenta de que a muchas otras mujeres les había pasado lo mismo que a mí, en todas las partes del país», dijo.

Enseguida encontró estadísticas que confirmaban su intuición. El porcentaje de cesáreas que se practican en cada país es diferente: en el año 2016, el 18 % de los partos en Suecia fueron cesáreas, el 25 % en España, el 26 % en Canadá, el 30 % en Alemania y el 32 % en Estados Unidos. En el año 2014, el porcentaje de cesáreas en Brasil fue del 57 %, uno de los más elevados del mundo. Y, en los sistemas de salud privados del país, financiados por los brasileños más adinerados, un 84 % de los partos habían sido realizados mediante cesárea.

Una cesárea es una operación importante, por supuesto —acarrea un riesgo tanto para la madre como para el bebé—. En determinadas circunstancias, una cesárea puede salvar la vida de la madre o del bebé, pero está claro que el 84 % de las cesáreas practicadas en Brasil no fueron para evitar la muerte, sino para evitar inconvenientes. ¿Qué ha provocado este alejamiento de los partos naturales? Para algunas mujeres es una cuestión de preferencia: las cesáreas se suelen planificar. Algunos opinan que las cesáreas en el sistema sanitario privado de Brasil son como un símbolo de estatus. Incluso hay historias de clínicas privadas en Brasil que ofrecen manicuras y masajes junto con las cesáreas.

Pero la causa más convincente es que los *médicos* prefieren las cesáreas. Después de todo, se pueden programar una detrás de otra ordenadamente. No tienen que trabajar hasta tarde, ni los fines de semana o durante las vacaciones. Y los incentivos económicos favorecen enormemente las cesáreas: los ginecólogos ganan más practicando una cesárea —requiere una o dos horas de trabajo— que con un parto natural —que puede durar hasta 24 horas—.

A parte de estas explicaciones estructurales hay otras culturales. «El parto es algo primitivo, feo, desagradable y molesto», dijo Simone Diniz, hablando en *Atlantic* sobre lo que opinaban los médicos del parto natural. Diniz es profesora de salud pública en la Universidad de São Paulo. «Existe la idea de que la experiencia del parto es algo humillante. Cuando las mujeres están pariendo, algunos médicos les dicen: "Cuando lo estabas haciendo no te quejabas, pero ahora que estás aquí, lloras"».

Este abuso verbal parece un caso extremo pero, según las mujeres brasileñas, no lo es. En un estudio realizado con 1.626 mujeres que habían dado a luz de forma natural en Brasil, casi una cuarta parte de ellas dijo que el médico se había burlado de su comportamiento o las había criticado por sus gritos de dolor. Más de la mitad de ellas dijeron que, durante el parto, se sintieron «inferiores, vulnerables o inseguras».

Esta es la realidad que Deborah Delage —que había sentido recelos de su propia cesárea— descubrió mientras investigaba los partos en Brasil. En el foro online descubrió también que las coincidencias en las experiencias de las madres reforzaban su opinión de que las cosas tenían que cambiar. Delage creó un equipo denominado Parto do Princípio (algo así como «parto de principios») que fue fundado para defender a las madres.

En 2006, Parto do Princípio envió un documento de treinta y cinco páginas —una mitad, trabajo de investigación, y otra, el manifiesto— a la Fiscalía Federal en el que argumentaba que algo estaba haciéndose mal en los partos en Brasil. Las mujeres afirman rotundamente que quieren parir de forma natural, pero la investigación confirma que no pueden porque se les practican cesáreas. Como consecuencia de ellas, la salud de las madres y de los bebés se ve perjudicada. El informe explicaba las causas sistémicas del problema y ofrecía una serie de recomendaciones al sistema sanitario.

Parto do Princípio ganó defensores dentro del gobierno, incluida Jacqueline Torres, una enfermera obstétrica y experta en salud maternal que trabajaba en la Agencia Nacional de Saúde Suplementar (ANS), el organismo brasileño que regula la sanidad privada. Torres buscó en el país a gente que quisiera defender el parto natural y al final dio con el doctor Paulo Borem.

Borem estaba trabajando en una prueba piloto en Jaboticabal —una ciudad situada a unos 320 kilómetros de São Paulo—

para incrementar el índice de partos naturales utilizando métodos de mejora continuados. Fue difícil encontrar socios para el proyecto. En el primer sitio que visitó con su idea, dice: «Se rieron de mí. "Esto es ridículo. Las mujeres quieren cesáreas. Los médicos también. No hay nada de malo en ello"». Esta es la perfecta expresión de la ceguera ante el problema.

Pero encontró un hospital local que estaba dispuesto a cambiar. «Los médicos me dijeron que querían cambiar», dijo. «Pensaban que estaban enviando a demasiados recién nacidos a la incubadora. Eso era algo que les preocupaba». Los bebés nacidos por cesárea tenían más probabilidades de ir a la incubadora por culpa de problemas respiratorios derivados de haber nacido antes de tiempo.

Cuando el doctor Borem inició el proyecto, el porcentaje de partos naturales en el hospital era del 3 %. «El sistema estaba diseñado para practicar cesáreas», dijo. Así que él y sus colaboradores empezaron a reajustar el sistema. A los médicos se les prohibió programar una cesárea antes de las 40 semanas de embarazo; la norma era de 37 semanas. Se les obligó a hacer turnos y atender a las parturientas durante su turno —eso era un cambio de costumbres: un médico siempre atendía los partos de sus pacientes, lo cual facilitaba que se practicaran cesáreas—. Las enfermeras obstétricas estaban siempre al lado de la parturienta, y los incentivos se ajustaron para asegurar que los ingresos de los médicos fueran los mismos.

Nueve meses más tarde, el índice de partos naturales había ascendido al 40 %.

Cuando Torres, del ANS, descubrió el trabajo del doctor Borem, supo que encontraría la manera de aplicarlo a nivel nacional. En el año 2015, el ANS lanzó un proyecto muy importante, el Project Parto Adequado (proyecto para el parto adecuado), para dar a conocer el trabajo del doctor Borem y su equipo en Jaboticabal. Durante los primeros 18 meses del proyecto, el cual incluía a 35 hospitales, el porcentaje de partos vaginales se incrementó del 20 % al 37,5 %. Doce de los hospitales reportaron una reducción significativa de los ingresos en incubadoras. En total se evitaron más de 10.000 cesáreas. La siguiente fase del proyecto, con más del triple de hospitales, empezó en el año 2017. Pedro Delgado, director de una de las organizaciones socias del proyecto, el Institute for Helathcare Improvement, dijo: «Los resultados de la fase 1 ofrecen esperanzas de algo que es posible en Brasil y, lo más importante, en otros países del mundo con índices similares, como son Egipto, República Dominicana y Turquía».

Todavía hay mucho trabajo por hacer, porque hasta la fecha solamente una pequeña parte de los más de 6.000 hospitales de Brasil forman parte del proyecto. Sin embargo, hay indicios de que el sistema sanitario está a punto de cambiar. A pesar de que la idea de Borem fue inicialmente recibida con incredulidad, ahora hay lista de espera en los hospitales dispuestos a formar parte del proyecto. La doctora Rita Sanchez, obstetra y coordinadora del proyecto Project Parto Adequado en un hospital colaborador, dijo que esa campaña le había tocado la fibra sensible: «Nos paramos a pensar y nos dimos cuenta de que el número de cesáreas era demasiado elevado», dijo. «Más alto que hace veinte o treinta años. Empezamos a preguntarnos por qué y cómo habíamos llegado a ese punto. Y me di cuenta de que ni siquiera estaba informando a mis propios pacientes sobre los riesgos de una cesárea y los beneficios de un parto vaginal. Nosotros, los médicos, no veíamos que el sistema había cambiado».

Escapar de la ceguera ante el problema empieza con el impacto que supone darse cuenta de que estás tratando algo anormal como normal. *Espera, ¿por qué me he sentido obligado a practicar una cesárea? Espera, ¿cómo hemos llegado a aceptar un 52 % como índice de graduación de bachillerato?* La semilla de la mejora es la insatisfacción.

A continuación, viene la búsqueda de una comunidad: ¿Sienten lo mismo otras personas? (Delage: *Me di cuenta de que a muchas otras mujeres les había pasado lo mismo que a mí, en todas las partes del país.* Forley sobre el «acoso sexual»: *Las*

37

mujeres trabajadoras enseguida hicieron suya la frase, la cual, en última instancia, plasmaba la coacción sexual que estaban sufriendo día a día). Y con este reconocimiento —este fenómeno es un *problema* y *tenemos que verlo como tal*— viene la fuerza.

A continuación, suele ocurrir algo remarcable: las personas se hacen voluntariamente responsables de solucionar problemas que ellas no han creado. Un periodista toma la decisión de luchar en nombre de los millones de mujeres que sufren acoso sexual. Una mujer forzada a una cesárea se convierte en la defensora de miles de madres a las que nunca conocerá.

El abogado proactivo concluye: *Yo no creé este problema, pero lo arreglaré.* A continuación, analizaremos este cambio del sentido de propiedad —y sus consecuencias—.

CAPÍTULO 3

La falta del sentido de propiedad

Hasta 1994, Ray Anderson, fundador de la empresa de moquetas industriales Interface, había hecho realidad el sueño de cualquier emprendedor. Había hecho crecer su empresa desde cero hasta unos 800 millones de dólares de ingresos anuales. Y salió a bolsa. Luego tuvo un momento en el que dudó seriamente sobre qué había conseguido.

Criado en un pequeño pueblo de Georgia, Anderson obtuvo una beca de fútbol para estudiar en Georgia Tech, y pasó sus primeros años laborales en la industria de las moquetas. En 1969, en un viaje a Kidderminster, Inglaterra, por primera vez en su vida vio losetas de moquetas modulares, y eso fue una cuestión de amor a primera vista.

Las moquetas tradicionales venían enrolladas en unos enormes cilindros que medían más de 3,5 metros, lo cual quería decir que cualquier cambio en una oficina —por ejemplo, reorganizar la distribución o sustituir una zona estropeada— requería cortar y reemplazar un gran tramo de moqueta. Pero aquella moqueta modular en losetas de 45 centímetros hacía que los cambios fueran mucho más fáciles. Las losetas se podían arrancar, y era muy fácil volver a componerlas. Ni siquiera se necesitaba cola.

Anderson fundó Interface en 1973, cuando tenía treinta y ocho años, para llevar a Estados Unidos las losetas de moqueta. En 1994, después de dos décadas con un crecimiento extraordinario, Interface era una de las empresas de moquetas más grandes del mundo. Ese mismo año, le invitaron a hablar ante un grupo interno que estaba trabajando para definir la postura de la empresa sobre la «sostenibilidad medioambiental», un término relativamente nuevo en aquella época, pero que los clientes empezaban a plantearse. Anderson no tenía muy claro qué iba a decir: hasta ese momento, su visión medioambiental se había limitado a cumplir las normas.

Casualmente, poco después de ser invitado, Anderson recibió una copia del libro *The Ecology of Commerce* de Paul Hawken. En ese libro, Hawken ataca a los líderes corporativos por sus prácticas medioambientalmente destructivas. Hawken también era empresario, había cofundado la cadena de tiendas de jardinería Smith & Hawken, e insistía en que los líderes empresariales tenían la obligación de revertir el curso y alejar a la economía mundial del borde del colapso ambiental provocado por el hombre.

Otro líder de empresa se habría burlado de ese sentimiento, pero Anderson lloró.

Tenía sesenta años y estaba a punto de jubilarse. El éxito de Interface era su mayor logro profesional, pero ahora se preguntaba si ese éxito acarreaba un coste demasiado elevado. Pensó en su legado: *Ray Anderson, el hombre que saqueó los recursos terrestres para enriquecerse a sí mismo y enriquecer a sus inversores.* «El mensaje de Hawken fue una lanza en mi pecho, y aún está aquí», escribió en sus memorias.

Pero, en realidad, ¿qué podía hacer Anderson? El negocio central de Interface era vender losetas de moquetas hechas de hilo de nailon, y el nailon es un plástico que se fabrica a partir de unos productos químicos que se encuentran en el carbón o el petróleo. En resumen, Interface quemaba combustibles fósiles para elaborar productos a partir de combustibles fósiles: un doble golpe de insostenibilidad.

Anderson estaba destrozado. ¿Qué puedes hacer cuando te das cuenta de que la causa de un problema enorme es nada más y nada menos que tus propias acciones?

La falta del sentido de propiedad

Jeannie Forrest, decana asociada de la Escuela de Derecho de Yale, estaba en una reunión de la facultad sentada en la última fila. Delante de ella estaba sentado un hombre cuya enorme cabeza no le dejaba ver al presentador. «El cabezón era uno de esos tipos simpáticos», dijo. «Esos que se inclinan primero hacia un lado y luego hacia el otro mientras escuchan atentamente. Me estaba volviendo loca. Yo intentaba esquivarlo para poder ver. Cuando él se inclinaba hacia la derecha, yo lo hacía hacia la izquierda, y a la inversa. Me estaba empezando a enfadar. Entonces me di cuenta de que podía mover la silla, y así lo hice», dijo. Problema resuelto.

Le frustraba haber tardado tanto tiempo en darse cuenta de algo que era obvio: tenía el control total del «problema». Su recuerdo del momento en que decidió mover la silla se convirtió en una especie de metáfora instructiva: «Siempre que empiezo a enojarme por un problema absurdo pienso, "mueve la silla, ¿por qué no?", y este es un código interno para probar un nuevo enfoque».

Al principio, Forrest veía el problema —por ejemplo, el del cabezón que le impedía ver al presentador— como algo que estaba fuera de su control, algo externo a ella. Pero, entonces, con un rápido cambio mental consiguió tomar el control de la situación. *Mueve tu silla, ¿por qué no?* Este cambio simboliza lo que ocurre en el trabajo preventivo.

Lo curioso del trabajo a contracorriente es que, a pesar de lo mucho que está en juego, suele ser en muchos casos *opcional*. En el caso de las actividades que siguen la corriente —rescates, respuestas y reacciones— se nos exige realizar un trabajo. Un médico no puede optar por no realizar una cirugía cardíaca; un cuidador no puede optar por no cambiar un pañal. En cambio, el trabajo proactivo o a contracorriente, se elige, no se exige.

La conclusión de esta idea es que, si nadie asume hacer un trabajo, el problema de fondo se quedará sin resolver. Esta falta del sentido de propiedad del problema es la segunda barrera que nos impide ser proactivos. La primera barrera, la ceguera ante el problema, quiere decir: *no veo el problema* —o *este problema es inevitable*—. En cambio, la falta del sentido de propiedad quiere decir que las partes que serían capaces de resolver el problema dicen *no soy yo quien tiene que solucionarlo.*

Estas dos barreras suelen ir juntas. Piensa en los líderes de las escuelas públicas de Chicago (CPS). Al principio, era la ceguera ante el problema lo que les impedía hacer algo para solucionar el bajo índice de graduación: *Sí, es cierto, muchos estudiantes abandonan, esto es así.* Pero por encima de ello estaba una sensación que compartían la mayoría de profesores y administradores: sí que había un problema, pero ellos no eran quienes tenían que solucionarlo, sino los propios estudiantes, o sus padres, o la sociedad.

Y en cierta manera tenían razón. Abandonar la escuela era un problema que al fin y al cabo iba a perjudicar a los estudiantes y a sus padres más que a nadie, pero el planteamiento no es quién va a sufrir más el problema, sino quién está mejor posicionado para solucionarlo y está dispuesto a hacerlo. Los líderes de las CPS hicieron del índice de graduación *su problema.* Asumieron la responsabilidad y la propiedad del problema.

¿Por qué algunos problemas no tienen «propietarios»? Hay veces que es por culpa del propio interés. Por ejemplo, las tabacaleras son las que están en mejor posición para prevenir los millones de muertes que se producen por culpa de sus productos; pero evidentemente, si lo hicieran, dejarían de ganar dinero. Otras veces, la falta de propiedad es algo más inconsciente: el resultado de responsabilidades fragmentadas. Por ejemplo, en Expedia eran muchos los grupos *implicados* en el problema del gran número de llamadas que los clientes hacían para pedir ayuda, pero ninguno de ellos era directamente responsable de resolverlo.

En otros casos, la gente se resiste a intentar solucionar un problema porque considera que no tiene la obligación de hacerlo. Por ejemplo, imagínate a un joven universitario que está preocupado por el tema de las violaciones que se producen en el campus universitario, pero que considera que no es adecuado unirse a las protestas lideradas por mujeres. Los investigadores de Stanford, Dale Miller, Daniel Effron y Sonya Zak, en un informe que estudia esa sensación de resistencia, escriben que «lo que a menudo impide a la gente protestar no es la falta de motivos para hacerlo, sino la sensación de no estar legitimados para hacerlo».

Ellos denominan a ese sentido de legitimidad «autoridad psicológica», inspirada por el concepto de autoridad legal. No puedes presentar una demanda simplemente porque haya algo que ha herido tu sensibilidad: tendrás que demostrar que te ha afectado personalmente. Las pruebas de que has sido lastimado te autorizan a presentar una denuncia. El joven que decide no unirse a las protestas contra las violaciones siente que no tiene la autoridad psicológica para hacerlo mientras no se vea personalmente afectado por el problema.

¿Cómo pueden las mujeres universitarias que lideran las protestas extender la autoridad psicológica a ese estudiante, suponiendo que quieran hacerlo? Es sorprendentemente fácil. En un estudio realizado por Miller y Rebecca Ratner, a los estudiantes de Princeton se les presentó una propuesta, denominada Proposición 174, que había sido diseñada para «ofender tu sentido de la justicia». Proponía redistribuir los fondos del gobierno destinados a una causa noble a otra que no lo era. A algunos estudiantes se les dijo que el cambio perjudicaría a las mujeres en particular; a otros se les dijo que perjudicaría a los hombres.

Tanto los hombres como las mujeres compartían las mismas opiniones sobre la proposición —todos se oponían a ella—, pero los investigadores querían saber si sus opiniones les incitarían a actuar. Entonces, a los estudiantes se les dio la oportunidad de ayudar a un grupo denominado Opositores de Princeton a la Proposición 174. Cuando los estudiantes tenían un interés creado en el resultado —es decir, cuando a los estudiantes masculinos se les dijo que el resultado perjudicaría a los hombres, y a las mujeres se les dijo que perjudicaría a las mujeres—, el 94 % aceptó firmar una petición en contra de aquella proposición, y el 50 % aceptó escribir una declaración en contra de la misma.

En cambio, cuando no tenían un interés creado, las cifras descendieron al 78 % y al 22 %, respectivamente. Los investigadores no atribuyeron esa caída al interés personal —no olvidemos que ambos sexos se oponían por igual a la medida—, sino a la falta de autoridad psicológica. Los hombres no se sentían bien luchando por «una causa femenina», y viceversa.

Para confirmar tal suposición, los investigadores cambiaron el nombre de la organización por el de Hombres y Mujeres de Princeton Opositores a la Proposición 174. Añadiendo las palabras *hombres y mujeres* ampliaban la autoridad psicológica de ambos géneros, y los resultados fueron muy efectivos: tanto los estudiantes con un interés creado como los que no lo tenían aceptaron firmar la petición y escribir la declaración en contra en igual medida.

Hemos de tener en cuenta que estamos hablando de Princeton: un oasis académico donde la vida estudiantil permite tener mucho tiempo para firmar peticiones hipotéticas y oponerse a iniciativas. ¿Funcionaría esta idea de ampliar la autoridad psicológica en otros ámbitos que no fueran el académico? En 1975, mucho antes de que se acuñara el término de *autoridad psicológica*, la defensora de la seguridad vial Annemarie Shelness y la pediatra Seymour Charles escribieron un artículo en *Pediatrics* con la intención de motivar a los pediatras a asumir la responsabilidad de un problema que consideraban que no era suyo: las muertes y las heridas causadas por los accidentes de tráfico. Los accidentes de tráfico eran la principal causa de mortalidad infantil —tanto de niños como de bebés—, pero nadie tenía en cuenta esa epidemia. «Se mueren y resultan heridos más jóvenes *dentro* de los vehículos que fuera», escribieron los autores.

En el momento en que salió publicado el artículo en *Pediatrics*, todos los coches nuevos tenían que llevar cinturones de seguridad en el asiento del piloto y del copiloto, pero la mayoría de la gente no los usaba. Y los asientos para niños también se vendían, pero casi nadie los utilizaba —esas sillitas para coche existen desde los años treinta; pero las primeras no fueron diseñadas para aumentar la seguridad, sino para elevar a los niños de manera que pudieran ver por la ventana y así no molestaran al conductor—. Actualmente, esto es inconcebible. Hoy en día es difícil imaginar qué sanciones sociales y legales le caerían a un padre que condujera con unos niños sin atar dando vueltas en el asiento trasero. En cambio, en los años setenta era lo normal. Nuestra obsesión actual por la seguridad de los niños en los automóviles es un fenómeno relativamente nuevo —y debido, en gran medida, a la historia que viene a continuación—.

Shelness y Charles insistieron en que los pediatras estaban bien posicionados para defender la seguridad en los automóviles: «El uso de sujeciones es una medicina tan preventiva como la vacunación... Nadie está en mejor posición que un pediatra para alertar a los padres del peligro de dejar que los niños vayan sin atar en el coche», escribieron. Tengamos en cuenta que los autores estaban intentando ampliar la autoridad psicológica de los pediatras: *Vosotros sois las personas adecuadas para liderar la acción frente a este problema. Es cosa vuestra.*

En realidad, no era tan lógico que los pediatras desempeñaran esa función. Los pediatras habían sido formados para diagnosticar y tratar enfermedades, no para presionar por la seguridad pública. Pero el aviso de que aceptaran esa responsabilidad fue bien recibido. Una de las personas que respondió a esa llamada fue el doctor Bob Sanders. «Ese artículo fue una maravilla para mí, y creo que también para otros pediatras de todo el país», dijo Sanders en una entrevista en el año 2004. Sanders era pediatra y director de salud del condado en el que vivía, en Murfreesboro, Tennessee. Le apasionaba el tema de la prevención. Cuando estudiaba Medicina puso algunas de las primeras vacunas contra la polio que se inyectaron en Tennessee. Más tarde, mientras estaba trabajando en la sala de urgencias, vio cómo moría un bebé por culpa de haberse tragado un alfiler. Se quedó destrozado: había sido una muerte totalmente innecesaria y evitable. «Todas las ideas de prevención y cuidado le entusiasmaban», dijo su mujer, Pat, en 2018.

Sanders entró a formar parte de un consejo de seguridad estatal y, en 1975, los miembros del consejo empezaron a preparar la legislación para imponer en Tennessee el uso de sillas de coche para niños. La publicación del artículo en *Pediatrics* aceleró ese proceso.

El consejo redactó una ley que exigía el uso de asientos de seguridad para los menores de cuatro años. En 1976, el proyecto de ley encontró un patrocinador, pero nunca llegó a la cámara para una votación. Tras ese fracaso, Bob y Pat Sanders empezaron a intensificar sus esfuerzos. Transformaron su comedor en una sala de operaciones, y cubrieron la mesa del comedor con los nombres de los legisladores y pediatras a los que querían acceder. Durante los fines de semana, Bob Sanders les telefoneaba para exponerles su caso.

Los que se oponían al proyecto de ley de los Sanders decían que coartaba la libertad de los padres. «Este es el típico proyecto de ley que anula los derechos de los padres», dijo el representante estatal Roscoe Pickering. «No quiero que los pobres tengan que gastarse el dinero en comprar asientos de seguridad para niños». Mirando atrás, Pat Sanders se acuerda de haber leído una carta escrita por un padre que se quejaba diciendo: «Tengo derecho a enviar a mi hijo en un cohete a la Luna».

En 1977, tras muchos esfuerzos, la ley de protección de niños pasajeros llegó a la cámara para ser votada y pasó con dos tercios de votos a favor.*El 1 de enero de 1978, Tennessee se convirtió en el primer estado de Estados Unidos que exigía el uso de asientos de seguridad para los menores de cuatro años.

Pero hubo una laguna lamentable. El representante Pickering —el defensor de los derechos de los padres— había añadido al proyecto de ley la enmienda «bebés en brazos» que permitía a los

---

* Una estrategia inteligente: Bob Sanders recuerda en su entrevista el rumor de que el gobernador de Tennessee no iba a apoyar el proyecto de ley. Sanders entonces telefoneó al pediatra de los nietos del gobernador para que le convenciera (fuente: AAP historia narrada por Bob Sanders).

padres llevar a sus bebés en brazos cuando van en coche. «Uno de los momentos más emocionantes para una madre con un bebé recién nacido es cuando lo acuna en sus brazos en el coche de camino a casa nada más salir del hospital», dijo Pickering en un artículo en 1978 en el *Tennessean*. «¿Por qué entonces atarlo en una sillita?».

Sanders sabía que con esa enmienda solamente había ganado la mitad de la batalla. Consideraba que la ley garantizaba la seguridad para los niños, pero la convertía en algo opcional para los bebés. Sanders denominaba a esa enmienda «la trituradora de niños». En los años siguientes, Sanders continuó luchando para revocar la enmienda, pero los oponentes se resistían. Después, en una audiencia del Comité de Transporte, en 1981, dos padres testificaron. El primer testimonio fue el de una madre cuyo bebé había sobrevivido a un accidente gracias a ir atado en una sillita de coche para niños. El otro fue el de un padre cuyo bebé de un mes había fallecido al chocar contra el salpicadero del coche por ir sin atar. «Nosotros fuimos los desafortunados que no teníamos una sillita», dijo el padre. Sanders averiguó que en 1980 once menores de tres años habían muerto en accidentes de coche. Nueve de ellos estaban en los brazos de su padre o de su madre en el momento del accidente.

Los testimonios cambiaron la opinión contra la enmienda, y en 1981 fue revocada. Ese mismo año, West Virginia se convirtió en el tercer estado que exigía el uso de asientos de seguridad para niños. En 1985, todos los estados habían aprobado la ley de seguridad de los niños pasajeros.

La National Highway Traffic Safety Administration calcula que, entre los años 1975 y 2016, 11.274 menores de cuatro años salvaron su vida gracias a los asientos de seguridad para niños. Piensa en la cascada del impacto: dos defensores de la seguridad en el automóvil escriben un artículo en una revista pediátrica sobre un problema. El artículo llega a un pediatra de Tennessee que decide abanderar el problema. Consigue que su estado haga algo al respecto, y ese estado influye en los 49 restantes; cuatro décadas después, miles de niños que habrían muerto violentamente en accidentes de tráfico siguen vivos.

～～～～～

De la misma manera que el artículo publicado en la revista *Pediatrics* impulsó a Sanders a actuar, el libro de Paul Hawken conmovió a Ray Anderson, el fundador de la empresa de losetas de moqueta Interface. «Lo leí y cambió mi vida», dijo en sus memorias. «Me dio un golpe en la frente... No había llegado a la mitad del artículo cuando tuve la visión que estaba buscando, no solo para ese discurso sino para mi empresa, y me invadió una enorme sensación de que tenía que hacer algo urgentemente».

Anderson tenía una desventaja respecto a Sanders, y es que él no solo veía un problema sobre el que debía actuar urgentemente, sino que su propia empresa había *intensificado* los problemas ambientales contra los que Hawken arremetía. En ese momento, Anderson no tenía ni idea de cómo reparar el daño, pero también tenía una ventaja respecto a Sanders, y es que podía actuar rápidamente porque era el jefe.

Cuando en 1994 Anderson fue a hablar de la sostenibilidad medioambiental a los líderes de su equipo de trabajo ambiental, se quedaron perplejos. Esperaban un discurso sobre los valores, pero lo que recibieron fue una llamada a las armas.

Anderson les propuso una idea radical: eliminar el impacto negativo de Interface sobre la Tierra. *Vamos a evitar todas las acciones destructivas que estamos haciendo en el medioambiente. Y lo haremos sin dejar de ser una gran empresa de moquetas*. «Hice un discurso de apertura que me sorprendió a mí y a ellos, y después nos lanzamos todos a la acción», dice Anderson. «Si nadie empieza, no se hará. Eso está claro. Y entonces pregunté, "¿Por qué no empezamos nosotros?"».

«Tengo que admitir que, cuando nos presentó por primera vez esta idea, pensé que se había vuelto loco», dijo Daniel

Hendrix, entonces director financiero de la empresa, al *New York Times*. Interface todavía se estaba recuperando de una recesión que había golpeado a la empresa durante los tres años anteriores. ¿Estaba la empresa suficientemente sana, económicamente hablando, para asumir una nueva misión tan prometedora como incierta?

Pero Anderson fue implacable. Determinó el objetivo a corto plazo de que la empresa utilizara menos energía y consumiera menos recursos. El mantra internamente era: reducir, reusar, recuperar y reciclar. Algunas de sus primeras victorias llegaron increíblemente pronto: en un departamento de Interface, simplemente añadiendo nuevos controles informáticos a los hervidores en una fábrica de telas, consiguieron reducir las emisiones de monóxido de carbono de dos toneladas por semana a unos pocos cientos de kilos al año.

Las victorias fueron aumentando. Entre 1995 y 1996, los ingresos de la compañía se incrementaron de 800 millones a 1.000 millones de dólares *sin incrementar* la cantidad de materias primas consumidas. La revolución estaba funcionando. Anderson dijo a *Fast Company*: «El mundo acaba de ver los primeros 200 millones de dólares de negocio sostenible».

En 1997, en una reunión que se hizo famosa en la historia de la empresa, Anderson pronunció un discurso en el que sentaba las bases de lo que más tarde se conocería como Mission Zero: el objetivo reducir a cero el impacto ambiental negativo de la compañía antes de 2020.

Cero.

Ese fue el momento en que Interface «movió su silla». *Tenemos que asumir la responsabilidad de solucionar este problema*. Anderson elaboró un plan con siete partes para conseguir la Mission Zero: eliminar los desechos, hacer que las emisiones sean benignas, cambiar a energías renovables, utilizar los transportes eficientes en recursos, cerrar el ciclo —recuperando todo lo que se vierte al exterior y reutilizándolo como insumo—, sensibilizar a los accionistas —explicándoles por qué la sostenibilidad es tan importante— y rediseñar el negocio concentrándose en la entrega de valor en lugar de material.

Anderson animó a su equipo a que pensaran de forma diferente. Como, por ejemplo, cuando se dio cuenta de que los clientes que se compraban una moqueta nueva solían deshacerse de la vieja. ¿Podía Interface recuperar las viejas moquetas y reciclarlas en productos nuevos? Como idea era ciertamente interesante, pero tenía dos problemas fundamentales: uno era que nadie conocía ninguna tecnología capaz de reciclar moquetas; y el segundo, que enviar las moquetas recicladas a la oficina central en Georgia iba en contra de otro principio de la Mission Zero: «el uso de transportes eficientes en recursos». ¿Por qué? Porque la cantidad de moqueta vieja que se solía arrancar para cambiarla por otra nueva normalmente era de entre 350 y 450 m². Para reciclar esa moqueta se tendría que enviar en un camión a las fábricas de Interface en Georgia, pero sería horriblemente ineficiente enviar 350 m² de moqueta cuando en un tráiler caben más de 3.500 m².

Ante tales obstáculos, lo lógico habría sido que Interface se olvidara de su maravillosa idea y se la dejara a otro fabricante para que la pusiera en marcha, pero el equipo de Interface no se rindió, y buscaron la manera de reciclar las moquetas viejas. Para el problema del almacenamiento, organizaron una red de socios alrededor del país que pudieran ir almacenando diferentes cantidades de moqueta hasta poder llenar un tráiler y enviarlo a Georgia. Mientras tanto, buscaron por todo el mundo una tecnología capaz de reciclar moquetas. En Alemania encontraron y compraron una carísima máquina que podía descomponer las viejas losas de moqueta y transformarlas en miga de vinilo, la cual se podía volver a convertir en moqueta. Las moquetas viejas se convertían en moquetas nuevas. Habían conseguido cerrar el ciclo.

La nueva misión de «salvar el mundo» de Anderson se había convertido en una adicción para los empleados; quienes, en cierta medida, encontraron la manera de sortear cada obstáculo.

La falta del sentido de propiedad

Incluso Daniel Hendrix, el director financiero que al principio se había mostrado un tanto escéptico, se convirtió: «Nos convertimos en una cultura de soñadores y hacedores». De pronto, la gente quería trabajar en la aburrida empresa fabricante de moquetas. En el año 2000, David Gerson, tras enterarse del trabajo que la empresa estaba haciendo por la sostenibilidad, se presentó sin conocer a nadie. David, que había crecido en la ciudad de Nueva York, dijo: «Si alguien me hubiera dicho que algún día trabajaría para una empresa de moquetas en LaGrange, Georgia, me habría reído. Hasta me habría sentido algo ofendido». Lo que encontró en Interface le sorprendió. «Fue la solución perfecta que me permitió formar parte de algo mucho más grande de lo que jamás habría podido hacer por mi cuenta».

En el año 2007, Interface iba camino de conseguir el sueño de Anderson. El uso de combustibles fósiles se había reducido un 45 %; mientras las ventas crecían un 49 %. Interface utilizaba solo una tercera parte del agua que solía usar antes, y el uso de los vertederos se había reducido un 80 %. Anderson consideró que estaban a mitad del camino adonde él quería llegar. Nadie había pedido a Interface que fuera más sostenible: ellos mismos se lo habían exigido. Asumieron la responsabilidad de su impacto medioambiental. Y estaba funcionando.

Cuatro años más tarde, en el año 2011, Anderson falleció a los setenta y siete años. En su funeral fue elogiado por Paul Hawken, cuyo libro había provocado la transformación de Anderson. Hawken dijo que Anderson era un hombre «extraordinariamente creíble y muy valiente. Alzó su voz una y otra vez ante grandes audiencias para decirles que gran parte de lo que sabían, aprendían y hacían en realidad estaba contribuyendo a destruir la Tierra. Pensaba cada palabra que decía, y sus palabras calaron profundamente en el corazón y en la conciencia de los cientos de miles de personas a las que se dirigía...».

¿Qué deberíamos aprender de la historia de Interface? Hay algunos aspectos que parecen una fantasía. En el año 2012, la compañía ayudó a dirigir un proyecto en el que a los pescadores se les pagaba por recoger las redes de pesca abandonadas en el mar —redes que contaminaban las aguas y ponían en peligro la vida marina— y enviaban esas redes a una fábrica en Eslovenia, donde las transformaban en fibra de nylon con la que se fabricaban las losetas de moqueta de Interface que más adelante se comprarían y se instalarían en alguna oficina de Estados Unidos. Moqueta sobre la que ahora mismo está caminando algún empleado que no tiene ni idea de que la cadena de suministro de la moqueta que tiene bajo sus pies *contribuye a que los mares estén más limpios*. Esto es algo mágico.

Por otro lado, Interface como empresa de negocios no ha sido un éxito tremendo para los accionistas. Si hubieras invertido tu dinero en Interface a principios de 1994, el año de la revelación de Ray Anderson, a finales de 2018 habrías conseguido una rentabilidad anual del 3,6 %, mientras que la rentabilidad general del mercado era del 9,06 %. Es posible que el trabajo medioambiental de la empresa sacrificara la rentabilidad de sus accionistas, pero también es posible que, sin la innovación y la marca del producto que surgió de concentrarse en la sostenibilidad, la compañía hubiera ido peor. Es difícil de juzgar, pero es justo decir que no ha sido un cuento de hadas donde todos salen ganando.

Lo que revela la historia de Interface no es que los esfuerzos para prevenir problemas siempre son rentables o que las buenas intenciones siempre son recompensadas —porque ninguna de las dos cosas es cierta—, lo que revela es que siempre debemos luchar contra la complacencia. ¿Qué daños de los que estamos causando podemos cambiar?

Habría sido muy fácil para Interface asumir que como fabricante de moquetas siempre iba a contaminar. Y en Tennessee, el doctor Bob Sanders podría haber llevado una vida exitosa como pediatra sin entrometerse en asuntos políticos si hubiera asumido que estaban fuera de su alcance.

La falta del sentido de propiedad

La pregunta que todos ellos se hicieron no fue si alguien podía solucionar el problema, sino «¿cómo podemos *nosotros* solucionar este problema?». Asumieron voluntariamente la responsabilidad del problema. Observa, sin embargo, que no era algo obvio el que Ray Anderson o Bob Sanders aceptaran esa carga, sino que habían sido provocados, desafiados. ¿Podemos el resto de nosotros permitir inconscientemente que persistan problemas que podríamos ayudar a resolver? ¿Cómo podríamos abrir los ojos?

Una posible solución es lo que hizo Jeannie Forrest cuando «movió su silla». Antes de entrar en Yale, era psicóloga clínica y *coach* de ejecutivos, y esa formación en descifrar las motivaciones humanas le ha servido mucho en su función de directora. Por ejemplo, en febrero de 2019 tuvo que desenmarañar una disputa que se había creado entre varios trabajadores. Una mujer —a la que llamaremos Dawn— trabajaba para otra mujer, Ellen. Dawn había presentado una queja sobre Ellen en la que le acusaba de estar constantemente socavándola y menospreciándola.

Forrest llamó a las dos mujeres a su despacho. Recuerda que comenzó la reunión diciendo: «Yo soy la responsable de esto. Me responsabilizo. Había oído rumores de que no os llevabais demasiado bien y vuestro jefe me había dicho que había un problema entre vosotras dos, pero ¿sabéis lo que hice?, miré hacia el otro lado. Pensé: *Ya se arreglarán*. Os ignoré, y lo siento mucho».

Después dijo: «Me gustaría que cada una de vosotras me explicara esta situación a la que habéis llegado como si fuera la única responsable de la misma». Les costó mucho porque enseguida empezaron a echarse las culpas mutuamente. Por ejemplo, Ellen dijo: «Cada vez que intento darte una instrucción, me cortas con un montón de preguntas innecesarias». Entonces, Forrest la reconducía diciéndole: *No, esto es culpar a Dawn. Cuéntame la historia como si TÚ fueras la única responsable.*

Al final, lo consiguieron. Ellen dijo: «De acuerdo, consideraba que sus preguntas eran mezquinas. Creía que Dawn siempre tenía que aceptar lo que yo le dijera, sin hacerme preguntas, pero también es cierto que podría haberle explicado mejor lo que quería».

Dawn dijo: «Aceptaba sus resoplidos y su cara de asombro sin decir nada, pero tendría que haberle dicho que no entendía lo que quería y que me ayudara a entenderlo mejor».

Para ser sinceros, este método de «buscar tu propia responsabilidad» solo se puede aplicar en determinadas circunstancias. Imagínate si el problema fuera el de un supervisor que acosa sexualmente a su subordinada. Habría sido ultrajante pedir a la mujer «que contara la historia como si ella fuera la única responsable», porque habría sido culpar a la víctima. El poder de esta herramienta es que ayuda a identificar posibles «mecanismos de acción» en situaciones en las que varios factores intervienen en un problema.

Las tres mujeres —incluida Forrest— habían inicialmente tratado la situación como si estuvieran atrapadas en ella pero, cuando Forrest las incitó a que la explicaran como si fueran las únicas responsables, descubrieron su poder. Pasaron de sentirse víctimas del problema a sentirse copropietarias de la solución. Seis meses después de aquella mediación, Forrest informó de que «estaban trabajando juntas eficaz y alegremente».

Esto es esencialmente lo mismo que Ray Anderson pidió a sus trabajadores: contemos nuestra historia como si fuéramos al cien por cien responsables de la degradación medioambiental que ocasionamos. Y, cuando así miras al mundo, empiezas a ver diferentes maneras de influir: controles informáticos en los hervidores, métodos para fundir la moqueta vieja, incentivos para limpiar los mares de redes de nylon. Empiezan a emerger nexos causales que siempre habían estado allí, pero enterrados.

La pregunta de Forrest nos puede ayudar a filtrar el ruido en las situaciones difíciles. ¿Qué pasaría si contaras los problemas como si tú fueras el único responsable? ¿Y si los empleadores hablaran de los problemas de salud de sus empleados como si fueran los únicos responsables? ¿Y si las escuelas contaran el problema del abandono escolar como si fueran las únicas responsables? Hacernos estas preguntas nos ayudará a superar la indiferencia y la complacencia, y a ver lo que se puede hacer: *Elijo solucionar este problema, no porque me lo exigen, sino porque puedo hacerlo y porque vale la pena hacerlo.*

CAPÍTULO 4

El efecto túnel

John Thompson, medio jubilado y viviendo en Goderich, Ontario, se olvidaba de las gotas que tenía que ponerse dos veces al día para el glaucoma. Entonces decidió dejarlas en el alféizar de la ventana, encima del fregadero de la cocina, para verlas cuando se hiciera el café por la mañana. «Dejaba las gotas en el lado izquierdo del alféizar para acordarme de que eran para la mañana», dijo. «Después de ponérmelas, las dejaba en el lado derecho, y así sabía que me las había puesto por la mañana y que me las tenía que volver a poner por la noche. Después, por la noche, volvía a dejarlas en el lado izquierdo del alféizar». El sistema de la ventana de Thompson eliminó el problema.

Rich Marisa tuvo una revelación similar en su vida personal. «A mi mujer le molestaba mucho que me dejara las luces encendidas, especialmente la del recibidor», dijo Rich, un programador informático que vive cerca de Ithaca, Nueva York. Las luces del pasillo eran una fuente irrelevante de fricción entre la pareja, ese tipo de trivialidades por las que las parejas siempre discuten («Has vuelto a dejar la tapa del lavabo levantada...»).

Entonces Rich se dio cuenta de que podía evitar esas discusiones pidiendo el divorcio.

¡No! ¡Es broma! Perdón. Esto fue lo que hizo: «Me hice cargo de la situación y compré un temporizador de luz. Ahora pulso el botón y tengo cinco minutos de luz, después la luz se apaga sola, y solucionado el problema», dijo.

Para mi estudio busqué historias de este tipo: personas que dejan de reaccionar ante los problemas y empiezan a prevenirlos. Las encontraba tremendamente motivadoras. Empecé a microanalizar mi propia vida, en busca de esas cosas que me irritan y que podían desaparecer con un poco de magia proactiva.

Yo, por ejemplo, solía hacerme muchos líos con el cable de mi portátil. El tema es que, a pesar de tener un despacho perfecto con una mesa perfecta, normalmente trabajo mejor en las cafeterías. Estoy siempre desenchufando el cable, enrollándolo y enchufándolo en otro sitio. Al final —te sorprenderá— ¡he decidido comprarme otro cable! Ahora uno está siempre enchufado en mi despacho, y el otro está en mi mochila.

Esas son victorias fáciles, porque simplemente se trata de reconocer que hay un problema y planificar una solución. En las entrevistas que realicé descubrí que a la mayoría de la gente le cuesta pensar en ejemplos personales —por cierto, esto no lo digo para presumir: recuerda que estuve años enchufando, enrollando y desenchufando cables de alimentación, y no reaccioné hasta que decidí *escribir un libro sobre cómo ir a contracorriente*—. Esto plantea la siguiente pregunta: si pensar a contracorriente es tan simple y tan efectivo para acabar con problemas recurrentes, ¿por qué es tan poco frecuente?

Piensa en lo fácil que habría sido que descarrilara mi pensamiento a contracorriente. Si alguien en mi familia hubiera estado enfermo o si hubiera estado angustiado por el trabajo o por una relación, no habría estado pensando en hacer pequeñas mejoras. Pero creo que todo esto es intuitivo: cabría esperar que los grandes problemas en la vida desplazaran a los pequeños. No tenemos el ancho de banda para solucionar todos los problemas.

Pero el tema del «ancho de banda» es más engañoso: los investigadores han descubierto que cuando los recursos *escasean* —el dinero, el tiempo o el ancho de banda mental— el peligro no es que los grandes problemas desplacen a los pequeños, sino que los pequeños desplacen a los grandes. Imaginemos a una madre soltera que apenas puede pagar las facturas cada mes y que ha agotado su tarjeta de crédito. Su hijo necesita 150 dólares para jugar en la liga de baloncesto del barrio. No puede decirle que no porque es una de las pocas oportunidades abiertas para él en el barrio, pero no tiene dinero y todavía le faltan diez días para que le paguen. Pide entonces un préstamo de urgencia, el cual tiene que devolver en un mes con un 20 % de interés (el equivalente al 240 % APR) y, si no lo paga, el préstamo se renovará y los intereses aumentarán. No es una gran cantidad de dinero, pero podría ser una deuda suficientemente elevada para hacer tambalear su precaria economía.

Un asesor financiero diría que esa mujer ha tomado una mala decisión financiera, pero su hijo ha podido aprovechar esa oportunidad y ella ha comprado unos cuantos días o semanas de tiempo para maniobrar. La crisis llegará, pero hoy no. Los psicólogos Eldar Shafir y Sendhil Mullainathan, en su libro *Scarcity*, llaman a esto «el efecto túnel»: cuando las personas están haciendo malabarismos con muchos problemas, dejan de intentar resolverlos. Adoptan la visión túnel. Dejan de planificar a largo plazo, dejan de priorizar estratégicamente los problemas. Por esto, el efecto túnel es la tercera barrera ante el pensamiento a contracorriente, porque nos confina en el pensamiento reactivo a corto plazo. En el túnel, solamente existe la posibilidad de ir *hacia delante*.

Suele decirse que una cadena de malas decisiones puede llevar a la gente a la pobreza. En algunos casos así es —piensa en un atleta de élite con un gran sueldo que años después se declara en bancarrota—. Pero Shafir y Mullainathan afirman convencidos que la causalidad es al revés; es decir, que es la pobreza la que nos lleva a tomar malas decisiones económicas. Los autores escriben que: «La precariedad nos lleva a ser menos perspicaces, menos progresistas, menos controlados. Y los efectos son importantes. Ser pobre, por ejemplo, reduce la capacidad cognitiva de una persona más que estar toda una noche sin dormir. No es que los pobres tengan menos ancho de banda como personas, sino que la experiencia de la pobreza reduce el ancho de banda de cualquier persona». Cuando escasean los recursos, cualquier problema es una fuente de ansiedad. No hay forma de utilizar el dinero como amortiguador; para hacer el mantenimiento del coche, para pagar una visita al dentista o para tomarse un par de días libres en el trabajo para estar con un pariente enfermo. La vida se convierte en un continuo juego de malabares.

Los que sufren el efecto túnel no pueden pensar sistémicamente. No pueden evitar los problemas, se limitan a reaccionar ante ellos. Y el efecto túnel no es algo en lo que se caiga por la escasez de dinero únicamente, también puede ocurrir por la escasez de tiempo.

«La escasez, y el efecto túnel en particular, te lleva a posponer cosas que son importantes pero no urgentes —limpiar tu oficina, hacerte una colonoscopia, escribir tu testamento— y que son fáciles de descuidar», escriben Shafir y Mullainathan. «Sus costes son inmediatos, importantes y fáciles de aplazar, y sus beneficios se quedan fuera del túnel esperando el momento en que todas las cosas urgentes se hayan realizado».

Pero es evidente que las cosas urgentes nunca se acaban y, de repente, nos encontramos con que tenemos setenta años y todavía no hemos hecho el testamento. Este problema del efecto túnel afecta también a las organizaciones. Anita Tucker, una ingeniera industrial que en una ocasión apoyó las operaciones de una planta de glaseado de General Mills, hizo su tesis en Harvard acompañando a 22 enfermeros de 8 hospitales durante casi 200 horas. Descubrió que los enfermeros eran, esencialmente, profesionales que resolvían problemas. De promedio, cada 90 minutos ocurría un problema inesperado. Como ejemplo representativo, después de un fin de semana de tres días en el que algunas personas de la lavandería habían estado de vacaciones, una enfermera se dio cuenta de que su unidad se había quedado sin toallas. Entonces, tomó algunas toallas de la unidad de al lado y pidió a la secretaria que llamara a la lavandería para pedir más.

El efecto túnel

Los tipos de problemas más comunes con los que se encuentran los enfermeros, dijo Tucker, tienen que ver con información incorrecta o incompleta y con la rotura o la falta de algún equipamiento. En una ocasión, una enfermera llamada Abby estaba preparando el alta de una madre que acababa de dar a luz. Abby se dio cuenta de que el bebé de la mujer no llevaba la pulsera de seguridad. Esas pulseras que se atan alrededor del tobillo del recién nacido son caras —cuestan unos 100 dólares cada una— pero muy importantes: reducen el riesgo de raptos. Después de una rápida búsqueda, Abby encontró la pulsera en la cuna del bebé. Tres horas más tarde volvió a ocurrir lo mismo: otro bebé al que estaban a punto de dar el alta tampoco llevaba la pulsera. Esa vez, varias personas buscaron la pulserita, pero no la encontraron. Abby se lo hizo saber a su supervisor. Gracias a sus rápidas actuaciones, a ambas madres se les dio el alta con solo una breve demora.

Para solucionar problemas de este tipo, los enfermeros tienen que ser creativos, persistentes e ingeniosos. No van a consultar a su supervisor cada vez que algo va mal. Intentan solucionar los problemas para no dejar de servir a sus pacientes. Esto es lo que significa ser un buen enfermero.

Es una imagen inspiradora, ¿verdad? Sí, hasta que te das cuenta de algo: lo que Tucker está describiendo es un sistema que nunca *aprende*, que nunca mejora. «Para ser sincera, te diré que me quedé muy sorprendida», dijo Tucker. Sorprendida porque había observado la total ausencia de acciones a contracorriente.

Abby, que solucionó la pérdida de dos pulseras de seguridad en tres horas, en ningún momento se paró a preguntarse *por qué estaba pasando eso*. La enfermera que tomó las toallas de la unidad de al lado no pensó *tenemos un problema logístico, necesitamos un mejor plan para los fines de semana de tres días*.

Los enfermeros habían caído en el efecto túnel. Su tiempo era escaso y su atención era escasa. Tomar las toallas del departamento de al lado —lo cual hace que ese departamento se quede sin toallas al cabo de unas horas— es prácticamente lo mismo que tomar un préstamo con fecha de pago. La factura vencerá, pero no ahora mismo. De momento, los enfermeros podían seguir cavando hacia delante.

La intención de este relato no es ni mucho menos criticar a los enfermeros. Creo que, si Anita Tucker hubiera escogido a otro grupo de profesionales para su estudio —abogados, asistentes de vuelo o profesores—, los resultados habrían sido prácticamente los mismos. Y, por cierto, piensa en lo poco natural que habría sido para esos enfermeros escapar del túnel. Vale, uno de ellos descubre que las pulseras de seguridad de los recién nacidos se caen a menudo y se lo dice a su supervisor. ¿Qué más podría hacer? ¿Realizar un análisis inmediato de las causas mientras tiene a una docena de pacientes que necesitan su atención en ese momento? Y, por cierto, ¿cómo van a sentirse sus compañeros con alguien que está siempre hablando de «arreglar los procesos», en lugar de limitarse a coger más toallas de la unidad de al lado? Es mucho más fácil y más natural quedarse en el túnel y continuar cavando hacia delante.

Esta es una trampa fatal: si no puedes resolver los problemas sistemáticamente, te estás condenado a permanecer en un ciclo interminable de reacción. El efecto túnel se va retroalimentando.

El efecto túnel, además de que puede perpetuarse a sí mismo, puede ser emocionalmente gratificante. Se produce una especie de sensación de gloria cuando se consigue detener un error en el último segundo. Mira todos los ejemplos típicos que tenemos a nuestro alrededor: «Equipo, debemos a Steve un gran aplauso por apagar este fuego / salvarnos el día / rescatarnos del desastre. Si no fuera por él, esos informes de faltas de inventario habrían llegado un día tarde». Salvar el día a alguien es un acto heroico, y la heroicidad es adictiva. Todos tenemos compañeros que parecen disfrutar de la aventura maníaca de «estarse toda la noche despierto para cumplir con el plazo de entrega». Y no es que algunas veces no sea necesario salvar el día, sino que deberíamos variar ese ciclo de comportamiento. La necesidad de actos heroicos suele significar que hay fallos en los sistemas.

El efecto túnel

Para escapar del efecto túnel es necesario disponer de un poco de margen. El margen, en este contexto, quiere decir tener una reserva de tiempo o de recursos que puedas destinar a solucionar problemas. Por ejemplo, algunos hospitales crean ese margen con una «reunión de seguridad» matinal para revisar los «casi fracasos» del día anterior —pacientes que casi se hacen daño, errores que casi se cometen— y revisar las posibles complejidades del día. Un foro así habría sido el lugar perfecto para que una enfermera dijera: «Las pulseras de seguridad de los bebés se caen todo el rato».

La reunión de seguridad no es un margen en el sentido de tiempo de inactividad, sino que es un espacio de tiempo seguro en el que el personal puede salir del túnel y pensar en los problemas que ocasionan los sistemas. Imagínatelo como si fuera un margen estructural, un espacio que ha sido creado para cultivar el trabajo a contracorriente. Es un espacio de colaboración y disciplina. Esta misma idea es la que se utilizó en las escuelas públicas de Chicago (CPS) para reducir el índice de abandono: los *freshman success teams* tenían una reunión fija en la que revisaban el progreso de cada uno de los estudiantes. Este tipo de foros nunca se producen de forma «natural», porque no es nada fácil sacar tiempo libre de los ya apretados calendarios de los profesores.

Escapar del túnel es difícil, porque la estructura organizacional se resiste a ello. Recuerda la cita de Mark Okerstrom, consejero delegado de Expedia: «Cuando creamos organizaciones, hacemos todo lo posible para que las personas se enfoquen en un objetivo. Básicamente, les estamos dando permiso para que sean miopes. Estamos diciéndoles: «Este es tu problema. Define tu misión, crea tu estrategia y alinea tus recursos para solucionarlo. Y tienes el legítimo derecho de ignorar todo aquello que no se corresponda con ese objetivo». El enfoque es al mismo tiempo un enemigo y un aliado. Puede acelerar el trabajo y hacerlo más eficiente, pero también puede poner anteojeras a la gente —los caballos de carreras llevan anteojeras para que ignoren las distracciones y corran más rápido—. Si estás siempre intentando *seguir adelante, seguir adelante, seguir adelante*, nunca te pararás a preguntarte si estás yendo en la dirección adecuada.

Incluso es justo decir que nuestro cerebro está diseñado para caer en el efecto túnel. El psicólogo de Harvard Daniel Gilbert dice que estar orientado a lo inmediato y urgente es un rasgo defectuoso de nuestro pensamiento. En un artículo para *Los Angeles Times*, escribió:

> Las personas, igual que los animales, somos rápidos en responder a los peligros claros y presentes, y por eso tardamos unos pocos milisegundos en agacharnos cuando una pelota de baloncesto se aproxima hacia nosotros a toda velocidad. El cerebro es una máquina maravillosamente diseñada que está constantemente escaneando el entorno en busca de cosas que están fuera de su camino y que debería obtener en ese momento. Esto es lo que los cerebros llevaban cientos de millones de años haciendo hasta que, de repente, el cerebro de los mamíferos aprendió un nuevo truco: predecir el momento y el lugar de los peligros antes de que ocurran.
>
> Nuestra capacidad para esquivar lo que aún no ha llegado es una de las innovaciones más asombrosas del cerebro, y sin ella no tendríamos hilo dental o planes de jubilación. Pero esta innovación está en las primeras fases de desarrollo. La aplicación que nos permite responder a las pelotas de básquet es antigua y fiable, pero la utilidad complementaria que nos permite responder a las amenazas que se asoman para un futuro desconocido todavía está en fase de pruebas.

En opinión de Gilbert, el pensamiento a contracorriente es un nuevo rasgo de nuestros cerebros.

Hay dos áreas de preocupación que parecen activar de manera sistemática nuestros instintos proactivos: nuestros hijos y nuestros dientes. Cuando se trata de nuestros hijos somos capaces de pensar en el *futuro*: ¿Están demasiado rato delante de la pantalla? ¿Están comiendo una dieta sana? ¿Podrán entrar en una buena universidad?

Algo más asombroso es el respeto que mostramos por nuestros dientes, el órgano más mimado de nuestro cuerpo. Aunque a nuestra piel le falte la crema solar, nuestros corazones no resistan un trote enérgico y nuestro sistema inmunitario rechace la vacuna anual contra la gripe, ningún día de nuestra vida, por muy ocupados que estemos, nos olvidamos de cepillarnos los dientes dos veces al día. Y además vamos al dentista regularmente para que nos revise la dentadura. Incluso nos tapamos o empastamos alguna muela, aunque no nos duela. Piensa en ello: el hábito preventivo más exitoso que hemos desarrollado como especie es la preservación de nuestros... ~~pulmones, cerebros, corazones~~, dientes.

¿Algún día aprenderemos a mimar y preservar nuestro planeta la mitad que lo hacemos con nuestros dientes? El continuo fracaso internacional por frenar el cambio climático indica claramente que no. Durante años hemos estado riéndonos de esas torpes ranas metafóricas que no saltan del bote con agua hirviendo hasta que es demasiado tarde. Resulta que nosotros somos las ranas.

El cambio climático es como un producto diseñado por un genio endemoniado para explotar cada una de las debilidades en la psique humana: cambia demasiado lento para parecer una urgencia. Carece de rostro humano, tal como explica Dan Gilbert en el artículo citado anteriormente: «Si el cambio climático nos hubiese visitado en forma de un dictador cruel o de un imperio del mal, la guerra contra el calentamiento habría sido la prioridad máxima de este país». Para abordar el cambio climático con éxito, todas las naciones, partidos y organizaciones deberían colaborar. Por último, el cambio climático presenta un desequilibrio entre las acciones y sus consecuencias: quienes están causando los peores daños no son los que están sufriendo sus peores consecuencias.

Esta descripción parece desoladora, pero la contrapartida esperanzadora es que en un pasado reciente la humanidad se apresuró a solucionar una amenaza global medioambiental que tenía todas las características descritas: el agotamiento de la capa de ozono. Retrocedamos al año 1974, cuando los científicos Mario Molina y F. Sherwood (Sherry) Rowland publicaron un artículo en *Nature* titulado «Stratospheric Sink for Chlorofluoromethanes: Chlorine

Atom-Catalysed Destruction of Ozone». Era un título sobrio para un descubrimiento francamente apocalíptico.

Los científicos habían descubierto algo sobre los clorofluorocarbonos (CFC), unos compuestos químicos utilizados en los sistemas de refrigeración y como propulsores de los aerosoles, entre otras aplicaciones. El estudio de los CFC era relativamente sencillo porque son compuestos no inflamables y no tóxicos. También son muy estables —llevan dando vueltas por la atmósfera mucho tiempo, y nadie había pensado demasiado en dónde acababan después de salir de una nevera o de una axila—. Molina y Rowland demostraron que los CFC son destruidos en la estratosfera por los rayos solares liberando cloro; el cual se come la capa de ozono, que es una protección esencial contra la radiación ultravioleta. Las consecuencias de la destrucción de la capa de ozono habrían sido, entre otras, la interrupción del suministro de alimentos en el mundo y el cáncer de piel en proporciones casi epidemiológicas.

¿Qué pasó después de que esos descubrimientos fueran publicados? No demasiadas cosas. «El artículo no tuvo demasiado impacto porque estábamos hablando de gases invisibles que llegaban a una capa invisible —que nos protege— de rayos invisibles», dijo Molina en su excelente documental de PBS *Ozone Hole: How We Saved the Planet*. «Ellos dijeron: "¡Oh, debéis de estar exagerando!"».

Pero no estaban exagerando. Afortunadamente, el mundo no se terminó porque una coalición internacional se reunió para restringir el uso de los CFC en una serie de acuerdos; entre otros, el Protocolo de Montreal de 1987, el cual fue descrito por un científico del clima como «un pequeño frenazo»; y después el de Copenhague en 1992, que fue más parecido a un chirriante frenazo. Desde entonces ha habido varios acuerdos más. El resultado es que la humanidad ha dejado de empeorar el problema. Si la tendencia actual continúa, la capa de ozono recuperará su nivel de 1980 hacia el año 2050; por lo menos hemos dejado de cavar nuestra propia tumba, y nuestra voluntad de detener este problema está dando buenos resultados.

El efecto túnel

Hay una paradoja inherente a los trabajos de prevención: tenemos que crear la necesidad urgente de solucionar un problema que quizás no suceda durante un tiempo. En otras palabras, tenemos que hacer que el trabajo proactivo parezca reactivo. Recuerda cuando en el año 1974 Molina y Rowland presentaron su informe. En el mundo, en aquella época existirían como máximo una docena de personas que sintieran la urgente necesidad de abordar el problema del agotamiento del ozono. Imagínate un mapa térmico representando «la pasión por arreglar la capa de ozono», con una mancha roja ardiente marcando la ubicación de las cátedras de Molina y Rowland, y el resto del planeta totalmente azul. Diez años más tarde, el rojo se había expandido como el fuego: estábamos en la cúspide de un acuerdo global. ¿Cómo ocurrió?

Lo primero que hay que tener en cuenta es que «crear una urgencia» equivale básicamente a aprovechar el poder del efecto de túnel. En lugar de intentar salir del túnel —como con la discusión sobre el margen—, tratamos de utilizar el enfoque extremo que proporciona para nuestra ventaja. ¿Quién no ha sido más productivo y ha estado más motivado cuando ha tenido presente una fecha límite? Una fecha límite da una urgencia artificial a una tarea. En Estados Unidos, el 15 de abril es la fecha de vencimiento para el primer pago trimestral de los impuestos; es una fecha arbitraria, pero tiene mucha influencia en el comportamiento de las personas. Unos 21,5 millones de estadounidenses presentan sus declaraciones la última semana antes de esa fecha. A medida que se acerca la fecha límite, acaban dejando de hacer todo lo demás y se enfrascan en su declaración.*No es que ya

---

* Imagínate que no hubiera una fecha límite y que pudiéramos pagar los impuestos del año anterior cuando quisiéramos, pero pagando un interés adicional del 2 % a la cantidad a pagar por cada mes de demora. Uno sospecha que eso sería una excelente fuente de ingresos para el gobierno federal —siempre y cuando al final no nos quedáramos sin efectivo como nación a medida que aumentaran los pagarés—.

no estén en el efecto túnel, sino que el gobierno ha atascado esa tarea en el túnel para asegurarse de que la realicen.

A todos nos encantaría que nuestros asuntos favoritos estuvieran «en el túnel», pero hay demasiadas cosas en él. Nuestras demandas tienen que competir con muchas otras preocupaciones urgentes y emocionales: llevar a los niños al fútbol, analizar la información del jefe y visitar a la abuela en la residencia. Si tú no haces esas tareas, nadie las hará por ti. Por otro lado, la capa de ozono te importa un poco, pero últimamente no forma parte de tus preocupaciones diarias. Está fuera de tu túnel. Para combatir esa indiferencia, muchos de los científicos implicados, incluido Sherry Rowland, se convirtieron en defensores vocales de la acción —en contra de su propia formación y de sus instintos— enfatizando las consecuencias para los humanos del agotamiento la capa de ozono, incluso en audiencias que eran hostiles a sus descubrimientos.

Su defensa creó conversos en lugares inesperados. En 1975, el programa de televisión *All in the Family* —el más popular en Estados Unidos— presentó un episodio en el que Mike, un estudiante universitario liberal, reprende a su esposa Gloria por usar para su pelo un spray con CFC, diciendo que los componentes químicos destruirán la capa de ozono y «nos matarán a todos». La venta de aerosoles cayó notablemente después de ese episodio.

También contribuyó a difundir la urgencia el término *agujero de la capa de ozono*, que actualmente todos conocemos pero que no apareció hasta mediados de los ochenta —una década después de la publicación de aquel informe en *Nature*—. Algunos científicos objetaron que el término era inadecuado, pero enseguida cuajó en el público general. El científico Richard Stolarski dijo en un podcast que «tener un término simple para describirlo había favorecido el que llegara a una mayor parte del público». La idea de un «agujero» hizo que fuera más fácil visualizar el problema y pensar en que algo debíamos hacer. Cuando hay un agujero en algo importante —un tejado, un barco o un jersey—

lo arreglamos. Los agujeros son urgentes; el agotamiento gradual de la capa de ozono no lo es.

También hubo otro asunto importante en la campaña contra el agotamiento de la capa de ozono: conseguir que los posibles oponentes se unieran a las acciones internacionales. Compañías como DuPont, que era una de las principales productoras de CFC, habían luchado contra las prohibiciones durante años pero, cuando se firmó el Protocolo de Montreal, DuPont fue una de las empresas que lo apoyó. Dos investigadores que posteriormente estudiaron el papel de DuPont en el asunto concluyeron que «el apoyo de DuPont al Protocolo de Montreal también había dependido de la habilidad de las autoridades estadounidenses para garantizar que los productores europeos no obtendrían ninguna ventaja competitiva a través de ninguna disposición de la ley internacional». En otras palabras, probablemente DuPont se habría resistido a una prohibición que solo afectara a Estados Unidos pero, si todos sus competidores mundiales se enfrentaban a la misma prohibición, no se sentiría en desventaja.

También hubo opositores entre los líderes de los países desarrollados, los cuales se quejaban de soportar altos costes por un problema del que ellos no eran los principales responsables. Margaret Thatcher, primera ministra de Reino Unido, lideró la campaña para pedir a los países industrializados que contribuyeran con la mayoría de los recursos necesarios —la Dama de Hierro puede parecer una defensora atípica de los trabajos relacionados con la capa de ozono, pero su pasado nos ofrece una pista: estudió Química en la universidad y durante un tiempo ejerció como investigadora química—.

Antes de esos compromisos, la acción internacional sobre la capa de ozono habría supuesto una *amenaza* para DuPont y para los países desarrollados. Las amenazas, por definición, son urgentes; así que los negociadores internacionales estaban logrando una especie de orquestación de urgencia: los defensores necesitaban sentir más urgencia; y los oponentes, menos.

A *posteriori*, historias de éxito como esta pueden parecer inevitables. *¡Claro que solucionamos el problema de la capa de ozono! ¡No teníamos otro remedio!* Pero son muchos los factores que podrían haber arruinado un esfuerzo de tal magnitud. Para citar un ejemplo, en mayo de 1987 —justo unos meses antes de que se firmara el Protocolo de Montreal—, el secretario del interior de Estados Unidos, Donald Hodel, fue citado por criticar en debates internos las propuestas, sugiriendo que, en lugar de prohibir los CFC, la gente podía empezar a llevar sombreros, crema protectora y gafas de sol. Se produjo una tormenta mediática —casi desearía que Twitter pudiera retroceder en el tiempo para reaccionar ante este comentario—. Hodel rectificó, y la administración Reagan siguió siendo una parte fundamental en los acuerdos.

El presidente Reagan, escéptico al principio, acabó convirtiéndose en un defensor del proyecto. Como dijo el secretario de estado George Schultz sobre la actitud de Reagan en un documental de la PBS: *Puede ser que tengas razón y que no pase nada, pero has de aceptar que, si algo pasa, será una catástrofe, así que mejor firmemos una póliza de seguro.*

Los científicos del clima utilizan la frase «el mundo evitó» para hablar de los problemas que se han evitado gracias a los acuerdos sobre la capa de ozono. «Esto nos ayuda a contemplar el mundo que hemos evitado», dijo Sean Davis, investigador de National Oceanic and Atmospheric Administration (NOAA) en una charla TEDx. «El mundo que hemos evitado con el Protocolo de Montreal entrañaba cambios catastróficos para nuestro medioambiente y el bienestar humano. Hemos evitado millones de casos de cáncer de piel que habrían aparecido hacia el 2030 y habrían ido creciendo exponencialmente».

«El mundo evitó» es una frase evocativa. En cierta manera, este es el objetivo de cualquier trabajo a contracorriente: evitar un mundo en el que persistan determinados tipos de daños, injusticias, enfermedades o privaciones. El camino hacia «el mundo evitó» es un camino difícil por culpa de las barreras que hemos visto: la ceguera ante el problema (*no veo el problema*), la falta del sentido de propiedad (*no soy yo quien tiene que solucionar este problema*) y el efecto túnel (*no puedo tratar este problema ahora mismo*). En la siguiente parte del libro hablaremos de líderes que han luchado por «el mundo evitó». Los problemas que intentaron evitar son muy variados tanto en ámbito como en importancia: desde la violencia doméstica hasta averías en los ascensores pasando por especies invasivas, aceras rotas, clientes perdidos o tiroteos en las escuelas. Pero, a pesar de la enorme diferencia entre esos problemas, las estrategias que todos los líderes utilizaron tienen muchas similitudes. Todos ellos, a su manera, tuvieron que formularse y responder siete preguntas fundamentales que van desde «¿cómo reunir a la gente adecuada?» hasta «¿quién pagará aquello que no ocurre?».

A continuación, hablaremos de un país que ha conseguido lo impensable: eliminar prácticamente del todo el problema del abuso de sustancias tóxicas por parte de los adolescentes. Si crees que una generación de adolescentes felices y sobrios es imposible, sigue leyendo.

SEGUNDA PARTE

SIETE PREGUNTAS PARA LÍDERES QUE ACTÚAN A CONTRACORRIENTE

CAPÍTULO 5

¿Cómo reunir a la gente adecuada?

En 1997 se tomó una foto del centro de Reikiavik, Islandia, que luego se convirtió en el emblema de un grave problema nacional. La fotografía muestra una manzana de la ciudad atestada de gente —la mayoría de las cabelleras son rubias, apenas hay unas cuantas morenas—. Es verano en Islandia, cuando el sol permite tomarse un respiro de unas pocas horas. A pesar de que la foto había sido tomada a las 3:00 h de la madrugada se pueden ver bastante bien todas las caras, y casi todos son jóvenes borrachos. Los jóvenes se habían apoderado de la ciudad.

En 1998, el 42 % de los jóvenes islandeses de entre quince y dieciséis años afirmaron haberse emborrachado algún día del mes anterior. Casi una cuarta parte de ellos fumaba cigarrillos diariamente, y el 17 % había probado el cannabis. «Recuerdo haber ayudado a un amigo mío a vomitar en un callejón», dice Dagur Eggertsson, médico que fue alcalde de Reikiavik en el año 2014. «Y otro amigo se cayó en el mar mientras intentaba mantener el equilibrio sobre una tubería de aceite en la zona del puerto... Eran cosas normales. Formaban parte del crecimiento. Formaban parte de lo que era recibir tu primera paga cuando a los catorce años trabajabas en verano».

Ese comportamiento iba más allá de las travesuras normales de los adolescentes. De los veintidós países europeos, los jóvenes islandeses de catorce y quince años eran los que tenían el índice más alto de accidentes o daños relacionados con el abuso del alcohol. También ocupaban casi los primeros puestos de la clasificación en otras categorías: porcentaje de jóvenes que se habían emborrachado a los trece años o menos, y porcentaje de los que se habían emborrachado diez veces o más en el año anterior. Para los jóvenes islandeses eso era algo normal, era el mundo que conocían; pero, cuando el índice de abuso de sustancias empezó a crecer año tras año en la década de los noventa, un grupo de líderes empezó a interesarse por el problema. Esos líderes habían despertado de su ceguera ante el problema. No estaban dispuestos a permitir que esos comportamientos de los jóvenes siguieran siendo etiquetados de naturales o inevitables. Decidieron remar a contracorriente. ¿Y qué pasó?

Para prosperar, los líderes de las intervenciones a contracorriente han de formularse siete preguntas esenciales que vamos a ver en cada uno de los capítulos de esta segunda parte. Estudiaremos las razones por las que cada pregunta es difícil de responder y las estrategias que los líderes inteligentes han usado para superar esos obstáculos. La primera de estas preguntas es: *¿Cómo reunir a la gente adecuada?*

Recuerda que gran parte de los esfuerzos a contracorriente son como un trabajo voluntario que tú eliges y que nadie te exige. Esto es lo que ocurrió en Islandia: mucha gente e instituciones gubernamentales tenían que hacer frente a las consecuencias del abuso de sustancias por parte de los adolescentes, pero no había ninguna persona ni organismo encargados de evitarlo —por lo menos, al principio—. Sin embargo, a mucha gente le preocupaba lo suficiente como para intentarlo. Así, el primer paso de un esfuerzo a contracorriente es *acotar el problema*, reclutar a un grupo multifacético de personas y organizaciones unidas con un mismo objetivo.

En 1997, varias de estas personas, principalmente investigadores y políticos, crearon un movimiento antiabuso de sustancias tóxicas denominado Drug-free Iceland. El equipo que dirigía la campaña pedía ayuda enérgicamente a cualquier persona que quisiera participar: investigadores, políticos, universidades, policías, padres, jóvenes, cantantes, músicos, ONG, instituciones gubernamentales, ayuntamientos de Islandia, empresas privadas, iglesias, centros de salud, clubes deportivos, atletas o miembros de la prensa, y al monopolio State Alcohol and Tobacco. Quizá pienses que es un extenso grupo de colaboradores, pero ten en cuenta que la mayoría de los islandeses viven en Reikiavik o alrededor de la ciudad, la cual tiene una población de menos de 250.000 habitantes. El territorio es del tamaño de Kentucky, pero la diferencia es que Reikiavik está llena de volcanes, glaciares enormes y abedules. El tema es que en Islandia unos pocos cientos de líderes de diferentes sectores pueden conectarse bastante fácilmente.

Lo que atrajo a los colaboradores fue una visión innovadora para combatir el consumo de alcohol y drogas. Tradicionalmente, los esfuerzos en esta dirección se habían concentrado en el cambio del comportamiento individual, en hacer que los jóvenes se abstuvieran de tomar alcohol o drogas. Pero en Islandia los líderes de la campaña creían que a este enfoque tradicional de «decir no al alcohol o a las drogas» le faltaba algo: ¿Y si nunca se les ofrecieran drogas? ¿Y si los jóvenes disfrutaran tanto de otras actividades —fútbol, teatro o alpinismo— que no necesitaran emborracharse? En resumen, ¿y si el consumo de alcohol y drogas empezara a considerarse entre los jóvenes como algo *anormal*? «Queríamos cambiar comunidades con el objetivo de cambiar el comportamiento de los jóvenes», dijo Inga Dóra Sigfúsdóttir, científica social y una de las líderes de la campaña.

Los estudios académicos han identificado una serie de factores de riesgo para el abuso de sustancias tóxicas por parte de los jóvenes: tener amigos que beben o fuman es el más evidente. Otro factor es tener mucho tiempo desestructurado libre para reunirse con esos amigos —en fiestas o en las calles de la ciudad a las 3:00 h de la madrugada—. Pero también hay otros factores *de prevención* que reducen el riesgo de abusar de esas sustancias. La mayoría de ellos se reduce a que los jóvenes tengan una forma mejor de pasar el rato, participando en actividades deportivas y extracurriculares, o simplemente pasando más tiempo con sus padres —curiosamente, los estudios indican que la cantidad de tiempo importa más que la calidad del mismo; lo cual no fue una noticia muy bien recibida entre los padres islandeses, dijo Sigfúsdóttir—. En resumen, las horas discrecionales de un adolescente son finitas, por lo que una hora que pasa portándose bien es una hora menos que pasa portándose mal.

La filosofía que guiaba la campaña era simple: cambiar la cultura que rodea a los jóvenes reduciendo los factores de riesgo para el abuso de sustancias tóxicas y fomentando los factores de prevención. La gente que participaba en la campaña —desde padres hasta políticos o líderes de clubes deportivos— contaba con una variedad de recursos a su disposición, y todos compartían la habilidad de influir en uno o más de estos factores.

Las comunidades y los padres trabajaron para cambiar la cultura que rodeaba los festivales populares a los que muchos jóvenes iban sin supervisión, animando a las familias a que asistieran con ellos. Se reclutó a jóvenes para escribir y filmar anuncios para la televisión en contra del alcohol.

La mayoría de los trabajos que se hicieron contaban con la ayuda de múltiples colaboradores. Por ejemplo, hacía tiempo que Islandia había prescrito el número de horas que los jóvenes podían estar fuera de casa en función de su edad. La norma de «horas fuera de casa» era básicamente una versión más amable de un toque de queda, sin penalizaciones para los infractores, que los jóvenes solían ignorar. Por ejemplo, todos esos jóvenes abarrotando las calles de Reikiavik en esa memorable fotografía estaban incumpliendo las normas.

Para combatir esa negligencia, la campaña enviaba una carta del alcalde o del jefe de Policía de Reikiavik a los padres de los jóvenes animándoles a que cumplieran su horario. La carta también incluía un imán de nevera que mostraba las horas específicas en las que los jóvenes podían salir a la calle.

Anteriormente, dijo Sigfúsdóttir, obligar a los jóvenes a cumplir unos horarios solía ser responsabilidad de los padres, cosa que convertía en villanos a los pocos padres que intentaban que sus hijos cumplieran las normas. Los jóvenes protestaban diciendo: «¡A los demás padres les importa un bledo el toque de queda!». Los imanes hacían que el toque de queda fuera considerado como algo más «oficial», y poco a poco empezaron a cumplirlo cada vez más jóvenes —padres de algunos barrios organizaban paseos nocturnos para animar a los jóvenes que veían por la calle a que se fueran a casa—.

Uno de los aspectos más creativos de la campaña surgió de la investigación de Harvey Milkman, un psicólogo clínico especializado en adicciones. «Me di cuenta de que la gente no se volvía tan adicta a las drogas como a cambiar la química de su cerebro», dijo Milkman. «La consecuencia de ello es la excitación natural». En otras palabras, no tenemos que combatir el instinto de los jóvenes de «excitarse», sino que deberíamos ofrecerles otras maneras más seguras de hacerlo. Los líderes de la campaña ya sabían que los jóvenes necesitan mejores maneras de pasar su tiempo —esto es un factor de prevención clásico—, pero la revelación de Milkman añadía un nuevo matiz. Los jóvenes no necesitaban actividades de cualquier tipo, sino que necesitaban actividades que les excitaran: juegos, actuaciones, ejercicio, exhibiciones... actividades que les obligaran a emprender riesgos físicos o emocionales.

Cuando terminan sus clases, los chicos islandeses suelen ir a los clubs deportivos a practicar deporte, como el fútbol, el golf o la gimnasia. Muchas comunidades invirtieron en la mejora de los entrenamientos y de los entrenadores, de manera que el entrenador de fútbol ya no fuera un padre voluntario, sino un experto remunerado. Esta «profesionalización» del deporte fue fundamental: el trabajo de los equipos de Islandia sobre el abuso de las drogas hace una distinción entre la participación deportiva informal y la formal, y es esta última la que cuenta. Si juegas al baloncesto en la calle con tus amigos, es muy probable que acabes bebiendo igual o más que otro joven que no juega en la calle;

pero, si juegas en una liga de baloncesto, es diferente porque tienes un compromiso con el equipo. Tu red social gira en torno a una actividad saludable. Para fomentar la participación en los clubs deportivos y otras actividades recreativas, el ayuntamiento de Reikiavik —y más tarde los de otras ciudades también— daba a cada familia una tarjeta regalo de cientos de dólares para gastar en la cuota de entrada o en las sesiones de entrenamiento.

Todos esos esfuerzos dieron sus frutos. Se realizó un estudio anual titulado «Youth in Iceland» para medir los hábitos con el alcohol y las drogas de los jóvenes del país, y para rastrear los factores de riesgo y los de protección que la campaña había identificado —por ejemplo, el tiempo que los jóvenes pasaban con sus padres—. El estudio fue como un marcador para la campaña. Para revisar esos resultados y planear sucesivas acciones se organizaban reuniones… muchas reuniones. Los médicos recetan, los mineros cavan, los profesores enseñan y los que van a contracorriente se *reúnen*. El comité director se reunió 101 veces durante los primeros cinco años de la campaña, pero aquellas reuniones no eran como esas aburridas sesiones que tienes que soportar en tu trabajo. Si se hacen bien, son reuniones muy enérgicas, creativas, honestas, llenas de improvisaciones, en las que hay un compañerismo enorme que surge de compartir la lucha por un objetivo importante.

Incluso en los primeros años, el movimiento ya empezó a mostrar sus logros: iba aumentando la participación en deportes formales. El tiempo que los jóvenes pasaban con sus padres también. El cumplimiento con el horario de salidas también. Y esa sensación de éxito era la recompensa emocional que mantenía el entusiasmo de la gente por el trabajo y atraía a nuevos colaboradores en esa misión. En el año 2018, veinte años después de que hubiera empezado la campaña, la cultura de los jóvenes había cambiado. Por ejemplo, en el año 1998, en una clase de 40 estudiantes, 17 se habrían emborrachado en los últimos 30 días; en el año 2018, solamente 3. Antes, 9 estudiantes habrían estado fumando cada día, ahora solo 2. Antes, 7 habrían probado el cannabis, ahora solo 1. Las líneas descendentes del gráfico siguiente revelan la historia:

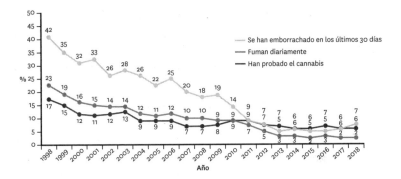

Tal vez la parte más asombrosa de esta historia sea que su éxito ha sido tan completo que en la actualidad resulta invisible. Muchos jóvenes de hoy en día no son conscientes de ello. Simplemente han crecido en un mundo en el que el abuso del alcohol y las drogas casi no existe.

La campaña de Islandia fue la envidia del mundo, y muchos otros países —España, Chile, Estonia y Rumanía— adoptaron ese método. «Además hay un elemento de este modelo que es lo más importante: el empoderamiento», dijo Sigfúsdóttir. «Es dar voz a las comunidades, a los padres, a los jóvenes. Cada uno de los jugadores del sistema tiene una responsabilidad. Creo que esto es la fuerza impulsora del sistema».

¿Cómo reunir a la gente adecuada? Empieza con la idea de Sigfúsdóttir: *Cada uno de nosotros tenemos una responsabilidad*. Dado que nuestro progreso puede depender del esfuerzo voluntario de las personas, es inteligente que mantengamos una gran estructura.

Pero la filosofía de «cuantos más seamos, mejor», no es suficiente. Se debe elegir al equipo central de forma más estratégica. Las intervenciones preventivas a menudo requieren un nuevo tipo de coordinación entre los diferentes integrantes. Para que los esfuerzos a contracorriente prosperen, se debe acotar el problema; es decir, hay que atraer a aquellos que sepan tratar las dimensiones esenciales del problema. En Islandia, los líderes de la campaña consiguieron atraer a los jóvenes y a casi todas las personas que influían en ellos: padres, profesores y entrenadores, entre otros. Cada uno de ellos tenía una misión fundamental. Las acciones a favor de la corriente, en cambio, son mucho más reducidas. Piensa en el ejemplo de Expedia que comentábamos al principio del libro: para reaccionar a la llamada de un cliente, únicamente necesitaban a un representante del centro de atención, pero para evitar que *todos* los clientes llamaran necesitaron la integración de varios equipos de personas.

Una vez acotado el problema, es necesario organizar los esfuerzos de todas esas personas, y es necesario un objetivo común que sea atractivo e importante y que mantenga a todas las personas trabajando incluso en las situaciones más estresantes, como cuando la vida de alguien depende de ello (lo veremos en el siguiente capítulo).

~~~~~~

En 1997, Kelly Dunne, recién licenciada, acababa de llegar a la pintoresca ciudad de Newburyport, Massachusetts, a una hora de coche al norte de Boston. Poco después de llegar, respondió a un folleto en el que pedían voluntarios para ayudar a las víctimas que en los juicios habían presentado órdenes de alejamiento. Cuando terminó el curso de formación, un lunes se personó en los juzgados del distrito como voluntaria para su primer turno de oficio. Se llevó un libro porque pensaba que no habrían sucedido demasiados casos durante el fin de semana.

Pero se encontró con tres mujeres que ya estaban esperándole para hablar con ella. Una se había pasado el fin de semana encerrada en su sótano, la otra tenía un hematoma en el brazo, en el lugar al que su hijo se había agarrado compulsivamente mientras el marido de la mujer la golpeaba.

«Me quedé horrorizada», dijo Dunne. Pensó: *Madre mía, no podía imaginarme que pasara todo esto durante un fin de semana en una pequeña y tranquila ciudad de New England.* Cada vez se implicaba más en su trabajo —ayudando a las víctimas de la violencia de género—, y enseguida empezó a trabajar a jornada completa en la organización de la que era voluntaria, que ahora se llama Jeanne Geiger Crisis Center.

Cinco años después, una de las mujeres a las que estaba ayudando, Dorothy Giunta-Cotter, una víctima de abusos que había intentado escapar de su matrimonio manteniendo a salvo a sus hijas, fue asesinada por su exmarido, según el *New Yorker*. El hombre había entrado a la fuerza en la casa empujando a una de sus hijas en la puerta de entrada, derribó la puerta de la habitación de Dorothy y la arrastró hacia fuera. Cuando la policía llegó, mató a Dorothy y luego se pegó un tiro. Sus dos hijas se quedaron huérfanas.

El asesinato provocó en Dunne una crisis de confianza. «Tengo que dejar el trabajo o pensar realmente en lo que estamos haciendo. ¿Cómo hemos podido implantar estos sistemas? ¿De verdad están hechos para ayudar a la gente?», dijo Dunne sobre su reacción ante el asesinato de Dorothy. «Su caso nos estaba mostrando dónde estaban todos los fallos en el sistema».

El sistema estaba dividido en departamentos especializados: los policías respondían las llamadas de emergencia; los sanitarios curaban las heridas; los abogados defendían a las víctimas; los fiscales juzgaban los casos, y los oficiales de la libertad condicional controlaban a los maltratadores después de que hubieran cumplido sentencia. Mujeres como Dorothy se encontraban indefensas en esa «tierra de nadie» existente entre las funciones asignadas a cada departamento. Ninguno de los grupos que realizaban esas funciones tenía la misión de prevenir el homicidio, ni los medios necesarios para ello. Dunne se dio cuenta de que la única manera de prevenir más asesinatos era reuniendo a todos esos grupos para que dirigieran su atención hacia las mujeres que corrían más riesgo.*

Pero ¿cómo puedes saber con antelación cuáles son las mujeres que corren más riesgo de ser asesinadas? Esta pregunta llevó a Dunne al trabajo de Jacquelyn Campbell, una enfermera e investigadora de la Universidad Johns Hopkins especializada en la violencia de género. Al principio de su carrera, Campbell había tenido su propio despertar a la epidemia de la violencia género. Mientras estudiaba un máster en enfermería trabajaba con el Departamento de la Policía Local en Dayton, Ohio, donde revisaba todos los casos en los que una mujer había sido asesinada por su marido, su novio o su expareja —si una mujer es asesinada, hay un 50 % de probabilidades de que el culpable sea uno de estos tres casos—.

Muchos de los archivos que revisó contenían fotografías del escenario del crimen, y una de ellas se le quedó grabada en la memoria: mostraba a una mujer esposada en una silla, muerta de un disparo; su marido le había disparado en la sien. Era una escena horripilante, en la que hubo otro detalle que llamó la atención de Campbell: la mujer llevaba un brazo enyesado. El informe decía que la mujer se había roto el cúbito, uno de los dos huesos paralelos del antebrazo junto al radio. Cuando la gente tiene un accidente suele romperse los dos huesos, o solo el radio. La rotura del cúbito es poco frecuente e indica una lesión defensiva. Seguramente, aquella mujer había tenido el brazo levantado mientras se protegía de los golpes que le estaban propinando con un objeto contundente.

---

* En *New Yorker*, Rachel Louise Snyder cuenta la historia de Dorothy Giunta-Cotter —y la del Jeanne Geiger Crisis Center— con más detalle. Gracias a este artículo conmovedor y profundo conocí el trabajo del centro.

Pero no solo fue la rotura del hueso lo que sorprendió a Campbell —cada archivo que revisaba incluía violencia física—, sino el yeso: eso quería decir que la mujer había pedido ayuda en el sistema sanitario y que nadie había sido capaz de protegerla contra futuros daños. «Por esto estaba convencida de que algo teníamos que hacer con las mujeres maltratadas», dijo Campbell. Campbell empezó a estudiar los patrones en los que el abuso doméstico acababa en un homicidio, y se dio cuenta de que algunos factores de riesgo eran previsibles, tales como que el maltratador tuviera acceso a una pistola o fuera alcohólico. Otros, en cambio, eran menos obvios; por ejemplo, si una pareja maltratadora se quedaba sin trabajo, la víctima corría más riesgo. Basándose en los patrones que había obtenido a partir de la información, desarrolló una herramienta denominada «evaluación del peligro», la cual ha sido validada en múltiples ocasiones como un predictor preciso de homicidio por parte de la pareja. La versión actual de la herramienta pide a las mujeres víctimas de abusos que escriban en un calendario las fechas aproximadas, del año anterior, en las que han sido maltratadas. Después les piden que respondan a veinte preguntas con un sí o un no sobre el maltratador. Entre ellas:

- ¿Está en el paro?
- ¿Amenaza con hacer daño a tus hijos?
- ¿Controla todas o la mayoría de tus actividades diarias? Por ejemplo, ¿te dice de quién puedes ser amiga, cuándo puedes ver a tu familia, cuánto dinero puedes usar o cuándo puedes usar el coche?

Años más tarde, Kelly Dunne, que había sido una alta directiva del Geiger Crisis Center, se dio cuenta de que la herramienta de Campbell era un sistema de alerta temprana que podría haber evitado el homicidio de Dorothy. Si Dorothy hubiera rellenado el formulario, habría puntuado 18 sobre 20: peligro extremo. La herramienta de Campbell ofrecía a los abogados algo nuevo:

tiempo para intervenir antes de que lo peor ocurriera. Ahora, Dunne tenía que averiguar cómo usar ese tiempo.

En el año 2005, organizó el Domestic Violence High Risk Team, formado por un grupo muy variado de personas que tenían contacto regular con los casos de abusos: policías, oficiales de libertad condicional, sanitarios, abogados de las víctimas, personas de la fiscalía e incluso un grupo que ofrecía ayuda a los agresores. Eso es acotar el problema. Ese equipo de alto riesgo, formado por entre trece y quince personas, se reunía una vez al mes para revisar cada uno de los casos de las mujeres que habían puntuado más alto en la evaluación del peligro de Campbell.

La colaboración entre todas esas personas del equipo habría sido impensable años atrás. En muchas comunidades había hostilidades entre, por ejemplo, los abogados de las víctimas y los policías. Lo que todas esas personas habían hecho hasta ese momento era únicamente pasarse el testigo de unos a otros: el hospital refería a la víctima a los abogados; los abogados hablaban con la policía sobre el abusador; la policía pasaba el caso a la fiscalía, y así sucesivamente, pero nunca se sentaban juntos en la misma mesa, y menos aún con la intención de *prevenir* antes que reaccionar.

En sus reuniones, el equipo de alto riesgo revisaba los casos uno a uno. Normalmente, lo primero que hacían era crear un plan de emergencia para la mujer: ¿Dónde iría si necesitaba escapar? ¿Quién pagaría un hotel o un taxi? ¿A quién se le notificaría? Otra conversación frecuente giraba en torno a la necesidad de hacer rondas de vigilancia: los policías empezarían a pasear en coche por los alrededores de la casa de la víctima para enviar al maltratador la señal de que estaban vigilando.

Los vigilantes también enviaban una señal a las víctimas. Bobby Wile, ahora detective jubilado en las cercanías de Amesbury, nos habló de un policía que estaba haciendo la ronda alrededor de la casa de una mujer y vio algo que le sorprendió. «Entonces aparcó, llamó al timbre y le preguntó a la mujer: "¿Va todo bien?"». Ella dijo: "Sí, ¿por qué?, ¿qué pasa?". Y él le contestó: "Bueno, hay una luz encendida en el ático que antes no lo estaba. Solo quería asegurarme de que todo estuviera en orden. Ella se quedó emocionada». Emocionada porque un policía estaba lo suficientemente atento como para percatarse de que había una luz encendida. Invitó al policía a entrar y le ofreció galletas.

El trabajo en común del equipo permitió identificar una serie de fallos en el sistema de los que los abusadores podían aprovecharse. Por ejemplo, cuando a los agresores se les exigía llevar las pulseras GPS como condición de su liberación, solían pasar dos días desde que salían en libertad hasta que se les ponía la pulsera. «¿Dónde estaban durante esos dos días?», preguntó el detective Wile. «Ahora, en cambio, les ponen la pulsera en el mismo momento en que salen en libertad. De esta manera, los agresores no disponen de esos dos días libres».

«Hace veinte años, si me hubieran dicho que los policías se sentarían en la misma sala con los abogados de violencia de género compartiendo un café y unas risas y socializando juntos, te habría dicho que eres un iluso», dijo Doug Gaudette, abogado de una organización que forma parte del equipo de alto riesgo. «Pero ahora eso está pasando».

Desde 2005, el equipo ha reconocido más de 172 casos de alto riesgo. El 90 % de esas víctimas no han vuelto a ser agredidas. En los diez años anteriores a la formación de este equipo de alto riesgo, hubo ocho muertes por violencia de género en la zona, según Dunne. Y, durante los catorce años que han pasado desde que el equipo de alto riesgo empezó a trabajar en estas localidades con la misión de proteger a las mujeres con más riesgo, ninguna mujer ha sido asesinada. Ninguna.

~~~~~~

La lección que nos deja el éxito de este equipo de alto riesgo es la siguiente: acota el problema con las personas adecuadas, avísales con tiempo del problema y dirige todos los esfuerzos hacia la prevención de *casos específicos* de ese problema. Cabe decir que este grupo no había sido organizado para comentar «cuestiones de política sobre la violencia de género». Este grupo había sido creado para evitar que un tipo concreto de mujeres fueran asesinadas.

Observa la similitud entre este caso y el de las escuelas públicas de Chicago (CPS) que hemos visto anteriormente. Recuerda lo que dijo Paige Ponder, líder del proyecto Freshman On-Track: «Lo positivo es que, independientemente de la filosofía que tengan, cuando los profesores hablan de Michael, por ejemplo, es porque se preocupan por él. Todo se reduce a un caso real que realmente importa a la gente... "¿Qué vamos a hacer con Michael la semana que viene?"».

La misma motivación es la que lideró el proyecto en Newburyport. Policías, fiscales, abogados, sanitarios... todos tenían diferentes prioridades institucionales, pero todos compartían el deseo de no ver a ninguna vecina suya asesinada por su pareja. Y ese deseo compartido fue el motor de su coordinación.

El otro punto de conexión entre las dos historias es la importancia de la información: un tema que siempre observé en mi investigación y que me sorprendió. Sabía que la información era importante para generar ideas y medir el progreso, pero no había pronosticado que sería el *elemento central* de la mayoría de los proyectos a contracorriente. Y lo digo en sentido literal: lo que los profesores y asesores de las escuelas de Chicago estaban haciendo, al igual que los miembros del equipo de alto riesgo de Newburyport, era sentarse juntos alrededor de una mesa y analizar la información. Discutir cómo los datos actualizados que tenían repercutirían en el trabajo de la próxima semana.

En Chicago la información era: *¿Ha venido Michael al colegio desde nuestra última reunión? ¿Qué notas ha sacado en todas sus asignaturas? ¿Cómo podemos ayudarle esta semana?* En Newburyport la información era: *¿Dónde está el abusador de Nicole? ¿Qué ha estado haciendo? ¿Cómo podemos ayudar a Nicole esta semana?*

Este tipo de sistema es lo que Joe McCannon denomina «información para el aprendizaje». McCannon es experto en potenciar las actuaciones en el sector social. Exdirigente de varias ONG y entidades gubernamentales, ha asesorado a diferentes organizaciones en varios países. McCannon distingue la «información para el aprendizaje» de la «información para la inspección». Cuando la información se utiliza para inspeccionar, suena más o menos así: *Smith, no has alcanzado tus objetivos de venta del último trimestre, ¿qué ha pasado? Williams, tus cifras de satisfacción del cliente están bajando, y esto es inaceptable.*

Utilizar la información para la inspección es tan frecuente que los líderes se olvidan de cualquier otro modelo. McCannon dice que, cuando asesora a los líderes del sector social, les pregunta: *¿Cuáles son tus prioridades sobre la información y las mediciones?* «Y nunca me responden que "es importante implantar sistemas de información que sean útiles para quienes están en la primera línea". Nunca. ¡Pero esto es el primer principio! Cuando diseñas un sistema, deberías plantearte estas cuestiones: ¿Cómo utilizarán los profesores esta información para mejorar sus clases? ¿Cómo utilizarán los médicos y enfermeros esta información para mejorar la asistencia al paciente? ¿Cómo utilizará la comunidad local esta información? Pero en contadas ocasiones los sistemas están diseñados así».

McCannon cree que los grupos funcionan mejor cuando se les da un objetivo claro y atractivo, con una corriente de información útil y en tiempo real para medir su progreso, y después… se les deja trabajar. La situación en Expedia, con sus millones de llamadas de clientes innecesarias, es un modelo de ello. A un equipo interfuncional se le presenta un objetivo: evitar a millones de clientes la molestia de tener que llamar. Este es un objetivo importante y desafiante. Después, el grupo se encierra en una sala con un montón de información que se actualiza regularmente para ver si el número de llamadas de los clientes aumenta o se reduce. Los miembros del equipo extraen sus teorías y luego las comprueban. Miran lo que funciona y lo que no. Esta es la parte de la «información para el aprendizaje». No necesitan que un jefe esté controlándoles o gritándoles frases del tipo: «¡Tenemos que reducir el número de llamadas inmediatamente!». Los miembros del equipo responsabilizan mutuamente, y la información les mantiene con ganas de seguir trabajando honestamente. Hacer que la información esté disponible para quienes trabajan en la primera línea es una tarea intimidante; pero, a veces, que un esfuerzo se base en datos concretos es la única manera de desbloquear la solución a un problema importante.

En el año 2014, Larry Morrissey, el entonces alcalde de Rockford, Illinois, fue desafiado por un compañero a que aceptara «el reto de alcalde»: una campaña promovida por el gobierno federal con el objetivo de acabar los ancianos sin techo en varias comunidades del país. Morrissey, que en aquel momento estaba cerca de la mitad de su tercer mandato como alcalde, llevaba los nueve años anteriores trabajando en ese asunto.

La falta de vivienda era, en parte, una consecuencia del difícil momento por el que estaba pasando Rockford. En el año 2013, un artículo publicado en el *Wall Street Journal* pintaba una imagen desoladora de esta ciudad que se encuentra a 145 kilómetros al norte de Chicago: «Una ciudad que había sido un próspero centro de fabricación de aerógrafos y dispositivos eléctricos de puertas de garaje se ha convertido en una ciudad hundida. En aproximadamente el 32 % de las hipotecas del área metropolitana, las casas valen menos dinero que el que se debe». Morrissey sabía lo que eso significaba, puesto que su propiedad también estaba del todo devaluada.

La población de Rockford —con unos 150.000 habitantes en 2018— había ido disminuyendo desde la gran recesión, ya que la gente se iba a buscar mejores oportunidades. «Toda la ciudad tenía una especie de codependencia», dijo Morrissey. «Éramos adictos a la mediocridad. Estábamos acostumbrados al fracaso. Como comunidad nos parecíamos mucho a las personalidades que podrías encontrarte en una familia marcada por la adicción. Mucho señalar con el dedo, mucho culpar a los demás». Para

Morrissey, el problema de los sin techo era un símbolo de ese derrotismo; era como «la zona cero que englobaba todo lo que iba mal».

Aunque Morrissey sabía que la indigencia era un problema importante, le costó bastante aceptar la propuesta. «Llevo una década trabajando en ello», dijo. «En mi primer mandato, desarrollamos un plan a diez años vista para acabar con el problema, y no lo hemos conseguido. La situación incluso ha empeorado... ¿Qué puede cambiar?».

Al final, a regañadientes, aceptó el reto a principios de 2015 y asistió a una sesión de formación en Chicago junto con algunos compañeros de los servicios sociales. La formación estaba dirigida por el Departamento de Vivienda y Desarrollo Urbano. En una sala llena de gente, él era el único alcalde.

Morrissey y sus compañeros no esperaban que aquella sesión se convirtiera en una experiencia transformacional —después de todo, no era más que un taller de formación dirigido por una agencia federal—, pero fue un punto de inflexión en el trabajo de Rockford sobre los sin techo, por la sencilla razón de que Morrissey había comprendido por qué había fracasado. «Se me encendió la bombilla», dijo. «Comprendí cuáles eran los ingredientes que nos habían faltado».

Menos de un año después, el 15 de diciembre de 2015, Rockford se convirtió en la primera ciudad de Estados Unidos que había puesto fin a la falta de vivienda entre los habitantes locales. ¿Cómo había sido posible que una ciudad diera vueltas sobre la rueda de la indigencia durante nueve años y después, en menos de un año, consiguiera un éxito extraordinario?

El primer cambio había sido mental. Jennifer Jaeger, directora de los servicios sociales de Rockford y una de las líderes principales de los trabajos sobre la indigencia, lo llamó «mi momento de creer en hadas». «El primer paso es creer que lo puedes hacer», dijo Jaeger. «Es difícil. Es un gran cambio de mentalidad. Ya no se trata de ir solucionando el problema, que es lo que estábamos haciendo, sino de *acabar* con él».

Conocí a Jaeger en otoño del 2017 en el edificio del Departamento de Servicios Sociales en Rockford. Su oficina, deprimente y sin ventanas, era grande y tenía una forma peculiar, como una pieza de un puzle, y en una esquina de esa pieza del puzle había una pila altísima de pequeñas cajas blancas llenas de alcachofas de ducha regulables. Aquellas cajas formaban parte del material que se les estaba dando a las familias de bajos ingresos para que ahorraran agua, y aparentemente no había otro sitio donde almacenarlas. Si hubiera un póster para reclutar a gente para un trabajo a contracorriente, mostraría la oficina de Jaeger, con su montaña de alcachofas de ducha y un eslogan que dijera: SI ESTÁS BUSCANDO EL GLAMOUR, VUELVE A REMAR A FAVOR DE LA CORRIENTE.

Como resultado de la formación del Departamento de Vivienda y Desarrollo Urbano, el equipo hizo tres cambios importantes con la intención de acabar con la indigencia: un cambio de estrategia, un cambio de colaboración y un cambio de información.

El cambio de estrategia consistió en adoptar lo que se denominó «la vivienda primero». En el pasado, la oportunidad de recibir una vivienda era como poner una zanahoria colgando delante de las personas sin hogar para animarlas a ganársela si recibían el tratamiento contra las adicciones, o contra una enfermedad mental, o algún tipo de formación laboral. La idea era que tenían que ganarse la vivienda.

El enfoque «la vivienda primero» modifica esta secuencia. Dice que lo primero para ayudar a los indigentes —no lo último— es darles una vivienda lo antes posible. «Dejé de pensar en esas personas como "indigentes", y empecé a pensar en ellas como personas sin hogar», dijo Jaeger. «Lo único que les pasa a las personas sin hogar es que no tienen casa. Los mismos problemas que tienen los sintecho, los tienen las personas con hogar… La gente que tiene un hogar puede empezar a tratar los demás problemas».

Junto con el cambio de estrategia vino el cambio en la colaboración a través de lo que se denominó «la entrada coordinada».

Las ciudades tienen muchas opciones diferentes para las personas sin hogar —casas de acogida, casas temporales, albergues, etc.» y hay varias entidades que interactúan con esas personas. Imagínate un hotel con siete recepciones diferentes, cada una de ellas con sus propias normas sobre quién puede reservar una habitación y cuánto tiempo puede quedarse, etc. Era «un sistema sin ton ni son», dice Angie Walker, compañera de Jaeger. «Estas entidades colaboradoras se llevaban a quien querían y cuando querían», dijo.

Ahora, dice Walker: «Nuestra oficina es el único punto de entrada. Si un indigente necesita un sitio para vivir, ha de venir aquí». La ventaja de la entrada coordinada es que sabes quién recibe una vivienda. Puedes priorizar. En el sistema anterior sin ton ni son, los que recibían un hogar solían ser los que primero lo habían solicitado; o peor aún, los que eran más *fáciles* de alojar. Puesto que a las organizaciones se les solía recompensar por el número de personas que alojaban, tenían un incentivo para escoger a aquellas que podían ser alojadas más fácilmente.

La nueva norma era: aloja a los más vulnerables, a quienes más desesperadamente necesiten una vivienda. Y aquí es donde encaja el último cambio: el cambio en la información. Anteriormente, el equipo encargado de alojar a los indigentes de Rockford realizaba un censo anual «puntual» de la población de indigentes. Se lo exigía el Departamento de Vivienda y Desarrollo Urbano. Y su método consistía en visitar todos los lugares de la zona donde dormían los sintecho un día determinado y contaban el número de personas. «Jamás salió nadie a contar a los sintecho que había fuera de esa zona», dijo Walker. Cuando ella se hizo cargo del recuento, arregló ese problema. El censo pasó de ser un recuento «puntual» que se realizaba una vez al año a algo que se denominó una «lista por nombre».

Esta lista por nombre es un censo en tiempo real de todas las personas sin hogar de Rockford ordenadas alfabéticamente en un documento de Google. Incluye notas sobre su historia, su salud y su última localización. El uso de la lista por nombre es asombrosamente similar al trabajo del equipo de alto riesgo de Newburyport. Una o dos veces al mes, un grupo de colaboradores de Rockford —policías, bomberos, sanitarios, psiquiatras y servicios sociales— se reunían para hablar del tema. Y cuando se reunían hablaban de cada una de las personas sin hogar por su nombre.

Angie Walker describe cómo empezaba una reunión típica: «Diría: "John Smith tiene treinta y dos años. Comentó que huía de la violencia doméstica. Lo último que dijo es que está con amigos. ¿Alguien ha visto a John Smith?"». Y el departamento de bomberos diría: *Oh, le llevamos al hospital la semana pasada, puede que aún esté allí.* Después, alguien del equipo de salud mental diría: *No, estuve hace dos días debajo del puente y vi a John allí.* Un trabajador en un albergue local, Carpenter's Place, añadiría: *John ha venido a comer bastante recientemente.* Y el grupo elaboraría un plan: *Vale. Carpenter's Place sois los que más lo veis. ¿Podríais hablar con él y preguntarle dónde está durmiendo y si necesita algo? Y decidle que cuando esté preparado tenemos un alojamiento para él.*

Esas reuniones ya se hacían en el pasado, pero el uso de la lista por nombre las había transformado. El alcalde Morrissey dijo que, anteriormente, las reuniones eran unas «reuniones basura». «Nos sentábamos y hablábamos únicamente sobre lo que no funcionaba», dijo. Jennifer Jaeger explicó que las reuniones «ahora cobran sentido. La propia información es como una especie de organismo vivo porque habla, nos habla... y nos dice "tenéis que mirar esto, tenéis que pensar en aquello"».

Beth Sandor, directora de Built for Zero, un proyecto estatal para ayudar a las comunidades a acabar con el problema de los sin techo, dijo que cuando las comunidades empiezan a utilizar así la información se produce un cambio enorme.

«Los datos te alejan de las ideas filosóficas. Se pasa de las discusiones anecdóticas sobre lo que la gente *cree* que está pasando y te adentra en lo que realmente *está* pasando», dice. «No puedes resolver un problema dinámico con información estática» —Rockford es una de las más de sesenta comunidades que se han sumado al movimiento Built for Zero—.

Utilizando el proceso descrito anteriormente, Rockford consiguió alojar a 156 personas en 2015 antes de conseguir lo que se denomina el «cero funcional».*En 2017 consiguieron el cero funcional en la población de indigentes crónicos —de larga duración— y esperaban alcanzar esta meta con los indigentes jóvenes a finales de 2019. Es realmente notable cuánto ha cambiado en Rockfod, dado lo poco que ha cambiado. Por ejemplo, no han cambiado las personas que se preocupan por los sin techo, los recursos de los que disponen ni las macrocondiciones de la ciudad. Simplemente, cambiando la forma en que colaboraban y los objetivos que guiaban su colaboración, han conseguido que sus esfuerzos sean mucho más efectivos.

«Cada día es duro», dice Walker. «Conseguir viviendas para alojar a la gente es difícil. El trato con los propietarios es difícil. Yo me peleo con mis clientes, con las agencias. Es una batalla cuesta arriba, de verdad que lo es. ¿Sabes la imagen que siempre enseñan de un tipo empujando una roca colina arriba? Pues es lo mismo. Siempre es así. Pero, si el resultado es acabar con la indigencia, habrá valido la pena».

Walker y Jaeger han empezado a trabajar con el problema de la «afluencia»: reducir el número de los nuevos sintecho. Es un problema complicado por todo lo que te imaginas, pero han identificado un punto de equilibrio: los desahucios. En algunos

---

* El «cero funcional» quiere decir que el número de personas sin hogar es menor que la tasa mensual de adjudicación de viviendas. Por ejemplo, pongamos que la ciudad ha demostrado que puede alojar a cinco personas cada mes. Si hay solo cuatro personas sin hogar en la comunidad, quiere decir que la ciudad sigue manteniendo su categoría de «cero funcional». Esto no es una especie de escapatoria: es simplemente el reconocimiento de que el «cero real» es imposible, por lo menos por ahora, porque siempre hay nuevas personas viviendo en la calle. El tema es que, aunque haya personas nuevas en la calle, se puede alojarlas rápidamente porque el sistema funciona.

barrios de Rockfod, el índice de desahucios llega al 24 %. A principios de 2019, el ayuntamiento realizó un programa piloto en el que actuaba como intermediario entre inquilinos y propietarios en aquellas situaciones en las que el desahucio era inminente. En algunos casos, el ayuntamiento negociaba un plan de pago nuevo entre el inquilino y el propietario; en otros, aportaba algo de dinero para ayudar al inquilino. Pagarles un mes o dos de alquiler salía mucho más rentable que tener que realojar a la gente que se quedaba en la calle. Jaeger dijo que la prueba piloto había reducido un 30 % el número de personas que se quedaban sin hogar por culpa de los desahucios.

Están actuando más arriba de la corriente arriba: en lugar de actuar rápidamente para ayudar a las personas sin hogar, antes de nada, intentan que no lleguen al extremo de perderlo. Este es un ejemplo de transformación del sistema que trataremos en el capítulo siguiente. ¿Podemos aprender a rediseñar la maquinaria que *crea* los problemas? Y, mientras tanto, ¿podemos reducir la probabilidad de que surjan esos problemas?

CAPÍTULO 6

¿Cómo transformar el sistema?

Anthony Iton, criado en Montreal, se trasladó a Baltimore en 1985 para estudiar en la Universidad de Medicina Johns Hopkins, pero cuando llegó vio algo que cambiaría su vida: los barrios asolados del este de Baltimore.

«Parecía que alguien hubiera bombardeado aquel lugar», dijo. «Aquella gente con la mirada perdida y sentada en las escaleras de sus casas hacía que me preguntara "¿qué demonios ha pasado aquí?"». Iton, que es africano canadiense, nunca había visto a gente de color en esas condiciones. En las ciudades de Canadá, eso no pasaba.

«Un hombre negro de clase alta me paseó un día por la ciudad y me quedé asombrado. Me preguntó qué me pasaba», dijo Iton. «Yo le pregunté: "¿Ha habido una guerra o algo así?". Él me miró con desdén y me dijo: "¿Qué te esperabas? Es el barrio pobre de la ciudad"».

Iton no podía creer que los estadounidenses simplemente se encogieran de hombros ante la pobreza urbana. «¿Cómo puede ser que esto pase en un país del primer mundo? Un país que se describe a sí mismo como número uno en todo y el mejor lugar del mundo. ¿Qué está pasando? No tenía ningún sentido para mí. Fue un shock para mi conciencia».

Unos años después, en 2003, esa sensación de injusticia volvería a golpearle. En el periodo de tiempo intermedio, Iton había terminado sus estudios de Medicina y la carrera de Derecho en la Universidad de Berkeley, así como un máster en Salud Pública, también en Berkeley. Había sido director del Departamento de Salud Pública del condado de Alameda, donde comenzó a interesarse por la esperanza de vida de la gente a la que atendía. Aunque muchos departamentos de salud pública divulgaban datos sobre la esperanza de vida, esos datos normalmente se añadían a un sumario regional —al de esperanza de vida de todos los ciudadanos del condado de Alameda—. Pero Iton y sus compañeros estaban interesados en algo más preciso: rastrear la esperanza de vida *por barrios*. ¿Qué le llevó a ello? «El este de Baltimore», dijo. «Cuando estuve allí pensé: *No puedo decir que esto no afecte a la salud de las personas*».

Ninguno de sus predecesores había hecho antes este tipo de análisis, pero Iton vio que tenía toda la información que necesitaba porque estaba en los certificados de defunción del condado: raza, edad de fallecimiento, causa de la muerte, lugar de residencia. Como parte de su trabajo, Iton firmaba cada uno de aquellos certificados. «Nadie muere hasta que yo no lo firmo», dijo en broma.

Los resultados de su análisis fueron asombrosos. En el año 2009, las escritoras Suzanne Bohan y Sandy Kleffman, ayudadas por Matt Beyers, compañero de Iton, relataron los resultados en una serie para el *East Bay Times* denominada «Vidas acortadas». En el distrito 94597, en el condado de Contra Costa (Walnut Creek), la esperanza de vida era de 87,4 años. En el 94603, cerca del condado de Alameda (el barrio de Oakland, Sobrante Park), la cifra bajaba hasta los 71,2 años. El equipo de Iton descubrió una diferencia de 16 años en la esperanza de vida de los habitantes de dos zonas que estaban a tan solo 35 kilómetros de distancia.

Lo mismo ocurría en otras muchas ciudades: Baltimore, Mineapolis, Los Ángeles, etc. En Cleveland, en un paseo de 6,5 kilómetros que se puede hacer en 80 minutos, te encuentras con una diferencia de veintitrés años en la esperanza de vida. «Es como tener Suecia y Afganistán en la misma ciudad», dijo Iton. A Iton le sorprendía que nadie fuera capaz de dar una explicación a esas diferencias. Muchos creían que el problema principal era el acceso a la asistencia sanitaria —quizás la gente con una esperanza de vida más corta no tenía seguro médico o tenía peores opciones de atención médica—, pero el análisis de los datos reveló que el acceso a la asistencia sanitaria era una variable que tenía muy poca influencia en la diferencia de la esperanza de vida. ¿Tal vez la gente de los barrios más pobres moría más de SIDA o de homicidio? ¿Tal vez la mortalidad infantil era más elevada? Por desgracia, las tres teorías resultaron ser ciertas, pero seguían siendo una pequeña parte de la varianza. Tampoco otros factores más importantes, como los comportamientos insanos —en particular, una mayor población de fumadores—, resultaron ser los principales responsables de la enorme diferencia en la esperanza de vida.

Tal como sugiere la analogía de Suecia y Afganistán, una diferencia en la esperanza de vida de 15 o 20 años es *enorme*, y no se puede explicar con meros factores incrementales. Son unas fuerzas sistémicas enormes las que producen una disparidad como esa.

Iton se dio cuenta de que no era algo en particular la causa de esa diferencia, sino todo en general. «Fundamentalmente, lo que hace que la gente se enferme y se sienta enferma es la falta de control sobre lo que le está ocurriendo», dijo en una entrevista de radio. «Están literalmente asediados. Están luchando por encontrar una vivienda, por encontrar una buena educación, por evitar el crimen, por encontrar un trabajo, comida sana e incluso en algunos casos agua potable. Las personas con menos ingresos de este país están haciendo malabares con muchas bolas al mismo tiempo».

El resultado de ese continuo malabarismo es el estrés. Estas comunidades son «incubadoras de estrés crónico», dijo en una charla TEDx. «Las personas de bajos ingresos son fisiológicamente diferentes a las personas de ingresos altos; no porque hayan nacido así, sino porque les hemos hecho así». Hay una clara relación entre el estrés crónico y una variedad de problemas de salud, como son las enfermedades cardiovasculares, la diabetes y las inflamaciones.

Por eso el sistema de atención sanitaria está poco capacitado para salvar esta diferencia en la esperanza de vida. El problema no es la falta de tratamientos, sino la falta de salud. Recuerda que «todos los sistemas están perfectamente diseñados para obtener los resultados que obtienen». Estos barrios estaban diseñados para producir muertes prematuras.

Para Iton, esta fue una dura revelación: las herramientas que le habían enseñado a utilizar como médico y trabajador de la sanidad pública no eran adecuadas para solucionar el problema. Entonces, ¿cómo podía transformar un sistema que estaba totalmente desintegrado?

~~~~~~

En 1962, los San Francisco Giants estaban preparándose para recibir a Los Angeles Dodgers para jugar una serie de tres partidos muy importantes al final de la temporada. Los Dodgers, liderados por el jugador Maury Wills, experto en bases robadas, estaban cinco juegos y medio por delante de los Giants. Antes de que empezara la serie, el manager de los Giants habló con Matty Schwab, encargado del mantenimiento del terreno de juego, y le preguntó si se podía hacer algo para frenar a Wills.

«Mi padre y yo llegamos a Candlestick la noche antes de que empezara la serie», dijo Jerry Schwab, hijo de Matty, según escribió Noel Hynd en *Sports Illustrated*. «Estábamos preparando una argucia contra la velocidad». Hynd continúa diciendo:

> Trabajando a la luz de las antorchas, los Schwabs cavaron y retiraron la capa superior del suelo donde Wills tomaría su ventaja de la primera base. En su lugar pusieron arena

blanda, musgo y agua. Después cubrieron su argucia con 25 milímetros de arena normal, haciendo que el barrizal de 1,5 metros por 4,5 metros fuera visualmente indistinguible del resto del área de la base.

Pero no consiguieron engañar a los Dodgers. Cuando el equipo empezó a calentar, tanto los jugadores como los entrenadores se dieron cuenta del barrizal, y el árbitro ordenó repararlo. Schwab y el equipo de mantenimiento salieron con carretillas, recogieron el barro con palas y regresaron al poco con carretillas llenas de tierra para reparar la zona.

Pero acabó siendo el mismo barrizal porque se habían limitado a mezclar un poco de tierra nueva, así que todavía era más blando el terreno.

Sin embargo, los árbitros se quedaron satisfechos. Entonces Matty Schwab ordenó a su hijo que regara el campo generosamente. Cuando empezó el juego, la zona entre la primera y la segunda base estaba literalmente inundada. («Encontraron dos abulones debajo de la segunda base», escribió un irritado columnista deportivo de Los Ángeles.) Maury Wills, que estaba a punto de ganar el premio al mejor jugador de la temporada, no robó ninguna base, tampoco lo hicieron sus compañeros, y los Giants ganaron por 11 a 2. Encantados, el equipo formado por Schwab padre e hijo continuaron provocando más situaciones pantanosas, y los Giants barrieron a los Dodgers y ganaron la liga nacional.

Hay algo admirablemente pícaro sobre esta historia: evidentemente hicieron una trampa; pero se trata de una trampa *desenfadada*. Es divertido pensar que el equipo de mantenimiento del campo formado por padre e hijo hicieran una mala jugada al MVP de la liga nacional. Los menos favoritos lograron una victoria —inclinando las probabilidades a favor de su equipo local—.

Ahora, imagínate una versión *Black Mirror* de esa historia, fuera del mundo deportivo, donde sean los desvalidos quienes pierden una y otra vez porque el juego ha sido amañado en su contra. Sus bates son más pesados, sus guantes son más pequeños y sus jugadores han de correr por tierras pantanosas. Esto es básicamente lo que Tony Iton se encontró en el distrito en el que trabajaba. Las desventajas que tenían las personas de algunos barrios eran tan grandes que les era imposible ganar.

Por supuesto, siempre hay excepciones: hay gente sana en zonas en las que la esperanza de vida es baja, y gente enferma en barrios donde la gente, en general, está sana. Con mucho esfuerzo y ayuda las personas pueden superarse en los barrios difíciles. Cada año nos enteramos de algún chico que, en contra de todo pronóstico, ha sido admitido en Harvard y nos alegramos por él, pero ¿deberíamos alegrarnos?

«Cada vez que leo uno de esos casos, me irrito», dijo Iton. «¡Claro que hay inteligentes jóvenes negros en los barrios pobres! Hay millones. Nos alegramos por ese chico —y se merece que lo hagamos—, pero no nos planteamos la verdadera pregunta: ¿Por qué ese es un caso raro?».

Los sistemas son como máquinas que establecen sus probabilidades. En los sistemas mejor diseñados, como son los barrios con una esperanza de vida más alta, las probabilidades están abrumadoramente a su favor. Es como jugar a un juego de ruleta en el que ganas tanto si sale rojo como si sale negro. En los sistemas gravemente defectuosos, como son los barrios más desfavorecidos, también puedes jugar a la ruleta, todavía hay un elemento de elección y azar, pero la única manera que tienes de ganar es que salga una de estas casillas verdes: la 0 o la 00.

Cuando nos maravillamos ante el caso de un chico de un barrio pobre que consigue entrar en Harvard, nos estamos maravillando de las probabilidades que ha desafiado, pero lo que no apreciamos es que nuestra celebración lleva una acusación implícita del entorno en el que lo hemos puesto. *Te hemos obligado a escalar el Everest para prosperar en la vida, ¡y lo has conseguido! ¡Felicidades!* Nadie se asombra ante el caso del hijo del corredor de fondos de inversión de Greenwich, Connecticut, que ha entrado en Harvard.

El trabajo a contracorriente consiste en reducir la probabilidad de que los problemas sucedan y, por ello, tiene que culminar en la transformación de los sistemas, porque los sistemas son el origen de esas probabilidades. Transformar el sistema quiere decir cambiar las normas que nos gobiernan o la cultura que nos orienta.

El escritor David Foster Wallace escribió una vez esta historia: «Estaban dos peces jóvenes nadando cuando, de repente, se encontraron con un pez más viejo nadando en sentido contrario que les saludó y les dijo: "Buenos días, chicos, ¿cómo está el agua?". Y los dos peces jóvenes siguieron nadando hasta que al final uno de ellos miró al otro y le preguntó: "¿Qué demonios es el agua?"».

El sistema es el agua. A veces, lo es de manera literal. Durante décadas, pequeñas cantidades de flúor se han ido añadiendo al suministro de agua para proteger los dientes contra las caries. Es un programa invisible —¿cuándo fue la última vez que pensaste en el flúor que contiene el agua?—, pero su impacto ha sido enorme. Más de 200 millones de personas en Estados Unidos tienen acceso al agua fluorada, y el programa ha sido tan exitoso que los centros para el control y la prevención de enfermedades (CDC) lo han designado como uno de los diez mayores logros en sanidad del siglo XX. Un estudio ha calculado que, por cada dólar invertido en la fluorización del agua, la sociedad se ahorra veinte dólares en costes odontológicos.*

Un sistema bien diseñado es la mejor intervención a contracorriente. Pensemos, por ejemplo, en la seguridad en los automóviles: en 1967, por cada 100 millones de millas conducidas morían cinco personas. Cincuenta años después, gracias a que los conductores beben menos, a que las carreteras son mejores, a los cinturones de seguridad y a que los airbags y las tecnologías de frenado son mejores, esa cifra se ha reducido a un muerto por cada 100 millones de millas. Se trata de un sistema enormemente mejorado que no ha contado con un planificador central. No ha habido un

---

* Y eso sin contar la ansiedad que se evita al tener menos visitas a los dentistas. Siguiendo la línea del pensamiento a contracorriente, me gustaría proponer el tratamiento con «gas hilarante» 24 horas antes de la visita al dentista...

único «arquitecto del sistema», sino miles de personas —expertos en seguridad vial, ingenieros de transportes y voluntarios de MADD (madres contra la conducción en estado de ebriedad)— las que han transformado el sistema para que otros millones de personas estuvieran más seguras. Ellas dieron forma al agua.

Y siguen haciéndolo. A pesar del éxito, en Estados Unidos todavía mueren más de 37.000 personas cada año en accidentes de tráfico. Algún día, los coches sin conductor llegarán a eliminar casi del todo esas muertes, pero mientras tanto cada semana se van haciendo muchos cambios para ayudar a los falibles conductores humanos. En las curvas pronunciadas, donde suelen producirse más accidentes, se han empezado a instalar tratamientos superficiales de alta fricción (HFST) —superposiciones de material ultra rugoso al pavimento existente—. En Kentucky, donde estos protocolos se utilizan mucho, los accidentes se han reducido un 80 %. Ninguno de esos conductores que evitaron accidentes que habrían sufrido en un modelo alternativo sabrá nunca que debe su vida a unos trabajadores que instalaron un pavimento ultrarrugoso. Cuando el agua cambia, las consecuencias también cambian.

Por supuesto, la misma lógica puede aplicarse a las empresas. A veces, los problemas se pueden solucionar con unos pequeños cambios en el entorno. En algunos restaurantes de comida rápida, los clientes tiraban a la basura las bandejas de plástico en las que se les servía la comida, así que los restaurantes respondieron a ello utilizando unos cubos de basura con una abertura redonda más pequeña en la que no caben las bandejas. El problema se solucionó para siempre.

La empresa de bicicletas holandesa VanMoof recibía quejas de que muchas de sus bicicletas se dañaban durante el transporte. Bex Rad, el director creativo, escribió en Medium que «eran muchas las bicicletas que llegaban como si hubieran pasado por una trilladora de metales. A nosotros, el problema nos salía muy caro, y a los clientes les fastidiaba mucho». ¿Cuál fue la solución? Imprimieron imágenes de televisiones de pantalla plana en las cajas del envío, que son parecidas a las cajas de los televisores de pantalla plana. «Nos reunimos y pensamos que los transportistas irían con más cuidado con el embalaje si sabían que dentro iba algo más delicado», dijo a un periodista el cofundador de Taco Carlier. Los daños ocasionados durante el transporte se redujeron entre un 70 % y un 80 %.

¿Cuál es el «agua» que no ves en tu vida familiar o laboral? Un detalle curioso es que nuestros hijos casi siempre pueden ver el agua. Se dan cuenta de cosas que nosotros ni siquiera vemos. Un amigo me contó que se quedó observando a hija pequeña que estaba sentada delante de un juego de cartas y vio que movía su dedo índice hacia detrás y hacia delante. No entendía lo que hacía hasta que cayó en la cuenta: *Está imitando lo que hago yo con el móvil.* «Es cuando me di cuenta de que tal vez pasaba demasiado tiempo con mi iPhone», dijo. Otro padre me explicó que un día que iba conduciendo por la autopista, su hijo de dos años y medio le preguntó desde el asiento trasero: «¿Algún idiota hoy, papá?». Nuestros hijos nos ven tal como somos.

Evidentemente, no lo ven todo. Para nuestros hijos, nosotros somos los arquitectos del sistema: somos el sistema de justicia, el departamento de vivienda, los servicios sociales y —por lo menos durante un tiempo— el sistema educativo. Ya hemos comentado hace unos capítulos que la paternidad es uno de esos pocos casos en los que el pensamiento a contracorriente sucede de una manera natural. En casi todo lo que hacemos como padres tenemos en cuenta la felicidad y el futuro bienestar de nuestros hijos: todas las medidas de seguridad, el intimidante «di gracias», los libros, las normas, las lecciones y los vanos intentos por que se interesen por cosas que no sean las pantallas brillantes. Todos son esfuerzos a contracorriente.

¿Cómo sería el mundo si nos preocupáramos por nuestros vecinos y por su futuro la mitad de lo que nos preocupamos por nuestros hijos?

Ningún niño debería tener como única oportunidad la de caer en la casilla verde de los ceros en el juego de la ruleta para prosperar en la vida. Una sociedad justa está construida sobre sistemas justos; pero, a pesar de esta obviedad, incluso las personas que luchan por la justicia y la equidad a veces lo olvidan. La tragedia de muchos de los proyectos que se llevan a cabo en el sector social es que los líderes tácitamente aceptan el defectuoso sistema que genera su trabajo. Hace unos años trabajé con los líderes de una fundación cuyo objetivo era aumentar la seguridad financiera de las personas de bajos ingresos. Uno de los programas que ejecutaba la fundación ofrecía *coaching* financiero a esas personas; pero, seamos claros, esas personas no eran pobres por no tener conocimientos financieros, sino porque no tenían dinero. Eran el resultado de un sistema que les ofrecía oportunidades inadecuadas. De haber nacido en un sistema mejor —por ejemplo, en otro barrio a 2 kilómetros de distancia—, probablemente esas personas habrían tenido suficientes ingresos para superar unos conocimientos insuficientes sobre la elaboración de presupuestos.

Por otro lado, si seguías el flujo de caja de la fundación, desde que pasaba por los gestores de inversión —que probablemente retiraban un 1 % o un 2 % cada año para controlar la cartera de la fundación—, por los altos ejecutivos —con sueldos de seis cifras—, por los administradores de las subvenciones, por los que dirigían las instalaciones donde se realizaba el *coaching* hasta por los propios *coach* y los evaluadores académicos que valoraban el funcionamiento del programa, al final te dabas cuenta de algo increíble: todos los que estaban en ese ecosistema recibían un salario; todos, excepto las personas de bajos ingresos que recibían el *coaching*.

Piensa en este programa desde la perspectiva de transformar los sistemas. De alguna manera, el propio programa estaba reforzando las mismas desigualdades que lo impulsaron, creando maravillosas oportunidades laborales para los líderes bien intencionados y bien educados, pero no para la gente a la que pretendía ayudar. Muchas veces me he preguntado si no habría sido más efectivo cerrar la fundación y caminar por los barrios pobres repartiendo dinero. Evidentemente, eso no habría transformado el sistema; pero, por lo menos, habría tenido un efecto palpable en «la seguridad financiera de algunas personas de bajos ingresos».

DonorsChoose es una web que permite a los profesores buscar financiación colectiva para suministros, ordenadores, libros y otros tipos de material escolar. Esta organización, bien dirigida y muy efectiva, fue fundada por un profesor hace menos de veinte años y ha conseguido que 500.000 profesores recojan más de 875 millones de dólares para material escolar que de otra manera no habrían obtenido.* Imagínate que este rápido crecimiento continuara y que dentro de otros veinte años estuviera ayudando a muchos más profesores —pongamos a una proporción importante del número total de aulas—. Si fuera así, habría que buscar la manera de evitar que ese trabajo eximiera a los departamentos escolares de financiar los suministros que los profesores necesitan desesperadamente; habría que evitar que los ya sobrecargados profesores tuvieran que añadir la función de recaudación de fondos a su trabajo; y evitar también que los donantes privados fueran autorizados para ser los guardianes que determinan qué recursos usar en las aulas, otorgando o retirando la financiación según creyeran conveniente. No hay equivalente a la web DonorsChoose en otros países, tal vez sea porque sus escuelas pagan por el material que los estudiantes necesitan.

¿Debería cerrar DonorsChoose por miedo a fomentar un sistema injusto? Por la misma lógica, ¿deberíamos criticar a los bancos de alimentos porque facilitan el mantenimiento de una red de seguridad social inadecuada? No parece justo retirar los alimentos a las familias que hoy los necesitan, o el material escolar a los estudiantes, mientras esperamos a que se efectúen esas reformas que tal vez nunca se harán.

---

* He donado varias veces a los proyectos de los profesores de DonorsChoose; he hablado en uno de los eventos de la organización e incluso he escrito elogiando al grupo en un libro anterior por su extraordinaria práctica de enviar notas de agradecimiento escritas a mano por los estudiantes a los donantes. Me encanta este grupo. Los apoyo totalmente, aunque me preocupan sus efectos sistémicos a largo plazo.

DonorsChoose es una muleta para un sistema educativo fracturado y con fondos insuficientes; las muletas son vitales, pero también se supone que son temporales. El equipo de DonorsChoose debería aspirar a vivir en un mundo en el que DonorsChoose no tuviera que existir.

También los voluntarios de los bancos de alimentos deberían aspirar a un mundo sin bancos de alimentos; no solo deberían aspirar a ello, también deberían luchar por ello. La web DonorsChoose cuenta con unos cuatro millones de seguidores, medio millón de profesores y treinta y seis millones de estudiantes. ¿Y si estos participantes pudieran movilizarse como fuerza política? En lugar de intentar contrarrestar el sistema, ¿no podrían ayudar a cambiarlo?

Pregunté sobre estos temas a Charles Best, su fundador, y me dijo que casi la mitad de las solicitudes de proyectos que se hacen a través de la web «van más allá de lo que se espera que el sistema financie: una excursión a los juzgados para asistir a un juicio, capullos de mariposa para ver el ciclo de la vida, excursiones terapéuticas a caballo para estudiantes discapacitados, etc.». También reconoce que, por lo que se refiere a las peticiones más básicas, como libros, material o equipamiento: «Nos encantaría que no nos las tuvieran que hacer». Buena suerte.

Parte de la misión de *todas* las organizaciones del sector social debería ser trabajar a contracorriente tanto para prevenir daños como para curarlos, o para eliminar injusticias y ayudar a aquellos que las sufren. Por este motivo, el equipo de Rockford, Illinois —que se hizo famoso por ser la primera ciudad en acabar con la indigencia crónica de personas mayores— empezó inmediatamente trabajando a contracorriente. *¿Podemos evitar la indigencia interrumpiendo los desahucios?*

La transformación de los sistemas es igual de importante tanto *dentro* como fuera de las organizaciones. Piensa, por ejemplo, en los esfuerzos que hacen muchas organizaciones a la hora de contratar a empleados más diversos. Primero debes darte cuenta de que, si tu organización está llena de empleados relativamente homogéneos, sucede porque esa composición no ha sido casual. Recuerda la cita: «Todos los sistemas están diseñados para obtener los resultados que obtienen».

Con ello no quiero decir que los sistemas de contratación hayan sido creados conscientemente para discriminar. Actualmente, son pocos los líderes que se *oponen* a la diversidad. Pero las buenas intenciones no bastan para mejorar los sistemas deficientes. Igual que ocurrió en las escuelas públicas de Chicago en las que nadie, ni profesores ni administradores, *se oponían* a un índice más alto de graduados, sino todo lo contrario. Sin embargo, durante muchos años sin querer habían estado sirviendo a un sistema en el que fracasaban la mitad de los estudiantes.

El misterio a resolver es por qué, si somos tantos los que queremos contratar a empleados más diversos, no lo hacemos. La respuesta es compleja: estamos tirando nuestras redes de pesca de empleados en un estanque que es menos profundo de lo que pensamos. O estamos valorando ciertos tipos de méritos que limitan nuestra reserva de solicitantes sin contribuir mucho al rendimiento laboral. O estamos filtrando nuestros candidatos en función de unos prejuicios de los que ni siquiera somos conscientes.

Las soluciones a estos problemas son sistémicas, no personales. Los que defienden los cambios dentro de la organización deberían replantearse cada una de las partes mal diseñadas del sistema. *Tal vez no siempre deberíamos reclutar a estudiantes de las mismas diez universidades. Tal vez deberíamos ocultar el nombre y el género de los currículums que consideramos. Tal vez deberíamos entrenar a nuestros líderes a hacer mejores entrevistas para que las conversaciones no degeneren en charlas triviales* —algunas charlas triviales favorecen a los candidatos que se parecen más a nosotros—.

La transformación de un sistema empieza con una chispa de valentía. Un grupo de personas unidas alrededor de una causa común exigen un cambio; pero la chispa no dura siempre. El objetivo final es eliminar la necesidad de coraje, hacer que sea innecesario porque ya ha conllevado un cambio en el sistema. El éxito viene cuando las cosas adecuadas ocurren *por defecto* —no por la pasión o el heroísmo de alguien—.

El éxito llega cuando cambian las probabilidades.

Y este fue el cálculo del cambio que Tony Iton consideró mientras sopesaba lo que se podía hacer con la injusticia que su equipo había descubierto en su análisis de los distintos barrios: el asombroso descubrimiento de que, cuando se trata de la salud, el código postal resulta más importante que el código genético. En 2009, el mismo año en que se publicó en el periódico la serie «Vidas acortadas», que mostraba estas diferencias, se le ofreció a Iton la oportunidad de ayudar a acabar con esas injusticias. Se unió a la Fundación California, la mayor fundación sanitaria del estado, y ayudó a crear y liderar un ambicioso programa denominado Building Healthy Communities (BHC). Este programa, lanzado en el año 2010, contaba con un presupuesto de 1.000 millones de dólares y 10 años para tratar las desigualdades en la salud de catorce de las comunidades más problemáticas de California.

¿Cómo propusieron Iton y su equipo revertir las probabilidades en esas comunidades tan difíciles? ¿Empezaron prestando atención a enfermedades crónicas, como la diabetes o el asma? ¿Crearon símbolos visibles de salud, como son los parques públicos? ¿Atrajeron a las tiendas de alimentación para cubrir las necesidades de alimentos?

No, su objetivo inicial fue empoderar a la gente, mostrar a los ciudadanos de esos *barrios su poder* y cómo luchar por sí mismos para transformar sus entornos.

«La idea de este trabajo es que formas parte de algo más grande que tú», dijo Iton. «No estás indefenso, tienes un enorme poder individual y colectivo... La participación en los procesos democráticos te permite expresar tu opinión, y tu opinión es buena para tu salud».

La teoría del cambio de BHC es que, si das poder a la gente para que luche por sus intereses, ganarán victorias políticas —cambiarán el sistema—; lo cual les permitirá transformar su entorno, pieza a pieza, e inclinar las probabilidades a su favor.

Una de las catorce comunidades financiadas por BHC es Fresno, cuyos primeros trabajos se concentraron en la falta de parques en el sur. En el año 2015, BHC pagó para poner este anuncio en los autobuses de la ciudad:

Gracias a Fresno Building Healthy Communities por compartir tu trabajo y continuar trabajando para crear #OneHealthy-Fresno para todos.

El alcalde de la ciudad vetó el anuncio alegando que era demasiado político, y ello creó una inmensa ola de interés público y mediático —precisamente lo que pretendían—. En una conferencia de prensa, Sandra Celedon, activista de Fresno BHC, posó frente a una versión ampliada del anuncio. «El ayuntamiento de Fresno ha decidido que este cartel que hay detrás de mí, este maravilloso cartel con esta preciosa niña, es demasiado controvertido y político para que lo veáis», dijo.

La política liderada por Fresno BHC poco a poco empezó a dar sus frutos. En 2015, la corporación municipal acordó desarrollar un nuevo plan de parques, denominado Parks Master Plan, en lo que era el primer paso hacia una distribución más equitativa de los recursos. En 2016, el BHC ayudó a construir un nuevo parque de *skateboard*, y el Departamento de Educación de Fresno acordó abrir dieciséis patios de colegio para uso público en horas extraescolares. En 2018, la corporación municipal de Fresno aprobó la medida de abrir las puertas de una propiedad de 18 hectáreas convertida en un campo de fútbol gigante.

Otro cambio que consiguió Fresno BHC vino de un programa estatal denominado Transformative Climate Communities (TCC). En California, hay un programa estatal de reducción de gases de efecto invernadero que permite a las empresas comprar créditos por contaminación del aire como parte de una ley de límites máximos y comercio, y que el dinero se redistribuya vía subvenciones del TCC a los barrios más afectados por la contaminación. El estado aceptó destinar 70 millones de dólares a Fresno, pero no se ponían de acuerdo en cómo invertirlos. «La ciudad quería que todo el dinero fuera al tren de alta velocidad que se está desarrollando en el estado y que empieza en Central Valley», explicó Sarah Reyes, exlegisladora estatal y directora de comunicaciones de la Fundación California. «La comunidad dijo: "No, se supone que ese dinero ha de ir a los barrios más contaminados y marginales. No podéis quedaros con todo el dinero"».

Fresno BHC lideró una serie de debates públicos para crear una propuesta alternativa. Al final, después de una larga lucha política, más de la mitad del dinero fue reasignado a inversiones en el sudoeste de Fresno y a Chinatown, que incluían una inversión de 16,5 millones de dólares en un campus satélite en el Fresno City College y una de 5,4 millones en un MLK Magnet Core Park.

Cuanto mayor es el poder, más victorias políticas se consiguen, y estas a su vez mejoran el entorno. En Fresno, el sistema está cambiando.

En abril de 2019, pasé un día con Sandra Celedon, la activista que lideró la conferencia de prensa delante del anuncio prohibido. Me presentó a una serie de autoridades locales que están luchando por transformar su comunidad. El abogado que ayudó a reubicar la nociva planta de procesamiento de Darling, situada a escasos metros de las escuelas. Los jóvenes que recogieron datos para redibujar el mapa de ruta de los autobuses de la ciudad, un medio de transporte esencial en los barrios más humildes.

Los abogados que presionaron para que se cumplieran las leyes en propiedades infestadas de plagas y moho administradas por propietarios de barrios marginales que saben que sus inquilinos inmigrantes legales e ilegales no se quejarán a las autoridades. También conocí a Kieshaun White, un estudiante de Cambridge High School, que está instalando monitores de calidad del aire en las escuelas de todo el distrito. Está desarrollando una aplicación que mostrará en tiempo real la calidad del aire en cada lugar. «Quiero que mi comunidad sepa cuál es la calidad del aire que respira y los efectos a largo plazo sobre su salud de un aire contaminado», dijo White al reportero de *Fresno Bee*. White tiene asma, una enfermedad común en los barrios que —como el del sudoeste de Fresno— tienen mala calidad del aire.

BHC ha demostrado que puede conseguir victorias políticas y mejoras medioambientales en lugares como Fresno. A través de su red de trabajo de catorce comunidades, desde 2010 hasta 2018, BCH ha conseguido 321 victorias políticas y 451 cambios en los sistemas. El poder funciona.

«La ley no es más que un conjunto de normas basadas en las aportaciones de las fuentes de poder», dice Iton. «Si quieres cambiar las reglas, tienes que cambiar las aportaciones de poder para que el resultado sea diferente».

¿Será suficiente todo esto para mejorar la salud? No olvidemos que este es el objetivo final: reducir las enormes diferencias en la esperanza de vida. No tenemos la respuesta aún. Hemos tardado décadas, o incluso siglos, en crear estos sistemas defectuosos, y ahora tardaremos décadas en arreglarlos. Muchas instituciones no tienen paciencia para décadas. Las fundaciones donan subvenciones para unos pocos años; las oenegés ven cómo de promedio una quinta parte de sus empleados rota cada año.

Pero hay personas, como la activista Sandra Celedon, que están jugando una partida larga. «Tardamos cincuenta años en obtener Medicare», dijo Celedon, «y cuando se consiguió no estaban los mismos que al principio. Muchos de nosotros no veremos los resultados de este proyecto». Sabe que serán sus hijos, y muy probablemente sus nietos, quienes recibirán los beneficios de los cambios.

En cualquier escala que trabajemos —en organizaciones o en comunidades—, la transformación de los sistemas lleva tiempo, pero esos cambios son nuestra mejor esperanza para mejorar las oportunidades de la gente. Celedon, y cientos de líderes como ella, están contribuyendo a erradicar un sistema que acorta la esperanza de vida y a sustituirlo por otro nuevo que mejora radicalmente las probabilidades de encontrar oportunidades y bienestar.

CAPÍTULO 7

¿Cómo encontrar un punto de apoyo?

El erudito griego Arquímedes dijo: «Dadme un punto de apoyo conducente y la respectiva palanca y moveré el mundo». Es una frase que puede inspirar a los líderes del cambio.

De hecho, si vuelves a leer la cita verás que hay mucho en juego en esta solicitud de un punto de apoyo y una palanca. Lo que está diciendo en realidad es: *Si montas un sistema que me facilite mover el mundo, ¡lo moveré!* Nadie va a poner esta frase en una taza de café.*

Porque, cuando se trata de prevenir problemas en sistemas complejos, la parte más difícil es encontrar la palanca y el punto de apoyo adecuados. En el capítulo anterior hemos visto que, puesto que los sistemas tienen mucho poder y permanencia, los esfuerzos a contracorriente deberían culminar en la transformación de los sistemas. Y, sin embargo, precisamente ese poder y esa permanencia hacen que sea tan difícil la transformación de un sistema. Así pues, ¿por dónde deberíamos empezar la transformación de un sistema? Por ejemplo, ¿qué tendremos que hacer el primer mes de

---

* Estoy siendo injusto con Arquímedes. En realidad, es una frase genial cuando se aplica a la física. Lo que realmente aquí nos preocupa es la mafia de las citas aleccionadoras.

lo que podría ser un proyecto de décadas de duración? Buscar un punto de apoyo. En este capítulo vamos a tratar ese tema.

En 2008, en medio de una oleada de crímenes en Chicago, tres amigos de la Universidad de Chicago fundaron el Crime Lab (laboratorio del crimen): Jens Ludwig, economista que estudia la delincuencia y la violencia armada, el profesor de política Harold Pollack y la experta en salud Roseanna Ander. Su objetivo era crear una base de pruebas que pudiera servir de apoyo a los representantes políticos para reducir la delincuencia: salvar el puente entre la investigación académica y la política. En definitiva, estaban buscando puntos de apoyo.

A Ludwig le preocupaban los pocos avances que hacía la ciudad en la lucha contra la delincuencia. Todo el mundo tenía «respuestas». Las escuelas tenían respuestas, las oenegés tenían respuestas y las autoridades tenían respuestas. El problema era que nadie sabía cuáles de esas respuestas eran las correctas —ni siquiera si *alguien* tenía la respuesta correcta—. Pocas pruebas confirmaban qué funcionaba para prevenir la violencia.

Ludwig dijo que en aquella época, cuando hablaba con las autoridades y los académicos sobre la violencia en Chicago, estos solían centrarse en la actividad de las pandillas callejeras. La gente se imaginaba escenas de *The Wire*,* con pandillas enfrentadas matándose a tiros. Desde esa perspectiva, la violencia se consideraba como algo intencional, incluso estratégico: el resultado de las bandas compitiendo por dinero y poder. Los tres fundadores de Crime Lab querían cuestionar ese «sentido común»: los líderes de los esfuerzos a contracorriente deberían tener cuidado con el sentido común, porque puede ser un pobre sustituto de la evidencia.

Pollack, Ludwig y Ander examinaron minuciosamente los informes médicos forenses de doscientos homicidios consecutivos

---

* Serie de televisión estadounidense (titulada *Bajo escucha* en España, y *Los vigilantes* en México), ambientada en Baltimore, Maryland, cuyo hilo conductor son las intervenciones telefónicas judiciales encomendadas a un grupo policial.

en los que la víctima había sido un chico joven. Al estudiar los archivos, sí que encontraron una serie de peleas «estratégicas» entre pandillas, pero lo más común era un patrón que no se esperaban. Por ejemplo, un caso típico era este: dos grupos de jóvenes discutiendo a mitad de la noche sobre si uno de los chicos de una banda había robado una bicicleta. La discusión iba aumentando de intensidad hasta que el chico acusado del robo se daba media vuelta y se iba. Otro chico se sentía ofendido por el gesto, sacaba una pistola y disparaba al chico. En otro caso, un par de chicos estaban jugando a baloncesto y discutieron sobre una jugada. Al final, uno de ellos se marchó, sacó una pistola y disparó a alguien.

Esos casos no tenían nada que ver con las pandillas. No había ninguna estrategia en esa violencia. Las muertes eran innecesarias, y las circunstancias totalmente normales. En cualquier parte del mundo donde haya jóvenes, habrá peleas por apuestas triviales, por bicicletas y por jugadas de baloncesto, pero la diferencia es que en Chicago esos jóvenes tenían acceso a las armas y las usaban.

«Lo normal cuando lees estos informes es pensar "no puedo creer que alguien se haya muerto por eso"», dijo Pollack, el profesor de política. Después de su estudio, Pollack dio con un modelo mental que predecía las causas de esas muertes violentas. «Somos de la Universidad de Chicago y, por lo tanto, hemos de tener ecuaciones. Mi ecuación fundamental es que un par de jóvenes, más impulsividad, más tal vez alcohol, más una pistola, es igual a un muerto», dijo.

Los posibles puntos de apoyo son moderar la impulsividad, reducir el consumo de alcohol o restringir el acceso a las armas. La siguiente pregunta es si resulta posible identificar una intervención que aceptablemente pueda cumplir uno de estos objetivos.

Crime Lab lanzó un «reto de innovación» que invitaba a las organizaciones a que presentaran sus mejores propuestas para reducir la violencia juvenil. Una oenegé llamada Youth Guidance presentó una propuesta que describía un programa curioso, uno que poco tenía que ver con la violencia, por lo menos aparentemente. Se llamaba Becoming a Man (BAM).

En ese momento el BAM era conocido por su carismático creador: Anthony Ramirez-Di Vittorio, más conocido como Tony D, un hombre que se había criado en el sudoeste de Chicago. «Era un buen chico en un entorno de riesgo», contó a *Forbes*. «Éramos cinco hermanos y, cuando mis padres se divorciaron, mi madre cuidó de nosotros con ayuda de una asistenta social. Yo veía mucha violencia en mi barrio y en mi casa: a mi hermano colocado por la cocaína y golpeando las ventanas, a mi madre gritándole y a la policía arrestándole. Mi gracia salvadora fue mi madre, que me educó en unos valores maravillosos: respetar a la gente y ser amable».

Tony D fue la primera persona de su familia que fue a la universidad, donde descubrió su amor por la psicología y obtuvo el título de licenciado y un máster en Psicología. Pero su aprendizaje más importante fue personal. A los veintitrés años conoció a la primera persona que influyó en él decididamente, un instructor de artes marciales que le desafió y le reafirmó. «Yo pensaba que era un hombre porque podía levantar 125 kilos, fumar tres porros y estar despierto toda la noche. Él me enseñó a esforzarme, a prestar atención y a concentrarme», dijo.

Tener un modelo masculino le sirvió a Tony D para llenar un vacío que siempre había tenido y despertó en él la búsqueda de significado e identidad. Se unió a otros grupos de hombres que no tenían miedo a debatir sobre grandes preguntas: ¿qué significa ser un hombre?, ¿cómo se superan las heridas de la infancia? o ¿qué quiere decir vivir con integridad?

Emergió de ese periodo de descubrimiento de sí mismo con una clara sensación de propósito: ayudaría a los jóvenes, igual que le habían ayudado a él, y ayudaría a romper el ciclo de la ausencia paterna en las comunidades más problemáticas de Chicago. Fue contratado por Youth Guidance para que hiciera principalmente de asesor profesional en las escuelas de secundaria de Chicago.

Su misión consistía en ayudar a los chicos a hacer su currículum y a desarrollar habilidades laborales, pero no pudo evitar ir más allá de la orientación profesional. Empezó invitando a los jóvenes a que participaran en unas sesiones de *coaching*. ¿El aliciente? Que podrían saltarse clase una vez por semana. En las primeras sesiones, Tony D les mandaba hacer actividades para romper el hielo y hacerles reír, para que se sintieran a gusto entre ellos. Por ejemplo, había una reunión que se llamaba «la pelea». Los estudiantes tenían que formar parejas, y a uno de cada pareja se le entregaba una pelota. El otro tenía 30 segundos para intentar quitársela. Las parejas se peleaban alborotadamente para controlar la pelota. Después de 30 segundos, las parejas se intercambiaban los roles, y volvía a empezar el alboroto.

Pasado ese minuto, Tony D les preguntaba por qué nadie había pensado en simplemente pedir la pelota a su pareja. Al principio, los jóvenes se burlaban diciendo: «¡Tampoco me la habría dado!». Pero entonces Tony D les preguntaba: «¿Cómo habrías reaccionado *tú* si tu pareja te hubiera pedido amablemente la pelota?». Muchos admitían algo así como: «Probablemente se la habría dado. No es más que una simple pelota».

Tony D introdujo entonces una tradición denominada «el registro» al principio de cada sesión. Colocaba a los jóvenes en un círculo —normalmente había entre ocho y diez en cada clase— y les pedía que reflexionaran brevemente sobre cómo les había ido el día desde el punto de vista físico, emocional, intelectual y espiritual. Al principio, los jóvenes se resistían, se mostraban escépticos. Tony D les incitaba entonces con una respuesta de una sola palabra: furioso, triste o contento. Con el tiempo, empezaron a abrirse porque veían que era seguro compartir sus problemas, hablar de sus penas o de sus iras. Al final del semestre, esa actividad se había convertido en una de sus favoritas: el único momento del día en el que podían bajar la guardia y ser ellos mismos. Y como dijo a los investigadores uno de los jóvenes que estaba estudiando el BAM: «Me gusta poder sentarme y hablar con mis compañeros... es algo que me tranquiliza».

En aquellas sesiones, el control de la ira se convirtió en un tema recurrente. Puedes dejar que tu ira se apodere de ti hasta el punto de actuar como un «salvaje», Tony D les decía, o puedes canalizarla para ser un «guerrero». La ira puede ser una fuerza destructiva o constructiva, les explicaba, y nosotros somos libres de escoger qué queremos que sea.

Su orientación moral parecía hacer efecto en los jóvenes. Uno de ellos explicó a un investigador en qué le había servido la formación del BAM: «Uno de mis profesores no quiso aceptar uno de mis proyectos porque lo había entregado uno o dos días tarde pero, en lugar de enfadarme o ir a llamar la atención a su despacho, lo acepté». Continuó hablando con el profesor preguntándole si podía hacer algún otro trabajo para subir nota. Al final, el profesor accedió a aceptar el trabajo con una penalización. El joven dijo: «Si me hubiera enfadado, probablemente me habría expulsado o me habría bajado la nota aún más».

Durante años, Tony D ha seguido remodelando las sesiones del programa BAM, hasta convertirse en un híbrido fascinante que combina el aspecto confesional de los grupos de ayuda con el carácter especial de la tutoría masculina y los elementos de la terapia cognitiva conductual (CBT), una técnica que ayuda a la gente a aprender a cambiar sus modelos de pensamiento y, por consiguiente, su comportamiento. A parte de esto, ahora las sesiones son divertidas, son *guays*. Si no fuera así, ¿qué joven adolescente querría apuntarse voluntariamente a una terapia o a un «grupo de ayuda»? El equilibrio entre todas estas condiciones es un acto de funambulismo, pero funciona. Nunca faltan chicos que quieran apuntarse al BAM.

Tony D y sus compañeros del Youth Guidance enviaron una propuesta a Crime Lab describiendo el programa BAM, y cuando los líderes de Crime Lab leyeron el programa vieron una conexión con lo que ellos mismos habían descubierto a través de los informes de los médicos forenses. ¿Y si el BAM, con la atención que prestaba a la terapia cognitiva conductual y al control de la ira, fuera una palanca para reducir la impulsividad? Recuerda la ecuación de Harold Pollack de la violencia: un par de jóvenes, más impulsividad, más tal vez alcohol, más una pistola, es igual a un muerto... ¿Y si el programa pudiera reducir o acabar con la ira de un joven y el asesinato por culpa de una disputa sobre una jugada de baloncesto no se llegara a producir?

En mayo de 2009, Youth Guidance ganó el «reto de innovación» de Crime Lab y recibió una subvención para ampliar su trabajo a dieciocho escuelas. Una condición de la subvención era que el trabajo se estudiara mediante la técnica del ensayo de control aleatorio (ECA).*La pregunta clave que se estudiaría era: ¿Reduciría el BAM los arrestos, especialmente por actos violentos?

Youth Guidance asumía un riesgo aceptando esta condición. La probabilidad, en general, de obtener un resultado amplio y significativo con los ECA en las ciencias sociales es muy baja —lo cual es comprensible si tenemos en cuenta que este tipo de intervenciones actúa solamente sobre una o dos variables dentro del enormemente complejo e interconectado sistema que es la vida humana—. Y peor aún, si el estudio demostraba que el programa BAM no funcionaba, podría acabarse la financiación que se le daba a Youth Guidance. Ningún donante querría seguir apoyando una actividad que se hubiera demostrado que no funcionaba. Por otro lado, muchos donantes sí que apoyan una intervención no probada, basada en la fuerza de la información anecdótica. En el sector social, esta dinámica crea un incentivo para aferrarse a la estrategia del avestruz: esconde la cabeza en la arena y evita saber.

---

* Los ECA son los experimentos formales que las compañías farmacéuticas han de hacer para obtener la aprobación de un nuevo medicamento. En un ECA empiezas con un grupo de individuos —en este caso, cientos de jóvenes de secundaria— y después asignas aleatoriamente a los individuos al grupo de tratamiento —que recibe la intervención, el BAM en este caso— o al grupo de control —que no lo recibe—. Después observas los resultados de ambos grupos y, si hay diferencias significativas entre ellos, concluyes razonablemente que la intervención ha causado esas diferencias. Si no hay un grupo de control, es más difícil precisar la causalidad.

Lo que hacía que la decisión fuera aún más arriesgada era que, para poder ensayar el programa a gran escala, antes tenían que ampliarlo. Hasta ese momento, el programa BAM había sido dirigido únicamente por Tony D. Youth Guidance había dirigido el programa en unas cuantas escuelas, pero en el estudio iban a ser dieciocho. ¿Y si Tony fuera la única persona capaz de hacer malabarismos con la terapia, la diversión, el autocontrol y el cariño?

En unos pocos meses, el equipo reclutó a otros trece instructores mientras Tony D intentaba a marchas forzadas convertir sus notas del curso creadas en su propia casa en un «programa» formal apto para entrenar a otros, pero no consiguió terminar el programa antes de que el semestre empezara, y los otros instructores tuvieron que ir recibiendo las instrucciones gradualmente: *Esto es lo que haréis la semana que viene en la clase.*

Durante el curso escolar 2009-2010, los asesores de Youth Guidance de cada escuela que participaba en el experimento dirigieron veintisiete sesiones semanales de BAM de una hora. La información anecdótica fue positiva: los chicos iban a las sesiones, participaban en ellas y sentían que les beneficiaban. Sorprendentemente, no hubo ningún contratiempo en la ampliación del trabajo. Las impresiones de los instructores eran, en general, positivas. Pero la pregunta clave de si el BAM podría reducir el número de arrestos seguía siendo una incógnita. No tenían todavía acceso a esa información. Es más, las pocas pruebas que tenían solían ser negativas, como cuando los instructores se enteraban de que uno de sus estudiantes había sido detenido.

Una vez finalizado el curso, tuvieron que pasar nueve eternos meses de espera mientras el equipo de Crime Lab analizaba la información.*

---

* Por cierto, ese estudio no se podría haber hecho sin el permiso que la Policía de Illinois dio al equipo para que accediera a los antecedentes penales de los adolescentes. Es curioso que muchas veces los esfuerzos a contracorriente sobreviven o mueren por culpa de problemas mundanos, como el acceso a las bases de datos.

Al final, en la primavera del año 2011, Harold Pollack de Crime Lab reunió al equipo de Youth Guidance para informarles de los resultados. Entre los jóvenes que habían participado en el programa BAM, las detenciones bajaron un 28 % en comparación con el grupo de control. Los arrestos por delitos violentos se habían reducido casi a la mitad (el 45 %). Todos los allí reunidos se quedaron impresionados. Pollack dijo: «Fue uno de los mejores momentos de toda mi carrera. Ellos no tenían ni idea de cuáles iban a ser los resultados, porque ellos ven, en los chicos con los que trabajan, muchas tragedias. A uno le disparan, otro fracasa, otro es arrestado... Lo que nunca llegarán a ver es qué habría pasado si ellos no hubieran estado allí».

~~~~~~~

Los investigadores de Crime Lab concluyeron que el programa BAM había tenido éxito en conseguir que los adolescentes varones ralentizaran su pensamiento en situaciones tensas. Una pelea a gritos sobre una jugada en un partido de baloncesto seguiría siendo eso, una pelea a gritos, pero ya no acabaría en un disparo. Crime Lab ha descubierto un punto de apoyo en la parte de la impulsividad de la ecuación de la delincuencia de Pollack (en la nota al pie hablo de un segundo estudio del BAM).*

Cada iniciativa a contracorriente tiene su propio ámbito de actuación y, por lo tanto, también tiene su propia ecuación

---

* El segundo estudio de BAM replicó sus efectos positivos, y el tercero —en el que se incluyó un grupo mucho más numeroso de jóvenes— obtuvo una mayor mezcla de resultados. Este fenómeno es bastante frecuente: los primeros grupos piloto que consiguen el éxito no consiguen el mismo éxito cuando se amplían. Este es un asunto fundamental en el sector social, pero es de alguna manera tangencial al tema que tratamos en este capítulo, así que lo he añadido en un apéndice por si te interesa el tema.

—y sus propios puntos de apoyo—; pero la estrategia a seguir para *encontrar* los puntos de apoyo es casi universal: sumergirse en el problema.

Recuerda que los responsables de Crime Lab habían empezado estudiando detenidamente doscientos informes de médicos forenses. No se conformaron con las explicaciones basadas exclusivamente en el sentido común para explicar la violencia, y regresaron a la fuente. Una estrategia similar es la que utilizó Permanente Medical Group en el norte de California. En 2008, Alan Whippy, director médico de calidad y seguridad, estaba presionando a los responsables de los hospitales para que redujeran los errores y las infecciones previsibles que tantas muertes causaban. Les propuso que hicieran un estudio detallado de los cincuenta últimos pacientes que habían muerto en cada uno de sus hospitales. Para su asombro, la causa de casi un tercio de esas muertes había sido una septicemia, un problema que en ese momento apenas estaba en su punto de mira. En el año 2011, se había conseguido reducir la mortalidad de los pacientes por septicemia un 60 %. Estudiando a fondo el problema, consiguieron encontrar puntos de apoyo para prevenir muertes innecesarias. La autopsia de un problema puede ser el preámbulo de una solución.

Si trabajas en un problema no tan directamente vinculado a la muerte, tendrás otras estrategias para ayudarte a entenderlo. Dos arquitectos de la firma internacional de diseño Corgan, que planifican edificios públicos tales como aeropuertos y escuelas, intentaban anticipar los problemas que la gente mayor se encontraría al caminar por sus edificios. ¿Cómo ahondar en ese problema? ¿Entrevistando a las personas mayores sobre sus experiencias? ¿Caminando junto a ellas para que nos vayan dando sus impresiones? ¿Consultando los informes de los accidentes, los detalles y las localizaciones de accidentes y caídas? Los arquitectos Mike Steiner y Samantha Flores fueron un paso más allá. Se pusieron «un traje simulador de edad» que está diseñado para *hacerte sentir lo que es ser viejo*.

«Contiene una serie de correas y pesos que reducen tu movilidad y simulan lo que ocurre cuando envejeces», dice Steiner describiendo su traje a un presentador del programa de la radio *Here & Now*. «Son una especie de tirantes que te pones en los codos y que reducen la movilidad de los mismos. A medida que envejeces vas perdiendo habilidad en los dedos, y esos guantes simulan la pérdida de destreza». Los pesos en las extremidades hacen que noten más pesadas sus piernas. Las gafas simulan la pérdida de visión, y los auriculares la pérdida de audición. Los denominados chanclos simulan la pérdida de fibra sensible en los pies, lo cual hace que sea más difícil ver dónde está el suelo.

Steiner y Flores llevaban esos trajes mientras caminaban por el aeropuerto Dallas/Fort Worth International —quienes viajan por negocios saben que es un lugar que ya de por sí puede envejecerte—. «Lo primero que descubrí», dijo Flores en el programa, «es que se tarda más en llegar a los sitios y que necesitas descansar y sentarte; por lo tanto, se necesitan más bancos y más sitios para agarrarte. Normalmente, diseñamos este tipo de espacios para que sean abiertos, de manera que la gente pueda moverse con comodidad. Pero no hay ni un solo sitio donde agarrarse si has perdido el equilibrio o si necesitas descansar un momento». Se dieron cuenta de que las rampas podían desorientarles; por lo tanto, habría que diseñar unas señales que indicaran que hay una rampa. Y subir a las escaleras automáticas era difícil cuando solo había dos escalones planos antes de la subida o la bajada. Corgan recomienda ahora las escaleras automáticas de tres tramos en los espacios públicos del aeropuerto.

Cuándo te adentras en un problema, ¿qué buscas exactamente? ¿Cómo distinguir un punto de apoyo y una palanca adecuados? A la hora de buscar un punto de apoyo viable, lo primero que es necesario tener en cuenta, igual que hicieron los líderes de Islandia, son los factores de riesgo y los factores de prevención del problema que se está intentando prevenir. En el caso del abuso del alcohol por parte de los jóvenes, un factor de prevención es que participen en actividades deportivas regulares: el deporte ocupa su tiempo libre y es una fuente de excitación natural. Un factor de riesgo es la desatención parental: si sus padres no están nunca presentes, es más probable que se porten mal. Cada problema tiene sus propios factores que incrementan el riesgo o nos protegen contra él, y cada uno de esos factores es un posible punto de apoyo.

Como alternativa al enfoque sobre los factores de riesgo y los de prevención, considera si tu punto de apoyo podría ser una subpoblación específica de individuos. Muchas exitosas iniciativas a contracorriente consisten en una serie de programas muy caros destinados a un reducido grupo de gente. A primera vista quizá parezca una combinación inherentemente indeseable: ¿merece la pena invertir tanto en tan pocas personas? Pensemos que, en muchos ámbitos, un grupo de personas muy reducido puede tener un peso enorme sobre el sistema. Crime Lab desarrolló un modelo para predecir las 5.000 personas de la ciudad de Chicago que tenían mayor riesgo de «participar en la violencia armada», que tanto podía ser por cometer crímenes violentos con armas como por ser víctimas de un crimen violento.* 5.000 personas equivalen al 0,2 % de la población de Chicago. Un año más tarde, cuando el equipo de Crime Lab estudió las víctimas por homicidio de la ciudad, el 17 % de las víctimas estaba en la lista de las 5.000 personas con mayor riesgo. El grupo de personas con mayor riesgo es pequeño. Mientras tanto, otros estudios realizados por Crime Lab han calculado que el coste social de un herido por disparo de arma es de 1,5 millones de dólares. Lo que estas cifras sugieren es que la sociedad podría permitirse gastar una enorme cantidad de dinero para intentar cambiar las sombrías perspectivas de este grupo de personas. En línea con este espíritu, Crime Lab actualmente está ensayando un programa

---

* ¿Por qué concentrarse en las víctimas y los agresores, en lugar de en los agresores únicamente? Porque suelen ser las mismas personas: muchos de los que cometen crímenes violentos acaban siendo víctimas de crímenes violentos. Y muchos crímenes violentos acaban sin resolverse; lo cual quiere decir que, por desgracia, las víctimas acaban siendo más fáciles de medir.

en el que a criminales violentos convictos —que lo normal sería que volvieran a delinquir— se les da una nueva oportunidad, un empleo y una terapia cognitiva conductual. El coste del programa es de unos 22.500 dólares por persona y año.

En el ámbito de la sanidad, un pequeño número de pacientes utiliza mucho los servicios de emergencia, en ocasiones yendo a urgencias más de cien veces al año. Normalmente se trata de personas que tienen historias personales y de salud muy complicadas. Un ejemplo podría ser una persona con una obesidad mórbida, con diabetes, asma, dolores crónicos y con vivienda poco confortable. El coste de tratar a esas personas puede ser enorme; por eso, los sistemas de salud pueden permitirse crear lo que son básicamente planes de salud personalizados que incluyen asistencia en el hogar, cuidados médicos a domicilio, una especie de conserjes que velan por ellas, etc. Si puedes orientar con precisión a un grupo de personas sobre las que recaen graves problemas de forma continuada, puedes permitirte gastar una pequeña fortuna en intentar ayudarles.*

A la hora de buscar puntos de apoyo viables es importante considerar los costes y los beneficios. Siempre querremos sacar el máximo partido a nuestro dinero, pero quiero hacer una diferencia entre el «beneficio por nuestro dinero», que es fundamental, y otra idea más perniciosa. Una de las ideas más desconcertantes y destructivas sobre los esfuerzos preventivos es que tienen que *ahorrarnos dinero*. Las discusiones sobre las intervenciones a contracorriente siempre parecen girar en torno al rendimiento: ¿Un dólar invertido hoy nos dará más a largo plazo? Si proporcionamos vivienda a las personas sin hogar, ¿amortizaremos la

---

* Observa que hay un fenómeno comparable en el extremo opuesto del espectro: son los clientes que generan unos beneficios enormes y desproporcionados. Piensa en los grandes jugadores de Las Vegas, cuyas pérdidas enormes son tan valiosas que los casinos pueden agasajarles con una atención y unos incentivos increíbles. No hay nada más valioso que un invitado que disfruta dejándose millones de dólares.

inversión en forma de una menor necesidad de servicios sociales? Si proporcionamos aires acondicionados a los niños asmáticos, ¿amortizaremos la inversión en forma de menos visitas al médico? Estas preguntas no son irrelevantes, pero tampoco son necesarias. *En el cuidado de la salud,* solamente la prevención se mira desde esta perspectiva del ahorro. Cuando tu vecino, con su heroica dieta a base de grasas, acabe necesitando un bypass, nadie se preguntará si «se merece» esa operación o si la operación va a ahorrar dinero al sistema a largo plazo. Cuando necesite un tratamiento, lo obtendrá. Sin embargo, cuando empezamos a hablar de prevenir que los niños pasen hambre, de repente, cualquier trabajo ha de poder amortizarse. Esto es de locos. La razón de darles una vivienda a las personas sin hogar o de prevenir una enfermedad o de dar de comer al hambriento no son los beneficios económicos, sino los beneficios morales. No saboteemos los esfuerzos que van a contracorriente sometiéndolos a una prueba que nunca impondríamos a las intervenciones que siguen la corriente.

～～～～～

En los círculos sanitarios, han aumentado enormemente las discusiones sobre las condiciones ambientales que afectan a la salud de las personas, que van desde la vivienda hasta la seguridad pública y la calidad del aire —los denominados «determinantes sociales de la salud»—. Cuesta encontrar una conferencia en la que no se hable de este tema. Se trata de una buena noticia, puesto que refleja un cambio de interés hacia la salud corriente arriba, pero contiene un problema lingüístico. «Los determinantes sociales de la salud» es una de esas frases ostentosamente insípidas que parecen haber sido elaboradas precisamente para desalentar el interés por el tema del que hablan. Algo así como si las citas entre dos personas fueran rebautizadas como «intercambios interpersonales aspiracionales».

¿Cómo encontrar un punto de apoyo?

Vivimos un momento emocionante en el ámbito de la sanidad, porque se puede apreciar la desaparición de las barreras que impedían avanzar en la resolución de los problemas. «Tradicionalmente, los médicos han sido formados para centrarse en las intervenciones clínicas y el asesoramiento», dice Carmela Rocchetti, una médica de atención primaria que trabaja en Hackensack Meridian Health en New Jersey. «Tú vienes a verme y, entre las cuatro paredes de mi despacho, yo intento cambiar tu salud. Voy a escribir una receta que mejorará tu salud. Pero esto es la parte más pequeña de la ecuación de la salud. Para poder actuar sobre la salud de alguien, es necesario abrir su nevera, preguntarle cómo duerme, saber que sufre estrés crónico y tratar todos esos problemas».

Este tipo de perspectiva está empezando a extenderse rápidamente: cada vez se reconoce más la importancia que tienen los factores a contracorriente que afectan a la salud. Pero está claro que también hay barreras que dificultan ese reconocimiento. ¿Qué puede hacer exactamente un médico para ayudar a un paciente que no come sano o que está profundamente ansioso? No importa que en la mayoría de los sistemas de salud los médicos perderían ingresos si lo intentaran, porque se les paga según un modelo de pago por servicio. Cuantas más visitas de revisión realicen en un día, mejor; y hablar durante 15 minutos más con un paciente ansioso o triste no cuenta como un servicio prestado (en el capítulo 11, estudiaremos algunos modelos nuevos de pago que facilitan la financiación de la prevención).

He leído y escuchado muchísimas discusiones de los profesionales de la salud sobre este dilema, y se produce la máxima tensión. Por un lado, se nota que están entusiasmados con la idea de remar a contracorriente. Creo que muchos líderes —la mayoría me atrevería a decir— están convencidos de que eso es lo que han de hacer. Por otro lado, hay un rechazo entendible a «hacerse cargo» de las necesidades de salud a contracorriente de los pacientes, simplemente porque muchos de esos factores no entran en las competencias del sistema sanitario. Por lo tanto, lo que estos profesionales han hecho hasta el momento ha sido buscar puntos de apoyo pequeños, pero simbólicamente relevantes, en el esquema del sistema sanitario. Por ejemplo, muchos médicos de atención primaria preguntan a sus pacientes si pasan hambre y, si es así, les mandan a organizaciones humanitarias como son los bancos de alimentos. El beneficio para los pacientes viene dado por el hecho de salir fuera del sistema de salud, de alinear los esfuerzos con otros participantes que pueden ayudar.

Pero ¿y si el cambio pudiera venir de dentro del propio sistema de salud? ¿Qué pasaría si a los médicos esos esfuerzos a contracorriente que les parecen no naturales —porque su formación y sus incentivos suelen empujarles a seguir la corriente— les parecieran *naturales*? Una nueva escuela de medicina, la Hackensack Meridian School of Medicine de la Universidad Seton Hall en New Jersey, ha reinventado la manera de formar a sus médicos para alcanzar ese objetivo. Los determinantes sociales de la salud ocupan la parte central del programa.

El primer año de carrera, a los estudiantes se les adjudica una persona o una familia de la comunidad. Durante ese primer año, los estudiantes se reúnen cada mes, o cada dos meses, con la familia en su casa para ver cómo viven y cómo están de salud. Evidentemente, los estudiantes no pueden *tratarlos* —no son más que estudiantes de primer curso—, pero sí pueden ayudar a las familias a conseguir un objetivo relacionado con su salud. *Mi hijo es autista: necesito ayuda para conseguirle recursos. O estoy solo en casa y voy en silla de ruedas, estoy deprimido: necesito salir un poco.*

«Podemos hablar de ello a los estudiantes, podemos aleccionarles, pero hasta que no conozcan a una persona real y se sientan conectados con ella, no van a interiorizar lo importante que es esto», dice la doctora Rocchetti, directora de este programa denominado Human Dimension.

A Aamirah McCutchen y a un compañero de clase, ambos estudiantes de primer curso, se les adjudicó un hombre de noventa y un años que vivía en una residencia geriátrica. McCutchen estaba nerviosa el día que iba a verle por primera vez. Tiene una voz dulce y cuando habla alto para que el hombre la oiga, le parece que está gritando. Los estudiantes le preguntaron al hombre en qué objetivos podían ayudarle. Él dijo: «Tengo noventa y un años y no tengo ningún objetivo en la vida», pero después de pensar un poco se le ocurrieron dos cosas: aprender a usar un ordenador y mejorar su memoria a corto plazo. El día que McCutchen volvió a verle, ella y su compañero de clase, le enseñaron a hacer juegos de memoria en un ordenador de la residencia.

Otros dos estudiantes tenían que ocuparse de un hombre que tenía una diabetes descontrolada —esto quiere decir que sus niveles de azúcar en sangre eran demasiado insanos; algo que se podía evitar haciéndose controles regularmente, comiendo adecuadamente e inyectándose sus dosis de insulina—. Los estudiantes no entendían por qué el hombre tenía problemas —parecía listo y preparado—. Después, durante una de sus visitas, un vecino llamó a la puerta y dijo: «Voy al supermercado, ¿tienes la lista preparada?». En aquel momento, los estudiantes se dieron cuenta: el hombre no podía ir por sí solo al supermercado; dependía de un vecino que le compraba su comida. Por eso le costaba pedirle los alimentos específicos —que no fueran los perecederos— que le ayudarían a controlar su enfermedad.

Otra parte del trabajo de los estudiantes de Medicina consiste en implicarse en la comunidad, no solamente con algunas personas en particular. Se reúnen con los líderes de las oenegés, asisten a las reuniones de los ciudadanos y hacen trabajos para la comunidad. «Cuando empezábamos a planificar el curso, la gente me preguntaba: "¿Qué estás creando? ¿Es esta una escuela de trabajos sociales o de medicina?"», dice Rocchetti.

La primera promoción de estudiantes empezó en verano de 2018. Al principio, los estudiantes estaban emocionados con su trabajo, quizás exageradamente emocionados. Durante las primeras semanas, iban al despacho de Rocchetti para presentarle propuestas para solucionar problemas de la comunidad. Después, a mitad de curso, la realidad de los exámenes y las preparaciones empezaban a entrometerse en su idealismo. Se trataba de alumnos de alto rendimiento: estrellas de la meritocracia. Sabían cómo superar las pruebas y entregar trabajos brillantes. Pero ¿cómo «superas» la tarea de ayudar a una anciana que está sola en casa? Hubo un momento en que parecía que algunos estudiantes se iban a rebelar. Tuvieron que asistir a una reunión del consejo de educación. Durante los primeros 45 minutos de la reunión la sala estuvo cerrada al público, así que esperaron. La parte de la reunión con público estuvo dominada por una disputa contractual entre un profesor y el consejo. Los estudiantes estaban furiosos y escribieron a Rocchetti diciéndole: «¿Por qué nos haces perder el tiempo enviándonos a esa reunión?». No iban para eso a la Facultad de Medicina.

Aunque, en cierta manera, era precisamente para eso para lo que iban a la Facultad de Medicina. Porque, para Rocchetti, la misión de un médico es mejorar la salud de los pacientes; lo cual implica conocer no solo la parte técnica de la medicina, sino también la parte social: aprender a apreciar la complejidad global de la vida de la gente, así como la complejidad de los sistemas en los que opera. Empiezas a darte cuenta de que algo tan sencillo como *llegar puntual a la cita del médico* puede descarrilarse por innumerables factores: los autobuses iban con retraso, el mal tiempo impidió al paciente caminar hasta la parada del autobús, no podía pagar el parking en la clínica, le enviaron online las direcciones y no tiene ordenador o se encontraba tan mal esa mañana que no podía ni salir de casa. Y, cuando estás a punto de caer de nuevo en esos juicios en blanco y negro —*sí, cierto, todo eso es complicado pero, si se preocupara un poco por su salud, no tendría que estar aquí puntual, ni tendría que inyectarse insulina, ni yo tendría que hacerle recetas*—, te acuerdas de esa reunión del consejo de dos horas en la que aparentemente nada pasó, te acuerdas del vecino del barrio que le compraba la comida al anciano, y respiras profundamente y dices: *No hay nada fácil. El mundo es complejo, y no hay soluciones rápidas. Pero, si aprendo a abrir los brazos y extender las manos, podré reducir el sufrimiento, en lugar de ignorarlo.*

A finales de la primavera del año 2019 —el final del primer curso de la primera promoción— los estudiantes habían recuperado el entusiasmo. Dijeron por unanimidad que valoraban el tiempo que habían pasado con las familias y en la comunidad. Al terminar el segundo curso de Medicina continuarán estando implicados con sus comunidades y con la gente, y cuando se gradúen tendrán una perspectiva bastante diferente a la de muchos médicos. Muchos de ellos se quedarán en New Jersey y trabajarán en Meridian Health, y Rocchetti cree que transformarán el sistema sanitario desde dentro: «Nuestros estudiantes van a crecer, y serán la fuerza que cambie nuestra cultura».

La escuela considera que, acercando más a los futuros médicos a las fuentes de enfermedad y desesperación, identificarán más rápidamente los puntos de apoyo que llevan a una buena salud. Bryan Stevenson, profesor de Derecho en la Universidad de Nueva York, autor y fundador de Equal Justice Iniciative, lo denomina el «poder de la proximidad».

«Creo que, para crear una comunidad más sana, una sociedad más sana, un país más sano y, por consiguiente, una economía más sana, tenemos que encontrar la manera de acercarnos más a los pobres y los vulnerables», dijo Stevenson en un discurso en la conferencia CEO Initiative organizada por *Fortune* en 2018. «Creo profundamente que cuando nos aislamos, cuando nos protegemos y desconectamos de aquellos que son vulnerables o desfavorecidos, sostenemos y acrecentamos los problemas. Estoy convencido de que en la proximidad es donde podemos aprender más sobre cómo cambiar el mundo...».

Ser próximo a este colectivo no supone una garantía de progreso. Es un principio, no un fin. El cambio a contracorriente implica buscar a tientas nuestro camino hacia delante, averiguar qué funciona y qué no, y bajo qué condiciones. Pero en este contexto, hasta una derrota es efectivamente una victoria, porque cada vez que aprendemos algo ponemos otra pieza en el puzle de la búsqueda de las palancas que pueden cambiar el mundo.

CAPÍTULO 8

¿Cómo detectar
una alarma temprana?

A finales de 2010, Roli Saxena fue contratada para dirigir al equipo de éxito del cliente para el producto estrella de LinkedIn para reclutadores. «Éxito del cliente» es como una versión a contracorriente del «servicio al cliente»: la misión es que los clientes estén satisfechos con los productos o los servicios que adquieran. Este producto de contratación, que se ofrecía a través de una suscripción, estaba diseñado para ayudar a las empresas a buscar y atraer nuevas contrataciones. Se vendía increíblemente bien, pero las «deserciones» eran elevadas. El índice de deserción es el porcentaje de clientes que no renuevan sus subscripciones, y es un diagnóstico fundamental de la salud de cualquier empresa de subscripciones, desde Netflix hasta la revista *People*. Cuando Saxena se incorporó a la empresa, el índice de deserción era de un 30 % aproximadamente, lo cual quiere decir que tres de cada diez clientes dejaban de usar el producto de contratación cada año.

El enfoque tradicional de la compañía para gestionar la tasa de abandono era asignar gente para que trabajara de cerca con los clientes —especialmente, con aquellos que creían que era más probable que se dieran de baja— cuando se aproximaba el momento de la renovación de la suscripción. Lo importante era «salvar» las suscripciones. Dan Shapero explicó que el jefe de ventas y el jefe de Saxena se plantearon entonces una nueva pregunta: ¿Con cuánto tiempo de antelación podemos predecir si alguien nos va a abandonar? La esperanza era que, si pudieran detectar ese riesgo con suficiente antelación, podrían detenerlo. Cuando analizaron las cifras, se dieron cuenta de que podían predecir razonablemente quién iba a abandonar la suscripción y quién no treinta días después de haberla contratado. ¿Cómo podían predecir la tasa de abandono con tanta antelación? Saxena descubrió que había una fuerte correlación negativa entre el uso del producto y el índice de deserción. Es decir, los reclutadores que utilizaban mucho su subscripción de LinkedIn son los que solían renovarla. Esta conclusión no sorprendió a nadie —después de todo, los que tienen más posibilidades de cancelar su suscripción a la revista *People* son los que no la están leyendo—. Lo nuevo de esa conclusión es la idea de que era esencial hacer que la gente utilizara *pronto* el producto: «Descubrimos que los clientes que probaban el producto durante los primeros treinta días tenían una probabilidad cuatro veces mayor de seguir usando LinkedIn», dijo Saxena.

«Nos quedamos anonadados. Utilicemos todos esos recursos que hemos estado utilizando para *salvar* a nuestros clientes y apliquémoslos a la contratación correcta de clientes», dijo Shapero. Entonces crearon una nueva función denominada «especialista en contratación» que se encargaría de llamar a los clientes para mostrarles cómo usar el producto, pero no se trataba de una de esas clases soporíferas sobre las funciones del software. Los especialistas en contratación hacían parte del trabajo de los clientes por ellos.

Este es el ejemplo de una llamada típica: «Sé que estáis intentando contratar a un ingeniero de software en Atlanta. Me he tomado la libertad de diseñar una búsqueda para ayudarte a encontrar a gente que encaje en ese perfil. Te explicaré cómo ajustar los parámetros de búsqueda como mejor te parezca y después, una vez hayas identificado un número de buenos candidatos, el siguiente paso será llegar a ellos utilizando nuestro servicio de InMail. He redactado un correo electrónico de muestra para ti utilizando las lecciones que he aprendido sobre los tipos de mensajes que tienden a tener respuesta de los candidatos».

Al cabo de dos años, el índice de abandono se había reducido casi a la mitad, los ingresos de la compañía se habían disparado y uno de los conductores fundamentales de este éxito fue el trabajo de contratación. La reducción de la tasa de abandono suponía unas ganancias de decenas de millones de dólares anuales. Cuando podemos prever un problema tenemos más espacio de maniobra para solucionarlo. Por eso, una pregunta clave relacionada con los esfuerzos a contracorriente es: ¿Cómo detectas las alarmas tempranas del problema que estás intentando resolver? Imagínatelo como un detector de humos que estuviera personalizado en tu trabajo. En LinkedIn, el humo que activó la alarma fue la inactividad de un cliente durante su primer mes como subscriptor. En las escuelas públicas de Chicago, el humo fue que un estudiante de primero de bachillerato estaba fuera de la pista.

Las señales de alarma tempranas no tienen ninguna ventaja *inherente*. Su valor depende de la severidad del problema. Por ejemplo, no necesitas —ni te interesa— una señal de alarma temprana que te indique que la bombilla que hay en la lamparita de la mesita de noche está a punto de fundirse —en cambio, es increíblemente valioso tener una señal de alarma temprana en la bombilla de un faro—. El valor también depende de si la alarma ofrece un tiempo suficiente para responder. Un neumático de coche que te avisara con 30 segundos de antelación de un pinchazo podría salvarte la vida. Una alarma de medio segundo podría no tener ningún valor.

Hay veces que podemos utilizar los modelos históricos para hacer predicciones, como hizo LinkedIn. Este enfoque fue el que siguió Northwell Health, una red de hospitales y centros de atención sanitaria que funciona en la ciudad de Nueva York y sus alrededores. Los médicos de los servicios de urgencias se enfrentan a diario al reto de operaciones a vida o muerte: quieren que sus ambulancias lleguen lo antes posible cuando la gente llama al teléfono de emergencias médicas y, para ello, han creado unos modelos complejos a partir de los datos históricos para anticipar de dónde y cuándo vendrán las llamadas.

«No estamos usando una bola de cristal para predecir las emergencias, lo que estamos prediciendo es cuál va a ser el comportamiento de la población según sus datos históricos», dijo Jonathan Washko, vicepresidente de los servicios de urgencias del Northwell's Center.

Resulta que las llamadas al teléfono de emergencias médicas siguen un modelo previsible. El modelo puede ser de tiempo —más llamadas durante el día que durante la noche— y de geografía —más llamadas de zonas en las que hay más ciudadanos mayores que jóvenes—. El 4 de julio y el día de fin de año, el número de llamadas aumenta —la idiotez de beber—, mientras que el día de Navidad y el de Acción de Gracias, el número disminuye —¿será el factor amor o simplemente que se bebe menos en estas fiestas?—. Los viernes y los sábados por la noche reciben muchas llamadas, y los domingos pocas. Durante la época de la gripe es una locura.

Y después están las peculiaridades: curiosamente, en las residencias de ancianos es durante las horas de las comidas cuando aumenta el número de llamadas. Uno se pregunta si esa comida es *malísima*. No, se debe a que son los momentos en que los cuidadores vigilan más a los residentes y descubren si algo malo está ocurriéndoles. Por la misma razón, hay también un pico de llamadas cuando los cuidadores cambian de turno. Y los modelos varían también con el clima: Washko sabe que durante las grandes nevadas hay un pico de ataques al corazón —en ocasiones, causados por alguien que retira la nieve a paladas con demasiado brío—.

¿Cómo utiliza Northwell ese modelo predictivo para acelerar el tiempo de respuesta de las ambulancias? Desplegando ambulancias por la ciudad en base a estos modelos. Imagínate a unos sanitarios sentados en una ambulancia en el aparcamiento de un McDonald's que está cerca de varias residencias de ancianos. Nadie les ha llamado aún, pero es probable que alguien lo haga. Y ya estarán allí.

Este sistema de Northwell no es nada habitual. La mayoría de los estadounidenses que están leyendo este libro viven en un barrio en el que el servicio de emergencias médicas está dirigido por el departamento de bomberos. Las ambulancias están aparcadas en los parques de bomberos locales y, cuando entra una llamada en el teléfono de emergencias médicas, los servicios de emergencias o los sanitarios salen a ayudar a la persona en cuestión. Es un sistema reactivo que conlleva una insólita consecuencia: si sufres un paro cardíaco en uno de esos barrios, tu vida dependerá literalmente de lo cerca que vivas del parque de bomberos. Ese factor podría convertirse en un gancho para los vendedores de pisos: *Una planta baja ¡y a tan solo tres minutos en coche del parque de bomberos!*

En cambio, Northwell y algunos otros sistemas de emergencias médicas de las grandes ciudades distribuyen sus ambulancias estratégicamente por la ciudad para asegurarse de que toda la población tenga una cerca en el momento preciso. En el centro de mando de los servicios de emergencias médicas en Syosset, Nueva York, hay una gran sala que parece el centro de control de misiones de la NASA. Enormes monitores de pantallas cubren las paredes con los mapas de las zonas que cubren los servicios de emergencias de Northwell. En el mapa se muestra la localización en tiempo real de todas las ambulancias, y cada una de ellas está rodeada de una aureola que muestra la zona a la que puede llegar en 10 minutos. Cuando alguien llama al teléfono de urgencias, la ambulancia más próxima al lugar de la emergencia se pone en marcha. Después, todas las demás ambulancias cercanas cambian su localización dinámicamente para llenar el vacío que ha dejado esa ambulancia.

Es un sistema increíblemente sofisticado el que marca la diferencia. El tiempo medio de respuesta de las ambulancias de Northwell es de unos 6,5 minutos, mientras que el de las ambulancias del sistema nacional es de 8 minutos. En parte, debido a esta rapidez Northwell consigue unos resultados superiores en cuanto a una métrica conocida como índice ROSC —rendimiento de la circulación espontánea—, que mide qué porcentaje de personas que sufren un paro cardíaco recuperan la circulación normal de la sangre con un tratamiento efectivo. Y está claro que los pacientes valoran el cuidado que reciben: el 94 % recomendaría Northwell a otras personas.

Este es el modelo de un caso de alarma temprana: la información nos advierte de un problema que de otra manera no habríamos visto; por ejemplo, que necesitamos ambulancias más cerca de las residencias de ancianos a las horas de las comidas. Además, esta capacidad predictiva nos da tiempo para actuar y prevenir problemas. Los sanitarios de Northwell no pueden impedir que la gente tenga ataques cardíacos, pero sí *pueden* impedir que esas personas mueran.

En Northwell, los minutos importan. Hay otros casos en los que unos pocos segundos de alarma son un tiempo valiosísimo. En un artículo publicado el año 2012, su autor Alex Greer, profesor especializado en la preparación para situaciones de emergencia, cuenta que Japón dispone de uno de los mejores sistemas del mundo de detección temprana de terremotos; el cual incluye un centro de observación que recoge información de más de 3.200 sismógrafos y medidores de intensidad sísmica repartidos por el país. Ese centro puede detectar las denominadas «ondas primarias» —las primeras señales de alarma de que un terremoto se ha activado— que son prácticamente imperceptibles por los humanos.

Este sistema dio sus frutos a los ciudadanos japoneses en el año 2011: «Cuando llegaron las ondas primarias del terremoto de 2011 del este de Japón a las 14:46:45 hora local», escribió Greer, «el sensor más próximo en tierra interpretó las ondas, y el sistema envió una alarma a las principales empresas, operadores de trenes, fábricas, hospitales, colegios, plantas nucleares y a los teléfonos móviles de la población en general en menos de 3 segundos (a las 14:46:48 hora local)».

¡Tres segundos! La tierra empezó a temblar en Sendai 30 segundos después de que se enviara la alarma, y en Tokio 60 segundos después. «Puede parecer poco tiempo», Greer escribió, «pero es un tiempo suficiente para que las empresas interrumpan las líneas de producción, los médicos dejen sus procedimientos médicos, los niños de las escuelas se pongan debajo de las mesas, los motoristas se detengan a un lado de la carretera, se pongan en marcha los generadores de apoyo y los trenes se detengan».

Otros sistemas de detección temprana similares son también una fuente de ventaja en las empresas. En un anuncio de televisión de IBM, un chico de mantenimiento se acerca al guardia de seguridad que está en la recepción de un edificio de oficinas.

Chico de MANTENIMIENTO: Hola.
Guardia de SEGURIDAD: El pase, por favor.
M: Vengo a arreglar el ascensor.
S: No le pasa nada al ascensor.
M: De acuerdo.
S: ¿Pero vas a arreglarlo?
M: De acuerdo.
S: Pero ¿quién te ha enviado?
M: Un chico nuevo.
S: ¿Qué chico nuevo?
M: Watson.

El chico de mantenimiento mira una caja negra de un ordenador que está encima de una mesa, y el guardia de seguridad le observa.

WATSON (hablando en un tono de voz electrónico): Mi análisis de los datos del sensor y del mantenimiento indica que el ascensor 3 dejará de funcionar dentro de dos días.
M: ¿Lo ves?
S: Sí, pero sigues necesitando un pase.

Esto no es fantasía.* Muchas empresas importantes de ascensores ofrecen actualmente ascensores «inteligentes» que envían un batiburrillo de información de diagnosis a la nube —sobre la iluminación, el ruido, la velocidad, la temperatura y mucho más—, la cual puede ser analizada para detectar posibles problemas.

---

* Pero llama la atención lo bajo que ha caído Watson: de ser el «ordenador que ganó el concurso de preguntas y respuestas *Jeopardy*» ha pasado a ser una caja negra en un edificio cualquiera de oficinas que hace predicciones en alto para nadie.

«Una de las cosas más importantes que te da una conexión online con la nube es la habilidad para detectar tendencias por adelantado antes de que empiecen a crear problemas», John Macleod, especialista técnico de IBM Watson IoT, dijo a *Computerworld*. «Normalmente, las puertas se cierran en 5 segundos, pero de repente empiezan a cerrarse en 5,1 segundos y después en 5,2 segundos. Nadie nota esa diferencia, pero este cambio gradual en el tiempo indica que algo está yendo mal y que necesita lubricación… Y entonces es posible actuar con antelación para solucionar un problema, en lugar de esperar a que las puertas se queden atascadas con gente dentro del ascensor».

Con la aparición del internet de las cosas (IoT), este tipo de solución de preaviso se ha hecho cada vez más común. Nuestro mundo estará cada vez más lleno de sensores: pequeños relojes que detectan la fibrilación auricular. Pequeños mecanismos —llamados curiosamente «cerdos inteligentes»— que avisan de las filtraciones en los oleoductos. Videocámaras inteligentes que alertan cuando un conductor de autobús se está quedando dormido. Pero, aunque esta tecnología puede ayudarnos en la detección precoz de los problemas, muchas veces los mejores sensores no son los aparatos, sino las personas.

Cada año, la American Heart Association enseña a 16 millones de personas a realizar la reanimación cardiopulmonar (RCP): es el equivalente a 16 millones de sensores humanos desplegados por todo el mundo para detectar emergencias cardíacas. Y mejor aún, es que esas personas que saben hacer una RCP pueden además actuar sobre el problema, no solamente detectarlo —y pueden mantener con vida a la víctima durante el tiempo suficiente hasta que llegue la ambulancia con el equipo adecuado—.

La campaña antiterrorista «Si ves algo, di algo» es otro ejemplo de un trabajo de detección precoz que depende de los seres humanos. Ese eslogan fue creado por el publicista Allen Kay el día después de los ataques terroristas del 11 de septiembre. «El modelo que tenía en mi cabeza era "por la boca muere el pez"», dijo Kay al *New York Times*. «Pero pensé que en ese caso era irónico, porque queríamos justo lo contrario. Queríamos que la gente hablara. Quería pensar en algo que fuera contagioso». En cierto sentido, todos nos hemos convertido en sensores repartidos por el mundo para dar un aviso anticipado ante posibles actos terroristas.

Para anticiparnos a los problemas necesitamos ojos y oídos en el ambiente; debemos ser previsores y estar atentos a lo que ocurre, porque así podremos detectar cosas que no son lo que parece.

En los años 2000, el número de surcoreanos diagnosticados de cáncer de tiroides —la glándula en forma de mariposa que tenemos en la base del cuello— estaba aumentando precipitadamente. Hacia el año 2011, el índice de casos de cáncer de tiroides se había multiplicado por quince desde 1993. Como problema de salud pública, era tremendo. Los cánceres no son enfermedades infecciosas, por lo que no deberían propagarse tan rápidamente. Algo raro estaba ocurriendo.

El único aspecto positivo de la epidemia fue el excelente sistema que tenía Corea del Sur para gestionar esos casos de cáncer. La tasa de supervivencia era del 99,7 %: la mejor del mundo. Estas cifras eran tan impresionantes que Corea del Sur promocionaba el «turismo médico»; por ejemplo, la idea de que otros pacientes del mundo deberían considerar la opción de viajar al país con la mejor tasa de supervivencia para recibir tratamiento.

Los dos misterios de la epidemia de cáncer de tiroides eran: qué había ocasionado esa rápida explosión del cáncer y cómo consiguió Corea del Sur gestionarlo con tanto éxito.

Gil Welch, médico e investigador del cáncer, ve la historia de Corea del Sur desde una perspectiva totalmente diferente. «Cuando estaba en la Universidad de Medicina, me enseñaron que cualquier cosa etiquetada de "cáncer" progresaría inexorablemente», escribió en su libro *Less Medicine, More Health*. «En cuanto una célula tiene el ADN del trastorno del cáncer, tarde o temprano se expandirá por todo el cuerpo. Y tarde o temprano acabará matando al paciente».

Pero recientemente las ideas de los médicos sobre el cáncer han cambiado. Nadie piensa ya que «tarde o temprano» el cáncer acabará con el paciente. Para explicar la manera en que ha evolucionado el pensamiento de los médicos, Welch utiliza la analogía de un corral de cánceres en el que hay tortugas, conejos y pájaros. El objetivo del sistema de salud es evitar que los animales se escapen del corral —lo que equivale a decir que el cáncer no se haga mortal—, y el corral representa nuestro sistema de detección precoz y tratamiento.

Las tortugas son increíblemente lentas, por lo que el corral es prácticamente innecesario. No llegarían nunca a escaparse. Las tortugas representan los cánceres lentos y no letales, de los que hay muchos. Los pájaros pueden volar cuando quieren, no podemos detenerlos, por lo que representan las formas de cánceres más agresivos. Son cánceres que, aunque los detectemos, no podremos frenarlos. Los pacientes con esos tipos de cáncer no sobreviven. Por lo tanto, desde el punto de vista de la salud, el único animal que nos importa es el conejo. Representa una forma potencialmente letal de cáncer. El conejo puede salir del corral de un salto en cualquier momento; pero, si actuamos rápidamente, podemos detenerlo e impedir que se escape.

Así pues, cuando Welch analizó la epidemia de cáncer de tiroides en Corea del Sur, se dio cuenta de que era una epidemia de tortugas no amenazantes. Revisemos la historia: antes de que se empezaran a realizar análisis para detectar el cáncer de tiroides en Corea del Sur, solo se estudiaba a esos pacientes si eran sintomáticos; es decir, si algo les hacía ir al médico. De la misma manera que una mujer pide hacerse una mamografía si detecta un bulto en la mama o un hombre un examen de próstata si orina con sangre. Esos casos eran relativamente raros y tenían más pinta de ser conejos que tortugas. Pero entonces la comunidad sanitaria de Corea del Sur empezó a animar a la gente a hacerse exámenes, y el resultado fueron cientos de personas que tenían pequeñas tortugas tranquilas viviendo en su tiroides, y que fueron descubiertas con las pruebas médicas. Por lo tanto, la incidencia de cáncer de tiroides se disparó —aunque en realidad nada había cambiado en términos de salud— y los pacientes recibieron tratamientos invasivos —el más habitual, una operación para extirpar la glándula tiroidea—. Quince años después, el 99,7 % de esos pacientes ¡seguían vivos!

Pero no seguían vivos por un hechizo médico, sino porque nunca tuvieron un problema. Probablemente, los pacientes surcoreanos piensan que sus médicos les han salvado la vida, y los médicos también lo piensan, pero la realidad es que muchos de esos pacientes han resultado afectados por los efectos secundarios de la operación sin obtener a cambio ningún beneficio para su salud.

¿Adónde queremos llegar con esta historia? Algunos de los trabajos que hacen los sistemas de detección precoz nos maravillan: evitan que los ascensores fallen y que los clientes se pongan nerviosos, pero otras veces pueden ocasionar más daños que beneficios, como en el caso de la «epidemia» de cáncer de tiroides de Corea del Sur. ¿Cómo distinguimos entre los dos tipos de alerta? Un factor clave es la prevalencia de los falsos positivos: avisos que indican problemas incorrectamente.

¿Has ignorado alguna vez una alarma contra incendios por haberla oído demasiadas veces? A esto se le denomina «fatiga de alarma», y supone un grave problema. Un equipo de investigadores estudió cinco unidades de cuidados intensivos las cuales habían tratado a 461 pacientes durante un mes en el año 2013. Durante ese mes, las alarmas que hay en los monitores al lado de las camas se dispararon *más de dos millones y medio de veces*: eran alarmas que indicaban que se había producido un cambio en el ritmo cardíaco, en el consumo de oxígeno, en el nivel de presión sanguínea, etc. Por suerte, muchas de esas alarmas no eran más que mensajes de texto que salían en una pantalla para que las enfermeras y los médicos los observaran. El hospital había restringido las alarmas audibles a aquellos casos que consideraban clínicamente severos.

De todas formas, hubo casi 400.000 alarmas sonoras en un mes, lo que hace un total de 187 por día y por cama. Cuando todo es motivo de alarma, nada es motivo de alarma.

Cuando diseñamos sistemas de alarma temprana hemos de tener en cuenta estas preguntas: ¿Nos dará la alarma tiempo suficiente para reaccionar efectivamente? Si no es así, no vale la pena. ¿Qué número de falsos positivos podemos esperar? Nuestra comodidad con ese nivel de falsos positivos dependerá, en parte, del coste relativo de tratar esos falsos positivos versus la posibilidad de ignorar un problema serio.

En circunstancias en las que las consecuencias de ignorar un problema grave son devastadoras, tendremos que estar dispuestos a soportar un número muy alto de falsos positivos. Y esto nos lleva a la organización Sandy Hook Promise, fundada a raíz de la masacre en la escuela de primaria Sandy Hook perpetrada en el año 2012 por un hombre que mató a veinte niños y seis adultos del personal de la escuela. Los fundadores, familiares y amigos de las víctimas estaban hartos de la insensibilidad y la resignación que sentían muchos estadounidenses sobre los tiroteos en las escuelas. Querían hacer algo.

A una de las cofundadoras del grupo, Nicole Hockley, le parecía un error que muchas de las escuelas hubieran reaccionado a la amenaza de tiroteos retirándose a la defensiva. «Las escuelas han estado pensando demasiado en qué hacer en caso de tener a un tirador cerca. ¿Cómo enseñamos a los niños a esconderse? ¿A huir? Incluso ¿a *contraatacar*? Creo que es absurdo… ¿Por qué lo concentramos todo en un punto de no retorno cuando sería mucho más efectivo mirar más allá y ver cómo podemos ayudar a esa persona antes de que llegue al punto de querer disparar?», dijo Hockley.

La decisión de Hockley de centrarse en la salud mental de un posible agresor es un trabajo a contracorriente —intentar intervenir antes de que ocurra el desastre—, y probablemente sabio políticamente, teniendo en cuenta nuestra lucha partidista. «Llevamos unas cuantas décadas dedicándonos a la política sobre la tenencia de armas de fuego», dijo al *Guardian*. «Intentemos algo nuevo.

¿Por qué seguir golpeándonos contra la pared, haciendo siempre lo mismo y esperar resultados diferentes?». Pero sería una negligencia del autor escribir sobre cómo prevenir los tiroteos en las escuelas sin ocuparse de la otra parte, me refiero a la que tiene que ver precisamente con los «tiroteos». «Hay un país desarrollado —y solo uno— en el que no solo es legal, sino que también es fácil y conveniente acaparar un arsenal privado de armas para matanzas masivas», escribió David Frum en el *Atlantic*. «Resulta que ese país es también el único país afligido regularmente por matanzas masivas perpetradas por individuos agraviados». Frum, que escribía los discursos de George W. Bush, no es exactamente liberal. Está hablando de la ceguera de un país respecto al problema.

En el fondo, Hockley y los cofundadores de Sandy Hook Promise pensaban que no podrían despertar al país de su ceguera, así que buscaron otra manera de salvar vidas. Al investigar otros tiroteos perpetrados en otras escuelas, se dieron cuenta de que en casi todos ellos había habido señales de alarmas tempranas que no habían visto. La mayoría de las matanzas masivas se planifican con seis meses de antelación como mínimo. Lo normal es que ocho de cada diez tiradores cuenten sus planes a otra persona. Muchos incluso cuelgan amenazas en las redes sociales. Sus acciones podrían haberse evitado si las personas adecuadas hubieran prestado atención a esas amenazas o se las hubieran tomado en serio.

Sandy Hook Promise lanzó un programa de formación para educar a los estudiantes sobre las señales de alarma, las cuales incluyen: una gran fascinación por las armas de fuego, reaccionar agresivamente por razones que aparentemente no tienen importancia, sentimientos extremos de aislamiento social y alardear sobre el acceso a las armas. Y, por supuesto, amenazas de violencia explícitas —las cuales se han pasado por alto en los últimos tiroteos—. A los estudiantes se les enseña que, si ven a algún estudiante actuar de alguna de estas maneras, se lo han de decir a un adulto de confianza.

Para divulgar este mensaje —el de prestar atención a las señales de alarma— Sandy Hook Promise publicó un vídeo en 2016 titulado *Evan*. En este vídeo, un joven llamado Evan empieza a intercambiar notas amorosas con una chica misteriosa. Las garabatean en una mesa de la biblioteca del colegio. Suena una alegre melodía de fondo mientras Evan intenta averiguar quién es esa chica. Al final del vídeo, hay un momento romántico en el gimnasio en el que la chica se identifica como autora de esos mensajes. Entonces, justo en ese momento idílico, la puerta del gimnasio se abre de golpe y entra un chico con un rifle y le dispara. Los chicos gritan, y la pantalla se queda en negro.

Es un momento impactante, pero nada comparado con lo que sucede a continuación. El video vuelve a ponerse en marcha rápidamente para mostrarnos que el tirador estaba en el fondo de casi todas las escenas: agrediendo a otro estudiante, siendo intimidado en su taquilla, sentado solo en el comedor, buscando vídeos de armas en la web y colgando fotos suyas en las redes sociales con un arma. Las señales estaban delante de nosotros, pero no las vimos, porque nuestra atención estaba en otra parte. El video *Evan* causó sensación y tuvo más de cien millones de visualizaciones —si ha habido algún anuncio de servicio público más discordantemente efectivo en la última década, no lo he visto—.

El programa de Sandy Hook denominado «Detecta las señales» fue bien recibido entre los directores escolares que querían algo para reducir los tiroteos en las escuelas. La formación se extendió a cientos de escuelas —fíjate que este es otro ejemplo de utilización de los «sensores humanos»—. Al principio de su proyecto, el equipo de Sandy Hook se dio cuenta de que necesitaba ampliar su enfoque para incluir a los estudiantes vulnerables a la intimidación y a las autolesiones —especialmente, tendencias suicidas y cortes—. Algunas de las señales de alarma de esos comportamientos eran similares a las de los tiradores —rechazo social, atracción por la violencia, etc.—, y ese tipo de incidentes eran más comunes que los tiroteos. Los estudiantes que recibieron la formación se acostumbraron a avisar a los responsables de la escuela cuando algún compañero hablaba sobre la posibilidad de suicidarse.

Pero no todos los estudiantes se sentían cómodos con la idea de comentar sus preocupaciones con los adultos. Algunas veces, era porque sentían que no tenían a nadie en quien confiar; otras, porque tenían miedo a que les etiquetaran de chivatos, y otras, en el caso de los potenciales tiradores, porque tenían miedo a que tomaran represalias contra ellos. Entonces, en el año 2018, Sandy Hook Promise lanzó el denominado sistema de comunicación anónima, una línea telefónica en la que los estudiantes podían expresar sus preocupaciones —a través del teléfono o de una aplicación— anónimamente. «La mayoría de esas denuncias no ocurren entre las 8:00 y las 3:00 h de la tarde, entre el lunes y el viernes, y entre septiembre y junio», dijo Paul Fynob, vicepresidente de las operaciones de campo de Sandy Hook Promise. «Este sistema es una manera fácil de informar de las amenazas a la vez que se evitan algunos de los estigmas».

Cuando las escuelas de Pensilvania adoptaron este sistema de comunicación en el año 2019, más de 178.000 estudiantes recibieron la formación. Los resultados fueron inmediatos: solo la primera semana se recibieron 615 llamadas. Hubo 46 intervenciones en suicidios, 3 importantes redadas de drogas, 2 intervenciones en agresiones sexuales de un padre o padrastro, y decenas de intervenciones en autolesiones.

En otra llamada tuvo que actuar la policía. El 24 de enero de 2019, a las 2:30 h de la madrugada, la policía recibió un aviso del sistema de comunicación. Una fuente anónima informaba de que un estudiante de catorce años había amenazado por Snapchat de que iba a disparar en la Hazleton Midddle School. La investigación confirmó que la denuncia era creíble, y la policía se presentó en casa del estudiante a las 4:30 h de la madrugada y se reunió con su madre y su tía —el perfil del estudiante no fue revelado—.

Los policías descubrieron que había una pistola Glock en la casa, y si bien les aseguraron que la pistola estaba bien guardada en un sitio al que el joven no tenía acceso, al final resultó que no era así: estaba encima de una mesita de noche, ¡totalmente cargada!

Este es el poder de la detección temprana: un programa cualquiera de seguridad identifica a un tirador potencial que tiene los medios y la intención aparente de perpetrar una masacre *antes* de que lo haga. Sandy Hook Promise ha conseguido prevenir otras amenazas creíbles de tiroteos en escuelas.

A raíz de casos como éste, muchos de los implicados tendrán motivos para afirmar que se trata de un falso positivo. El adolescente dirá, «¡No pensaba hacerlo!». Los padres también afirmarán: *¡Es un chico problemático, pero no es violento!* Y los responsables del colegio probablemente preferirán esquivar la tormenta mediática. Para ser justos, ¡todos podrían estar diciendo la verdad! Sin duda, el sistema Safe2Say es propenso a reacciones exageradas e incluso a bromas crueles. Es casi seguro que saldrán a la luz muchos falsos positivos por cada amenaza real que se haya evitado. Para colmo, la desgracia de la prevención de problemas poco habituales es que quizá nunca sepamos realmente cuándo hemos tenido éxito. ¿Cómo se puede demostrar fehacientemente que el chico de Hazleton habría perpetrado una masacre?

Lo que es seguro es que los padres coinciden en que, por lo que se refiere a los tiroteos en las escuelas, es mejor pecar de tener demasiados falsos positivos. El coste de ignorar esas señales de alarma es simplemente demasiado elevado.

«Cuando vuelvo a pensar en la tragedia de Sandy Hook, veo que hubo una secuencia de eventos encadenados que tuvo que combinarse a la perfección para que ocurriera lo que ocurrió», dijo Hockley en una charla TEDx. Su amigo David Wheeler, cuyo hijo Ben fue asesinado en la masacre, compara esa cadena con una serie de fichas de dominó, que se derribaron sucesivamente unas a otras, hasta provocar aquella masacre.

«Cuando lo analizamos no vemos las fichas de dominó, vemos los espacios que hay entre ellas», dijo Hockley en la charla, «que es cuando alguien pudo haber hecho algo o dicho algo para detener la caída de la siguiente ficha».

También Hockley perdió a un hijo en Sandy Hook. En cuanto se enteró del tiroteo, acudió rápidamente a la estación de bomberos donde se congregaba la gente. Recuerda la sensación de alivio que le inundó cuando encontró a su hijo mayor Jake, «la sensación de sus brazos alrededor de mi cuello y la pena por tener que separarme de él para ir a buscar a Dylan, mi hijo pequeño de seis años».

Algunas horas después, la policía le dio la noticia de que Dylan había muerto en su clase. Le habían disparado varias veces. Se lo encontraron en los brazos de una profesora que también había muerto mientras intentaba protegerlo. Estaba en primero de primaria.

Hockley quiere impedir a toda costa que otro padre tenga que pasar por eso. Quiere interrumpir la cadena de las fichas de dominó precipitándose hacia el espacio que hay entre ellas.

CAPÍTULO 9

¿Cómo saber si has tenido éxito?

Una pregunta que afecta a muchas intervenciones a contracorriente es qué cuenta como éxito. En los esfuerzos a favor de la corriente, el éxito es algo perfectamente tangible, y esto se debe a que suelen implicar una restauración. Los esfuerzos que siguen la corriente restauran el estado anterior. *Me duele el tobillo, ¿puedes curarme? Se me ha roto el ordenador, ¿puedes arreglarlo? Mi matrimonio está mal, ¿puedes ayudarnos a que vuelva a estar como antes?* En esas situaciones, todos estamos de acuerdo en qué constituye el éxito. El que tu ordenador vuelva a funcionar es una victoria.

Pero, en los esfuerzos a contracorriente, el éxito no siempre resulta tan evidente. Muchas veces, no podemos lograr el éxito directamente y nos vemos obligados a confiar en aproximaciones: en medidas más rápidas y simples que esperamos se correlacionen con el éxito a largo plazo. Pero, puesto que hay una diferencia entre la manera en que medimos el éxito y los resultados reales que queremos ver en el mundo, corremos el riesgo de conseguir una «victoria fantasma»: un éxito superficial que oculta un fracaso.

En este capítulo veremos los tres tipos de victorias fantasma. Como anticipo a estas tres variedades, imagínate a un equipo de béisbol que lleva demasiado tiempo con muchos problemas y que está decidido a convertirse en un equipo ganador. Puesto que ese trayecto puede ser muy largo, el manager decide reforzar la potencia del bateo —en especial conseguir más *home runs*— como una medida más a corto plazo para conseguir el éxito. En el primer tipo de victoria fantasma, tus medidas demuestran que estás progresando, pero atribuyes equivocadamente ese éxito a tu propio trabajo. *El equipo se enorgullece de conseguir más home runs, pero resulta que los demás equipos de la liga también están consiguiendo más porque el talento de los lanzadores ha empeorado.* La segunda victoria fantasma es que has conseguido el éxito gracias a tus medidas a corto plazo, pero estas no se alinean con tu misión a largo plazo. *El equipo ha doblado el número de home runs, pero casi no ha ganado más juegos.* Y la tercera victoria fantasma es que tus medidas a corto plazo se *han convertido* en la propia misión, de manera que el trabajo se ha visto afectado por ello. *La presión por conseguir home runs ha hecho que varios jugadores empezaran a tomar esteroides, y los han pillado.*

El primer tipo de victoria fantasma refleja una vieja expresión: «Una marea creciente levanta todos los barcos». Si estás en el negocio de remontar botes, estarás tentado de ignorar la marea y proclamar el éxito. Esto fue lo que ocurrió en la década de los noventa cuando la tasa de criminalidad cayó en picado en los Estados Unidos. En cualquier ciudad, el jefe de policía lucía como un hacedor de milagros. De la docena de estrategias policiales diferentes, todas se consideraban adecuadas, porque la tasa de criminalidad estaba cayendo en todas partes. «Por decirlo de otra manera: todos los jefes de policía del país que estaban en servicio en los noventa tienen una consultoría rentable en la actualidad», dijo Jens Judwig de Crime Lab de la Universidad de Chicago (al que conocimos en el capítulo 7). «Y prácticamente ninguno de los jefes de policía que trabajaron en la década de los ochenta, durante la era de la cocaína, tiene actualmente una empresa de consultoría provechosa».

Por cierto, ello no quiere decir que los que ganaron esas victorias fantasma fueran unos tramposos. Desde su punto de vista

—y del de las personas que estaban ayudando—, el éxito era real. En casi todas las ciudades de Estados Unidos, la delincuencia realmente estaba disminuyendo, pero sus historias particulares sobre las causas estaban totalmente equivocadas. Las victorias fantasma, en todas sus formas, pueden engañar a cualquiera, incluso —o tal vez especialmente— a las personas que consiguen esos «éxitos». Solamente examinándolas en profundidad se pueden ver las fisuras: las señales de separación entre el éxito aparente y el verdadero. Para Katie Choe, ingeniera jefa del Departamento de Obras Públicas del ayuntamiento de Boston, las primeras señales de alarma llegaron en forma de dos mapas que ella misma había encargado en 2014.

Parte de su trabajo consistía en determinar cómo invertir el fondo que el Ayuntamiento tenía para reparar las aceras. En el primer mapa podía verse la situación real de todas las aceras de la ciudad. En una proeza de cartografía, un equipo de trabajadores caminó en pleno invierno los 2.575 kilómetros de aceras clasificando cada tramo de las mismas. El 30 % de las aceras de la ciudad —etiquetadas en rojo— estaba en malas condiciones.

El segundo mapa era un mapa de calor que mostraba dónde se habían originado las llamadas al servicio de atención al ciudadano, especialmente aquellas que pedían que repararan alguna acera. El equipo de Choe había estado usando esas llamadas para dirigir al personal encargado del mantenimiento. Si un ciudadano de Boston llamaba para informar de una acera en malas condiciones, el Ayuntamiento añadía la queja a una lista de reparaciones pendientes y enviaba a un equipo de trabajadores a completar las reparaciones cuando los recursos lo permitían.

Mirando los dos mapas uno al lado del otro, Choe descubrió que algo se había hecho muy mal. Las aceras de la ciudad estaban en un estado horrible en las zonas de Boston de ingresos más bajos, pero no se estaban reparando porque la mayoría de las llamadas que se hacían al servicio de atención al ciudadano —las cuales determinaban cómo se invertía el dinero— las hacían los ciudadanos de las zonas más ricas de la ciudad.

En otras palabras, en Boston, quién no llora no mama, y los que más lloran son los ricos.

El equipo de Choe, sin querer, había estado discriminando a los ciudadanos más humildes de Boston, pero esa desigualdad había estado claramente tapada por la forma en que se medían los trabajos de reparación. El equipo de reparaciones de aceras evaluaba su trabajo de tres formas diferentes. En primer lugar, miraba el gasto que tenían que hacer. El gobierno de la ciudad dividía Boston en tres zonas para facilitar su administración, y cada una de estas zonas tenía un presupuesto similar para reparar aceras, el cual era de aproximadamente un millón y medio de dólares. La segunda medida que se utilizaba para medir la productividad de los equipos de reparación era la cantidad de metros cuadrados de acera reparados. La tercera y última medida era el número de casos que se reparaba del total de las solicitudes de reparación que hacían los ciudadanos por teléfono.

Estas tres simples medidas, perfectamente razonables, reflejan en su conjunto los valores de la equidad, la productividad y el servicio al ciudadano. Es fácil avanzar durante años siguiendo tales medidas sin replanteártelas nunca. Sólo gracias a los dos mapas —y al ejercicio de reflexión que provocaron— Choe se dio cuenta de lo distorsionadas que estaban todas esas métricas.

Por un lado, dividir la ciudad en tres partes e invertir lo mismo en cada una de ellas no era una forma de garantizar la igualdad, porque el dinero en cada área se gastaba en base a quién llamaba al teléfono de atención al ciudadano para quejarse. Los ciudadanos más ricos de las tres áreas eran los que más llamaban y, por tanto, en esas zonas se invertía mucho más dinero. Cerca de un 45 % de las reparaciones de la ciudad se hacían en aceras calificadas de estar en *buenas* condiciones.

Te preguntarás: Bueno, ¿y por qué los ciudadanos de bajos ingresos no llamaban también? A fin de cuentas, también tenían acceso al teléfono de atención al ciudadano. Y la respuesta más simple es que, a raíz de todas las experiencias que habían tenido, consideraban que el Ayuntamiento no estaba interesado en invertir en ellos. No había más que mirar sus barrios. Frank Pina, que vivía en el área de bajos ingresos de Grove Hall, mostró a un reportero de *Boston Globe* las enormes grietas y los socavones que había en la acera enfrente de su casa. Las grietas llevaban allí años. Cuando le preguntó el reportero por qué no llamaba para que las repararan contestó: «Porque no harán nada».

Los ciudadanos más ricos sabían que iban a hacerles caso, y por eso llamaban y se les daba una respuesta. Los ciudadanos más humildes pensaban que les iban a ignorar, y por eso no llamaban. Boston había creado dos profecías que se autocumplían.

Un agravante del problema era la manera de priorizar los trabajos. Imagínate que formas parte de un equipo de trabajadores de la construcción que recibe más peticiones de reparaciones de las que puede realizar. Y sabes que se te evaluará, en parte, por el número de peticiones que hayas solucionado. ¿Qué trabajos priorizarías? Los más fáciles, claro. Los más rápidos. Este incentivo genera unos resultados ridículos: por ejemplo, el 15 % de las reparaciones realizadas en el año 2017 fueron reparaciones de aceras en mal estado; y *siguieron siendo consideradas en mal estado después de haberlas reparado* —por ejemplo, un equipo arregla un agujero, pero ignora otro que está a escasos metros—. Es algo así como si un médico ve a un paciente con tres heridas de bala, tapona solamente una de ellas y se congratula de lo rápido que ha sido.

El mérito de Choe fue tomar acciones determinantes para solucionar esos problemas, pero reconoce que la ayuda rápida del alcalde y de otros gobernantes de la ciudad fue también determinante. Su primera pregunta fue: ¿Qué estamos intentando lograr, en última instancia, con estas reparaciones? Parecía haber dos objetivos primordiales: la transitabilidad y la igualdad. Se supone que las aceras están hechas para que los peatones caminen cómodamente de un sitio a otro —reparar un trozo en mal estado en una calle sin salida es mucho menos importante que hacerlo en un segmento de una zona con mucho tráfico de peatones—. Y los lugares donde más se necesitaba la transitabilidad eran precisamente los que siempre habían sido más ignorados.

Antes de la intervención de Choe, una cantidad aproximada de entre 3,5 y 4 millones de dólares, de los 4,5 millones de dólares que era el presupuesto del Ayuntamiento para el mantenimiento de las aceras y las pequeñas reparaciones, se destinaban a solucionar las quejas que los ciudadanos hacían al teléfono de atención al ciudadano. Esta cifra es ahora de un millón de dólares. Las prioridades han cambiado: ahora primero no se atiende a los ciudadanos que más gritan, sino a los que más lo necesitan. Ahora gran parte del presupuesto de reparaciones se destina a trabajos estratégicos proactivos para reparar aceras dañadas en las zonas donde más importa. «Estamos sirviendo a la gente que de verdad lo necesita, a gente que se ha sentido un poco abandonada e ignorada por el Ayuntamiento», dice Choe.

Sería un error pensar que esto fue una victoria fácil o que será permanente. A pesar de que las apuestas estaban comparativamente bajas (4 o 5 millones de dólares en el presupuesto de una ciudad es poca cosa), Choe necesitaba la protección del alcalde; lo cual dice algo sobre las sensibilidades políticas implicadas. Y, si los que más se quejan en Boston piensan que el Ayuntamiento está tardando mucho en reparar las grietas de sus aceras, empezarán a llamar a los políticos. ¿Qué pasará entonces?

Choe también tiene el dilema de qué medidas del éxito deberían reemplazar a las utilizadas en el pasado. La aspiración del equipo es suficientemente clara: utilizar el dinero destinado a reparar las aceras como punto de apoyo para crear más movilidad en los barrios más vulnerables de Boston, pero cómo se mide eso exactamente. Lo ideal sería tener recuentos de cuánta gente va caminando a los colegios, parques y empresas, antes y después del trabajo, y así se podría celebrar ese incremento, pero ¿qué magnitud debería tener ese incremento para que fuera satisfactorio? Y ¿cómo se harán esos recuentos de peatones? ¿Intentarán poner cámaras de vigilancia para recoger esa información, o los problemas de privacidad son mayores que sus problemas de medición? ¿Contratarán a alguien para que esté en un cruce con un dispositivo de conteo, clicando cada vez que pasa una persona? Por absurdo que parezca, lo quieren intentar, pero es demasiado caro.

Las métricas antiguas que se utilizaban en Boston eran atractivas; en parte, porque eran fáciles de usar y entender. El psicólogo Daniel Kahneman, en su libro *Pensar rápido, pensar despacio*, escribió que nuestro cerebro siempre que se enfrenta a algo complejo realiza una sustitución invisible, intercambiando un asunto difícil por uno fácil. «Hace muchos años visité al director de inversiones de una importante firma financiera, y me dijo que justo acababa de invertir unos cientos de millones de dólares en acciones de la Ford Motor Company», escribió Kahneman. «Cuando le pregunté cómo había tomado esa decisión, me contestó que acababa de ir a una feria de automóviles y se había quedado impresionado. "¡Uf, saben cómo hacer un coche!", fue su explicación... El dilema al que se enfrentaba ese directivo era difícil: ¿Debía, o no, invertir en acciones de Ford? Pero enseguida le vino a la mente la respuesta a una pregunta asociada más fácil: ¿Me gustan los coches Ford?, que fue la que determinó su decisión. Esto es la esencia de la heurística intuitiva: ante una pregunta difícil solemos responder a otra más fácil, normalmente sin ser conscientes de la sustitución que hemos hecho».

En Boston, las preguntas fáciles de responder eran: ¿Cuánto estamos gastando por zona? ¿Estamos tratando las quejas de los ciudadanos? ¿Cuántos metros cuadrados de acera estamos reparando? Estas no eran las preguntas adecuadas, pero sí las más fáciles.

Esta sustitución —de una pregunta fácil por una difícil— es algo que ocurre tanto en los esfuerzos que van a contracorriente como en los esfuerzos que van a favor de la corriente, pero lo que distingue a los esfuerzos a contracorriente es que los plazos son más largos y, por lo tanto, obligan a un segundo nivel de sustitución. Una empresa tecnológica estaba pensando en cómo medir sus campañas de marketing por email, según informaron en un trabajo de investigación los economistas Susan Athey y Michael Luca. Al principio, la firma había estado midiendo las ventas que generaban sus emails promocionales, pero esta era una medida un tanto incómoda, puesto que los clientes tardaban semanas en hacer un pedido y, además, era complicado vincular la compra al email original que el cliente había recibido. La compañía, entonces, cambió a una nueva medida: «índice de apertura» o porcentaje de gente que abría los emails de la compañía. El índice de apertura se podía comprobar rápidamente —números contados en horas— y era útil, en el sentido de que rápidamente se podían medir los efectos de los pequeños ajustes en el mensaje de email. Gracias a los ajustes creativos del equipo de marketing, enseguida empezó a subir el número de aperturas de los emails.

Pero, al cabo de unos meses, la compañía vio que tenían un problema: las ventas generadas por email estaban bajando. ¿Por qué? Athey y Luca explicaron que «los emails exitosos, utilizando la métrica del índice de apertura, tenían líneas de asunto atractivas que hacían promesas algo engañosas». (Por ejemplo, piensa en los emails que envían los políticos: *¿Quieres tomar una cerveza, DAN?*). La medida a corto plazo que los responsables eligieron no estaba alineada con su verdadera misión, que era aumentar las ventas.

Elegir las medidas equivocadas a corto plazo puede arruinar un trabajo a contracorriente. A pesar de todo, las medidas a corto plazo son indispensables y fundamentales para avanzar. Por ejemplo, en las escuelas públicas de Chicago, los responsables del distrito acabaron preocupándose por reducir el índice de abandono de los estudiantes. Esa era su misión. Pero no podían permitirse esperar cuatro años para ver si sus teorías estaban dando buenos resultados. Necesitaban unas métricas más a corto plazo que pudieran guiar su trabajo y que les concedieran la posibilidad de adaptarlo. Freshman On-Track (FOT) fue la primera de estas medidas, pero incluso esta era demasiado a largo plazo. No puedes esperar hasta el final del primer año para ver si los estudiantes se han perdido: porque, si es así, el daño ya será irreparable. Los directores de las escuelas empezaron a observar la asistencia y las notas: unas medidas que podían examinar e intentar mejorar semanalmente. La teoría del cambio era que, si podemos mejorar la asistencia y las notas, podemos mejorar las probabilidades de que los estudiantes estén en el buen camino, y así las probabilidades de que se gradúen. Las medidas a corto plazo estuvieron bien elegidas y, como hemos visto, el plan funcionó a la perfección.

Conseguir las medidas correctas a corto plazo es una tarea enormemente compleja, pero fundamental. De hecho, es mucho mejor tener que lidiar con medidas a corto plazo que no tener ninguna medida.

Hasta ahora hemos visto dos tipos de victorias fantasma: una se debe a un movimiento impulsado por una macrotendencia, como la de los héroes de la policía local en los noventa que por primera vez consiguieron reducir la tasa de criminalidad de toda una nación; y la segunda que ocurre cuando las medidas no están alineadas con la misión. Esto es lo que Katie Choe vio en las reparaciones de las aceras de Boston: la ciudad había elegido unas medidas a corto plazo equivocadas.

Hay también un tercer tipo de victorias fantasma, que es esencialmente un caso especial del segundo y ocurre cuando las propias medidas *se convierten* en la misión. Esta es la forma más destructiva de victoria fantasma, porque es posible acertar en tus medidas y, al mismo tiempo, socavar tu misión.

Yo he «ganado» una victoria fantasma de ese tipo. Cuando era joven, mi padre me propuso pagarme un dólar por cada libro de la Biblia que leyera. Con 66 libros que tiene la Biblia, me dispuse a ganar 66 dólares; los cuales invertiría inmediatamente en dos cartuchos de la videoconsola Atari 2600. Mi padre quería que empezara por el libro del Génesis y fuera leyéndolo de principio a fin; pero yo, en cambio, empecé por los libros segundo y tercero de Juan y el de Filemón —los tres libros más cortos de la Biblia—. Todavía recuerdo su cara de decepción e incredulidad cuando intenté reclamarle mis primeros 3 dólares.

Había acertado en las medidas, pero me había burlado de la misión.

En Inglaterra, durante los primeros años de este siglo, el Departamento de Salud estaba preocupado por el aumento de las listas de espera en urgencias, según informaron Gwyn Bevan y Christopher Hood. Así que el departamento instituyó una nueva política que penalizaba a los hospitales que tenían listas de espera de más de cuatro horas. El resultado de esa política fue que los tiempos de espera empezaron a acortarse. Sin embargo, una investigación reveló que parte del éxito era ilusorio. En algunos hospitales, a los pacientes se les dejaba en ambulancias aparcadas fuera del hospital hasta el momento en que los sanitarios creían que podían ser visitados dentro del periodo prescrito de cuatro horas, y entonces entraban a los pacientes en una silla de ruedas.

Todos hemos escuchado historias de este tipo. Es muy común ver a gente «jugando» con las métricas. El término *jugando* es una expresión realmente ilustrativa, porque a menudo son historias que se cuentan con un aire de diversión —yo también cuento mi historia sobre los libros de la Biblia en ese tono de diversión, sobre todo para disfrazar mi propia vergüenza—. Pero, para muchas intervenciones a contracorriente, jugar no es un problema *menor* —algo así como un aspecto peculiar y travieso del comportamiento humano—, sino una fuerza destructiva que puede destrozar, y destrozará, tu misión si tú lo permites. Tenemos que intensificar el discurso de que las personas que «juegan con las métricas», están corrompiendo la misión.

Piensa en el increíble descenso de la tasa de criminalidad en la ciudad de Nueva York. En el año 1990, el número de asesinatos alcanzó su pico máximo (2.262), y a partir de ese mismo año empezó a reducirse hasta llegar a los 295 en el año 2018, una reducción del 87 %. Los delitos mayores cayeron más del 80 %. Muchos observadores opinan que esta reducción a largo plazo se debe a los cambios hechos en 1994, cuando el nuevo liderazgo del Departamento de Policía de la ciudad de Nueva York (NYPD) estableció un nuevo sistema denominado CompStat. Aunque hablemos de la estrategia CompStat, no te olvides del tema de las «mareas crecientes»: el crimen también estaba cayendo en otras ciudades que utilizaban enfoques muy diferentes.

Para simplificar diré que CompStat tenía tres componentes fundamentales. Primero, la policía empezó a rastrear los crímenes obsesivamente, recogiendo datos y señalando en los mapas los lugares donde se cometían los delitos. Segundo, a los jefes de policía se les pidió que distribuyeran sus recursos en función de los patrones que salían en los datos; en otras palabras, si había una oleada de robos en un barrio determinado, debían enviar allí a sus agentes. Tercero, a los jefes de las comisarías se les hacía responsables de reducir el número de delitos en sus áreas. Este último punto es el que generó algunas terribles consecuencias inesperadas. Recuerdas a Joe McCannon del capítulo 5 cuando hablaba de utilizar la información para la «inspección»: cuando el éxito depende de la consecución de ciertas cifras, la gente está muy interesada en inclinar las probabilidades a su favor.

En 2018, un podcast de Gimlet Media denominado *Reply All* publicó una serie de dos episodios sobre CompStat y su herencia. Es un trabajo maravilloso —de lectura esencial para todo aquel que esté interesado en las tensiones entre las medidas y la misión—. El anfitrión del podcast, PJ Vogt, explica cómo reaccionaron los jefes de policía locales ante el nuevo enfoque de CompStat sobre la responsabilidad:

Si la tasa de criminalidad va en la dirección equivocada, tendrás problemas. Pero algunos de estos jefes de policía empezaron a pensar: espera un momento, la persona responsable de hacer el seguimiento de los delitos en mi barrio soy yo. Y, por lo tanto, en el caso de que no pudieran reducir el número de delitos, simplemente dejarían de denunciarlos.

Y encontraron diferentes maneras de hacerlo: negándose a aceptar informes de delitos por parte de las víctimas, escribiendo un relato de los hechos diferente al que en realidad era, tirando literalmente el informe a la basura... Y, de esa manera, el jefe de policía conseguía el objetivo marcado por el CompStat, obtenía su promoción, y después, cuando entraba un jefe de policía nuevo, la tasa de criminalidad que tenía que superar era la que un tramposo había puesto. Entonces, el nuevo también tenía que hacer trampas...

Los jefes de policía querían reportar una baja la tasa de criminalidad de cara al comisario. El comisario lo hacía pensando en el alcalde. Y el alcalde también necesitaba mantener bajas las cifras de delitos porque, de lo contrario, los precios del mercado inmobiliario se hundirían y los turistas se irían. Era como si la tasa de criminalidad se hubiera convertido en el único director de orquesta.

La tendencia a rebajar la severidad de los delitos para esquivar las críticas se conoce como «degradación». El podcast *Reply All* incluye un ejemplo escalofriante de esa degradación. Aquí está la conversación entre el presentador PJ y Ritchie Baez, un veterano policía del NYPD (una advertencia a los lectores: hay una descripción de una violación en este pasaje):

PJ: A Ritchie y a su compañero de patrulla se les había dicho que se quedaran quietos en una esquina de la calle toda la noche. Es el cruce de una zona comercial de la ciudad, por lo que hay muchas tiendas, pero es media noche y las tiendas están cerradas. Ese es el tipo de tarea que te asignan y donde normalmente nunca pasa nada hasta que amanece, pero esa noche se les acercó un chico corriendo y gritando: «¡Eh, algo muy malo está pasando! Tienen que ayudar».

Ritchie: El chico me dijo: «He visto a un tipo arrastrando a una mujer hacia un descampado. Creo que va a violarla». Así que nos subimos al coche y mientras conducíamos escuchamos los gritos de una mujer: «¡Ayuda, ayuda, ayuda!». Y entonces le vi encima de ella. La estaba golpeando, la estaba violando. Encendí mi linterna y le dije: «¡Detente!», y él se detuvo. Les dije a los dos: «Vengan hacia mí», y ambos empezaron a caminar. Ella tenía un ojo morado, y los dos estaban con los pantalones bajados.

PJ: La víctima empezó a contar a Ritchie lo que había pasado. El propio Ritchie, recordando el suceso, explica que lo más le llamó la atención fue lo precisa resultó ser su descripción.

Ritchie: La mujer me dijo: «Me ha violado. Sé que soy una prostituta, pero no me ha dado nada de dinero. Me asaltó, e insertó su pene en mi vagina sin mi consentimiento, mientras me asaltaba». Así que básicamente describió la definición de violación. De manual.

PJ: Entonces Ritchie informa del suceso por radio, y su jefe se presenta en el lugar de los hechos.

Ritchie: Intentó interrogar a la mujer. La interrogó una y otra vez para ver si la víctima cambiaba un poco el relato de los hechos.

PJ: Ritchie sabía exactamente qué pretendía su jefe. Su jefe no quería registrar ese crimen en CompStat; y, por lo tanto, estaba interrogando una y otra vez a la víctima para ver si podía encontrar algún agujero en su relato que le diera la excusa para tratar el crimen de algo menos que una violación. Estaba intentando degradar el delito.

PJ: ¿Qué tipo de cambio permitiría una degradación?

Ritchie: Bueno, estaban intentando pasarlo como un robo de servicio.

PJ: ¿Robo de servicio?

Ritchie: Sí.

Piensa en ello: un oficial del NYPD es el responsable de las estadísticas de violación. Hay dos formas de hacer que las cifras parezcan mejores. La primera es *evitando realmente las violaciones* —pensar en la presencia de policías en las zonas peligrosas para evitar actos violentos—. Esto es lo que habría pasado si Ritchie y su pareja hubieran llegado al lugar de los hechos unos minutos antes. La segunda forma de reducir el número de violaciones es *reclasificando las violaciones* como delitos menores —en este caso, el jefe de Ritchie intenta recomponer el incidente con la prostituta como un «robo de servicio»—. La primera forma es una victoria, la segunda es una abominación. Pero, desgraciadamente, ambas se verán igual en los partes de información.

Esto es lo que hace que todo el tema sea aún más complicado: la tasa de criminalidad en la ciudad de Nueva York había descendido de verdad, pero ese éxito se había convertido en una especie de trampa. A medida que se hacía cada vez más difícil mantener la reducción real de la delincuencia, se volvía cada vez más tentador jugar con los números.

No podemos ignorar que este fenómeno del juego de números existe. Cuando a alguien se le recompensa por conseguir una cifra determinada, o se le castiga por no conseguirla, lo normal es que haga trampas. Desviará las cifras, las reducirá, las rebajará, hará cualquier cosa que sea legal para «lograr esas cifras» sin el más mínimo remordimiento —aunque lo que haga viole gravemente el espíritu de la misión—, y encontrará la manera de ver más favorablemente lo que es ilegal.

Todos tendemos a actuar así de vez en cuando.

Piensa en el director de una escuela de secundaria que está intentando mejorar la tasa de abandono de los estudiantes. ¿Cuál es la *forma adecuada* de reducirla? Mantener motivados a los jóvenes, controlar atentamente su rendimiento y ayudarles constantemente, pero eso es difícil y el director es bastante perezoso. ¿Qué más podría hacer ese director para reducir la tasa de abandono? Podría telegrafiar a sus profesores y decirles que el suspenso está prohibido y que independientemente de lo que aprendan los estudiantes, si hacen el esfuerzo trivial de estar presentes, tendrán que aprobarles, pasarán de curso y se graduarán. Esta es una victoria fantasma. El director también podría jugar hábilmente al juego de la degradación. Cada vez que un estudiante abandonara, el director podría considerar su situación con el asesor, mirar para otro lado y llegar a la determinación de que no HA ABANDONADO, sino que HA SIDO TRANSFERIDO —a otra escuela—. Los abandonos cuentan en tu contra, las transferencias no. Y, además, ¿quién se va a enterar? ¿Quién puede decir que el estudiante, en el fondo de su corazón, no tenía la intención de apuntarse a otra escuela el siguiente semestre? ¿Podría ser la historia de éxito de las escuelas públicas de Chicago una victoria fantasma debido a factores como estos? La respuesta es *no*. Pero solo lo sabemos porque las CPS tuvieron el valor de someterse al control. Los investigadores del Consortium on School Research de la Universidad de Chicago, liderados por Elaine Allensworth, analizaron los datos y descubrieron que, de hecho, había una razón para creer que se había jugado con las cifras, que algunos abandonos habían sido recalificados falsamente de transferencias, pero los investigadores también descubrieron que la incidencia de este juego era insustancial en relación con el tamaño de las ganancias en el índice de graduación.

Los investigadores también estudiaron el primer tipo de victorias fantasma: aquellas causadas por navegar en una macrotendencia. Los índices de graduación *se estaban* incrementando en todo el país —una marea creciente que iza todos los barcos—, pero los investigadores descubrieron que los esfuerzos de las CPS habían «sobrepasado esos incrementos en muchos otros distritos».

Para revisar el otro riesgo —que los estudiantes se graduaran solo porque obtenían aprobados a pesar de su pobre rendimiento—, los investigadores analizaron otros indicadores. La asistencia había mejorado significativamente, lo cual indicaba que algo había cambiado en su comportamiento. Había aumentado el número de estudiantes que hacían cursos de colocación avanzada (programa AP) y las notas también eran mejores. Pero lo más concluyente fue el rendimiento de los estudiantes en las pruebas de acceso a la universidad. «Si las escuelas estuvieran simplemente aprobando a los estudiantes, cabría esperar que los resultados en las pruebas de acceso a la universidad serían peores», escribieron los investigadores, pero eso no ocurrió. Las puntuaciones mejoraron en casi 2 puntos entre el 2003 y el 2014, donde una ganancia de casi 2 puntos refleja «el equivalente a casi dos años de aprendizaje».

El éxito de las CPS no fue una victoria fantasma. Sus medidas encajaban con la misión. Y el método que siguieron los responsables para conseguirlo resultó del todo revelador. Utilizaron lo que Andy Grove, exconsejero delegado de Intel, llamaba «medidas emparejadas». Grove decía que, si utilizas una medida basada en la cantidad, entonces la calidad se verá afectada. Por lo tanto, si pagas a tu equipo de limpieza por el número de metros cuadrados que limpia y evalúas al equipo de entrada de datos según los documentos que procesa, estarás dándoles un incentivo para limpiar mal y para ignorar los errores, respectivamente. Grove se aseguraba de equilibrar las medidas de calidad y cantidad. La calidad de la limpieza tenía que ser verificada *in situ* por un directivo, y el número de errores en la entrada de datos tenía que ser evaluado y registrado. Fíjate en que los investigadores que analizaron las CPS utilizaron esa paridad: equilibraron una métrica cuantitativa —el número de estudiantes que se graduaban— con unas métricas cualitativas —las notas en las pruebas de acceso a la universidad y las inscripciones a los cursos de colocación avanzada—. En la ciudad de Nueva York, en el año 2017, el NYPD acabó incluyendo algunas medidas adicionales al CompStat: preguntas a los ciudadanos locales para medir su nivel de sensación de seguridad y de confianza en la policía.

Para cualquier iniciativa a contracorriente que haga uso de medidas a corto plazo —que presumiblemente son la mayoría— deberíamos dedicar un tiempo a la «previsión»; es decir, a pensar con detalle cómo se podría hacer un mal uso de las medidas. Anticipar esos abusos antes de empezar es productivo, e incluso divertido, si lo comparamos con tener que reaccionar ante ellos a posteriori. Estas son cuatro preguntas que se deberían incluir en esa preparación:

1. La prueba de las «mareas crecientes». Supongamos que hemos conseguido el éxito según nuestras medidas a corto plazo. ¿Qué más podría explicar ese éxito

aparte de nuestros propios esfuerzos? ¿Podríamos rastrear esos factores?
2. La prueba de la desviación. Supongamos que nos enteramos de que nuestras medidas a corto plazo no predicen de una manera fiable el éxito de nuestra misión principal. ¿Qué nos ayudaría a detectar esa desviación lo antes posible y qué medidas alternativas a corto plazo podríamos utilizar para sustituir a las que tenemos?
3. La prueba del funcionario perezoso. Si alguien quisiera el éxito usando esas medidas con el mínimo esfuerzo posible, ¿qué haría?
4. La prueba de desvirtuar la misión. Imagínate dentro de unos años habiendo conseguido un éxito enorme según nuestras medidas a corto plazo, pero habiendo socavado nuestra misión a largo plazo. ¿Qué ha pasado?

También hay una quinta cuestión que conviene plantearse, y es tan complicada que le dedicaremos el próximo capítulo:

5. La prueba de las consecuencias inesperadas: ¿Qué pasa si logramos el éxito de nuestra misión, no solo de las medidas a corto plazo sino de toda la misión, pero las consecuencias negativas e imprevistas que origina superan el valor de nuestro trabajo? ¿A qué deberíamos prestar atención que esté fuera del escenario de nuestro trabajo?

Todos sabemos que las buenas intenciones no bastan para lograr el éxito de un trabajo a contracorriente. Aunque intentemos prevenir futuros problemas, siempre corremos el riesgo de fracasar pero, aparte de eso, siempre se corre el riesgo de que nuestros esfuerzos por hacer el bien tengan consecuencias negativas. A continuación, la lucha por anticipar los efectos secundarios de nuestro trabajo.

CAPÍTULO 10

¿Cómo evitar causar daños?

La isla Macquarie está a medio camino entre Australia y la costa noreste de la Antártida. Es una de las pocas islas en la región donde los animales pueden reproducirse, y es un lugar maravilloso de descanso y procreación para las aves migratorias. También es un desierto protegido, deshabitado por humanos, excepto guardabosques e investigadores. Debido a esos factores, su lejanía, su hábitat único y la ausencia de seres humanos, la isla es el hogar de muchas especies raras; especialmente aves marinas, como el petrel azulado, que corre por el agua para ganar velocidad antes de despegar —el nombre de ese pájaro se supone que viene de San Pedro, en honor al apóstol que confío en Jesús para caminar por las aguas—. Enormes poblaciones de pingüinos y focas ocupan la isla.

En resumen, la isla Macquarie, es un paraíso conservacionista. O lo habría sido si no lo hubieran echado a perder en los siglos xix y xx los cazadores y comerciantes que repetidamente navegaron hacia la isla para capturar pingüinos y focas, por su aceite natural que utilizarían como fuel. Los marineros redujeron el número de especies nativas de la isla, pero llevaron consigo especies foráneas: los conejos les servían de comida, y los ratones y las ratas eran polizontes accidentales de los barcos. Llevaban gatos para matar a los roedores y también como animales de compañía —puesto que golpear focas todo el día puede resultar un trabajo muy solitario—. Esas nuevas especies no tenían predadores naturales en la isla y, por lo tanto, convirtieron la flora y la fauna autóctonas de la isla en un banquete donde podían comer todo lo que les apeteciera. En la década de los sesenta, los conservacionistas se dispusieron a acabar con los conejos, cuyo incesante pastoreo y sus tunelizaciones habían causado una grave erosión e interrumpido los hábitos de apareamiento de las aves marinas a las que les gustaba excavar para criar. Durante aquella década se hicieron varios experimentos para ver si algunos venenos podían controlar a los conejos. Un virus que parecía que tenía muchas posibilidades de éxito fracasó porque no se propagó, así que los conservacionistas concluyeron que necesitaban un vector para el virus. En 1968, empezaron a capturar a miles de pulgas de Tasmania, las transportaron a la isla Macquarie y las echaron en las madrigueras de los conejos para que, cuando estos entraran y salieran, las pulgas se montaran sobre ellos.

Diez años después de esta siembra de pulgas, todos los conejos de la isla estaban llenos de pulgas, y en 1978 se introdujo el denominado virus Mixoma, que es letal en los conejos. ¿Cómo introduces un virus?, te preguntarás. Caminas por la noche con linternas y rifles de aire de baja potencia y disparas a un grupo de conejos en el culo con perdigones de algodón y lana cargados de virus. Las pulgas atrapan el virus, y lo transmiten de conejo a conejo. En el año 1988, más de 100.000 conejos habían muerto, y la población total se había reducido a menos de 20.000.

Al mismo tiempo, los gatos se iban quedando sin conejos para comer y empezaron a alimentarse de las exóticas aves marinas. Entonces, los conservacionistas se concentraron en los gatos. Los guardas del parque empezaron a dispararles, y hacia el año 2000 todos los gatos de la isla habían desparecido. Entonces, la población de conejos empezó a rebrotar; en parte, porque había desarrollado resistencia al virus y, en parte, porque ya no se los comían los gatos —ya exterminados—. Además, el laboratorio que fabricaba el virus asesino de conejos había dejado de producirlo.

Los conservacionistas decidieron que necesitaban un plan más radical e idearon uno para matar a todos los conejos, ratones y ratas de la isla. Empezaron tirando cebos envenenados desde los aviones, pero unas mil aves nativas murieron junto con esas plagas. Entonces, los conservacionistas tuvieron que cambiar de estrategia e idearon un plan más ambicioso que incluía matar a los animales con cebos venenosos, dispararles, cazarlos con perros y expandir un virus especialmente exitoso que creaba la «enfermedad hemorrágica del conejo» y que se les daba a través de zanahorias.

Aquel plan funcionó, y hacia el año 2014 no quedaba ningún conejo, rata o ratón; por supuesto, los gatos también se habían ido. Reaparecieron las especies nativas. Por fin, cincuenta años más tarde, el esfuerzo había tenido éxito. Pero ahora la isla está empezando a llenarse de hierbas invasoras. Resulta que los conejos habían estado manteniendo a raya las malas hierbas con sus mordiscos. Ahora, los conservacionistas están haciendo planes para estudiar cómo combatir las malas hierbas. La guerra continúa.

De todas las historias que he investigado para escribir este libro, esta es la que más me desconcertó. He pasado horas intentando encontrarle el sentido. ¿Es la historia de un fiasco épico? ¿O de una impresionante victoria de la conservación? ¿Es una parábola de las consecuencias de «jugar a ser Dios» o es un relato inspirador sobre cómo persistir y adaptarse ante el fracaso? ¿Es una caricatura de una actividad a favor de la corriente, reaccionando continuamente a los nuevos problemas conforme aparecen, o es la clásica intervención a contracorriente para evitar la extinción de las especies nativas?

Ni siguiera puedo entender la ética de la misma: ¿Es correcto sacrificar a los animales de una isla? ¿Puede la humanidad decidir qué especies deben sobrevivir y cuáles no? Si te decantas decididamente por el no, ¿estás dispuesto a condenar a la extinción a los maravillosos petreles con el fin de conservar a miles de ratas que, como recordarás, están en la isla porque unos marineros codiciosos en busca de la grasa de pingüinos y focas los llevaron en sus barcos? Y, si simpatizas con el petrel por encima de las ratas, deberías preguntarte si tus juicios morales no se ven afectados por el atractivo de una especie. Imagínate que los marineros, en lugar de conejos y ratas, hubieran llevado perros labradores. En ese caso, me temo que los petreles habrían corrido un serio peligro.* Los sistemas son complicados. Cuando matas a los conejos, los gatos empiezan a darse un festín con las aves marinas. Cuando matas a los gatos, los conejos empiezan a multiplicarse. Cuando matas a los conejos y los gatos, las malas hierbas empiezan a crecer y expandirse. Las intervenciones a contracorriente actúan sobre sistemas complejos y, por lo tanto, debemos esperar reacciones y consecuencias que están más allá del alcance inmediato de nuestro trabajo. Siempre que intentamos «dar forma al agua» creamos ondulaciones, es decir, un efecto dominó. ¿Cómo podemos entonces asegurarnos de que con nuestra intención de hacer un mundo mejor no vamos a perjudicarlo sin querer?

«Cuando pienses en un sistema, colócate en una posición ventajosa que te permita ver todo el sistema, no solo el problema que te llevó a prestar atención al sistema en primera instancia», escribió la científica ambiental Donella Meadows en un ensayo. Meadows es biomédica y estudia los sistemas, y de su trabajo hablaré varias veces en este capítulo. Y continuaba diciendo: «Date cuenta de que, sobre todo a corto plazo, a veces, los cambios para el bien del conjunto pueden parecer contrarios a los intereses de una parte del sistema».

---

* En un momento dado y desesperado por este tema envié un email a Peter Singer, uno de los filósofos morales más importantes del mundo y autor del libro *Animal Liberation*. ¿Qué opinaba él de la intervención en la isla Macquarie? Me contestó: «No estoy dispuesto a decir que debamos dejar que las especies se extingan, en lugar de matar a los animales introducidos; pero, si hay un sufrimiento extremo —por ejemplo, las muertes de millones de conejos en Australia por culpa de la introducción del virus de la mixomatosis—, entonces dudo que debamos hacer eso». Añadió que «deberíamos desarrollar métodos no letales para controlar la población o, si esto no es posible, encontrar métodos letales que produzcan una muerte rápida y sin dolor». Estoy totalmente de acuerdo con la opinión de Singer, con la esperanza de mantener a raya cualquier disonancia cognitiva.

Este es un ejemplo dramático de lo que dice Meadows: en julio de 2009, un joven ingeniero de Google estaba caminando por el Central Park cuando se le cayó encima una rama de un roble que le causó graves lesiones en el cerebro y una parálisis. Todo parecía indicar que se trataba de una lesión trágica pero casual, si no fuera porque más tarde el inspector de la ciudad de Nueva York, Scott Stringer, empezó a investigar las indemnizaciones pagadas por el Ayuntamiento para resolver demandas y descubrió un número inesperadamente grande de resoluciones resultantes de la caída de ramas —una de ellas era la de la demanda del ingeniero que ascendía a 11,5 millones de dólares—. Stringer entonces empezó a investigar más a fondo y descubrió que el presupuesto que tenía el Ayuntamiento para la poda de árboles había sido recortado durante los años anteriores con la intención de ahorrar. «Todo el dinero que ahora nos ahorramos en el mantenimiento nos lo gastamos en pagar las demandas», dijo David Saltonstall, inspector adjunto de la policía de Nueva York.

La oficina de Stringer creó en 2014 un programa denominado ClaimStat —su nombre está inspirado en el de CompStat— que anunció que sería «una nueva herramienta basada en datos que ayudará a identificar situaciones costosas antes de que se conviertan en casos de millones de dólares». En un mapa, su equipo marcó e indexó las casi 30.000 demandas anuales presentadas contra el Ayuntamiento en busca de patrones. Encontraron, por ejemplo, que el Ayuntamiento había pagado 20 millones de dólares de indemnizaciones por daños que los niños habían sufrido en los parques infantiles. ClaimStat descubrió que un columpio de un parque de Brooklyn había sido el responsable de múltiples demandas: estaba colgado demasiado bajo y cinco niños se habían roto la pierna en el año 2013. «Lo único que había que hacer era ir al parque y subir el columpio unos centímetros, y se habría resuelto el problema», dijo Saltonstall. «Pero nadie pensó en eso... Cuando empiezas a analizar un problema ves cuáles son las causas y, generalmente, las soluciones no son tan complicadas».

A esto se refiere Meadows cuando habla de la divergencia entre los intereses de una «parte» y los del «todo». Se puede ahorrar dinero recortando el presupuesto para la poda, y quizás eso sea bueno para el departamento de parques, pero después acabas pagando indemnizaciones mucho más altas que los recortes a gente inocente que resulta herida por la caída de una rama. Sin embargo, esta relación resultaba invisible para las personas implicadas. Hasta que el equipo de Stringer empezó a recoger y estudiar la información no se había hecho evidente ese patrón.

A la hora de planificar las intervenciones a contracorriente tenemos que mirar más allá de las fronteras de nuestro trabajo. Tenemos que hacer zoom y movernos de un lado a otro. ¿Estamos interviniendo en el nivel correcto del sistema? Y ¿cuáles son los efectos secundarios de nuestros esfuerzos: si intentamos eliminar X —una especie invasiva, una droga, un proceso o un producto—, qué llenará ese hueco? ¿Si invertimos más tiempo y energía en un problema determinado, a qué dejaremos de prestar atención o qué descuidaremos, y cómo afectará esa falta de atención al sistema en su conjunto?

Al hablar de la isla Macquarie a lo mejor has pensado que jugar con los ecosistemas es algo demasiado complejo para que sea factible, pero con el tipo adecuado de pensamiento sistémico el juego puede funcionar. La organización internacional Island Conservation, cuya misión es «evitar las extinciones mediante la eliminación de las especies invasivas en las islas», muchas veces ha conseguido librar islas de ratas, gatos, cabras y otros intrusos. Y, gracias a ello, ha conseguido salvar especies en peligro de extinción. Las herramientas de la organización incluyen formas sofisticadas de análisis coste-beneficio y modelos de conservación como, por ejemplo, una red alimentaria que es básicamente un cuadro organizacional de quién se come a quién en la isla. La red alimentaria es una herramienta muy útil para ver los efectos secundarios de eliminar una especie de la cadena de alimentación. «Las islas son sistemas», dice Nick Holmes, quien fue director de ciencia de Island Conservation durante ocho años.

«Y, cuando modificas algo dentro de un sistema, se producen también otras consecuencias aparte de las directas... ¿Si en una isla además de haber plantas invasivas hay cabras y las eliminas, la consecuencia será un incremento de las plantas invasivas?». Holmes dice que para evaluar los nuevos proyectos utilizan una amplia serie de preguntas sobre los efectos indirectos.*

Si dejamos de anticipar las consecuencias secundarias, nos aventuramos al desastre, tal como deja claro el «efecto cobra», que se da cuando un intento de solución a un problema lo empeora aún más. El nombre deriva de un episodio ocurrido durante el dominio colonial de la India por parte de Inglaterra. Un gobernante británico que estaba preocupado por la proliferación de cobras en Delhi pensó: *¡Utilizaré el poder de los incentivos para solucionar el problema!* Ofreció a los ciudadanos una recompensa por las cobras muertas que le llevaran. «Esperaba que ese incentivo resolvería el problema», dijo Vikas Mehrotra, profesor de finanzas, en un podcast en *Freakonomics*. «Pero la población de Delhi, por lo menos parte de ella, respondió criando cobras. Y, de repente, la administración tenía demasiadas pieles de cobra, y decidió que el plan no era tan inteligente como parecía y lo rescindieron. Pero para entonces, los criadores de cobras tenían ya enorme población de cobras con las que pretendían hacer negocio. ¿Qué haces si no hay mercado? Pues las dejas en libertad». El plan para reducir el número de cobras solo consiguió que hubiera más.

Otros ejemplos del efecto cobra son más sutiles. Amantha Imber, psicóloga organizacional y fundadora de la firma australiana de innovación Inventium, tuvo un encontronazo desafortunado con el efecto cobra. En 2014, su equipo de quince personas estaba listo para trasladarse a su nueva oficina en Melbourne. Imber había invertido unos 100.000 dólares en su restauración, y los resultados eran increíbles: una oficina de un único ambiente

---

* Para ser justos, debería añadir que Holmes no es tan escéptico como yo sobre la intervención en la isla Macquarie. No quiero que parezca que está desterrando a sus colegas conservacionistas en este tema.

con dos enormes mesas de madera hechas a medida con unas lámparas que colgaban de unos techos altísimos y pinturas de grafitis en las paredes. Cuando los clientes iban a aquellas oficinas, entendían a la perfección cómo debía ser una empresa de innovación. Era perfecta en todo, menos para trabajar.

«Cuando acababa el día pensaba: *No he hecho nada de trabajo, me he pasado el día mirando los emails, reunido y con las interrupciones de mis compañeros*», dijo Imber. Hacía su trabajo por las noches o durante los fines de semana.

Imber y su equipo pensaban que el espacio abierto fomentaría la colaboración directa entre compañeros, pero resultó ser que no. «No voy a iniciar una conversación cara a cara porque todo el mundo se va a enterar», dijo. Y, cuando la gente *hablaba*, interrumpía a todos los demás de la sala y no se podían concentrar. Imber empezó a trabajar en las cafeterías por las mañanas y dio permiso a sus compañeros para que hicieran lo mismo. Al final, resultó que solo había dos o tres personas al mismo tiempo en la oficina.

Un estudio realizado en 2018 por los estudiantes de Harvard Ethan Bernstein y Stephen Turban confirma la experiencia de Imber. Estudiaron dos empresas Fortune 500 que estaban preparando el traslado de su sede corporativa a espacios de oficina más abiertos. Antes y después del traslado, muchos trabajadores se ofrecieron voluntarios para llevar unos «distintivos sociométricos» que captaban sus movimientos y registraban cuántas veces hablaban y con quién —sus conversaciones no eran grabadas, solamente el hecho de que hablaran—. El objetivo era responder a la pregunta fundamental sobre los espacios abiertos: ¿Aumentan los espacios abiertos el volumen de las interacciones cara a cara?

La respuesta fue contundente: el volumen de las interacciones cara a cara disminuyó significativamente, aproximadamente un 70 % en ambas compañías. En cambio, las interacciones a través del correo electrónico y la mensajería instantánea aumentaron considerablemente. Resulta que, si juntas demasiado a las personas para que puedan hablar, dejan de hacerlo. Una vez más, el efecto cobra.

Lo que puede ser confuso en este tipo de situaciones es que tenemos que desenredar las hebras contradictorias del sentido común. Por un lado, piensas: *Claro, ¡cuánto más juntos estén los trabajadores, más colaborarán! Es sociología básica.* Y por otro lado piensas: *No, fíjate en los metros o en los aviones: cuando estamos todos apretujados buscamos la manera de mantener nuestra privacidad y nos ponemos a utilizar los auriculares, los libros o las miradas profundamente desagradables.* ¿Cómo saber con antelación en qué hebra del sentido común hemos de confiar?

Normalmente no lo sabemos y, por lo tanto, tenemos que experimentar. «Recuerda siempre que todo lo que sabes y todo lo que todo el mundo sabe no es más que un modelo», dijo Donella Meadows. «Saca tu modelo a la luz, allí donde pueda ser cuestionado e invita a otras personas a que desafíen tus hipótesis y a exponer las suyas... Lo que hay que hacer cuando no sabes algo no es fanfarronear ni quedarte callado, es aprender. Y se aprende a través de la experimentación: o, como dice Buckminster Fuller, por ensayo y error, error, error».

Al recordar el error de la oficina de un único ambiente, Imber dijo que desearía haber hecho algunas pruebas con sus trabajadores en la biblioteca Victoria de Melbourne. Esa biblioteca tiene muchos tipos de ambientes diferentes, desde espacios abiertos o para reuniones hasta espacios más solitarios. Si el equipo hubiera probado las diferentes áreas y se hubieran analizado los efectos de las mismas en la productividad y la felicidad del grupo, esa experiencia les habría ayudado a diseñar la oficina que mejor iba a funcionar.

Para que la experimentación funcione necesitamos un *feedback* rápido y fiable. Como analogía piensa en la navegación: para viajar a un sitio nuevo debemos tener presente continuamente nuestra localización y, para ello, seguimos la flecha en una brújula, o el punto azul en Google Maps. Sin embargo, en las intervenciones a contracorriente no solemos contar con ese tipo de información. Piensa en el caso de las oficinas en espacios abiertos: ¿Cómo sabrás si la colaboración aumenta o no? La mayoría de los empleados no tienen «distintivos sociométricos» para registrar las conversaciones. Podrías intentar añadir una pregunta al estudio anual del empleado pidiéndole comentarios sobre el traslado de oficina. Pero ese tipo de comentarios, puntuales en el tiempo e infrecuentes, no son suficientes para progresar. Es como conducir un coche sin ventanas y, aproximadamente cada hora, recibir una foto del entorno exterior. Nunca llegarías a tu destino y, dados los riesgos que correrías, estarías loco si lo intentaras.

«Lo primero que te diría es que tienes que saber que, cualquiera que sea el plan que tengas, siempre es incorrecto», dijo Andy Hackbarth, exinvestigador de RAND Corporation que también ayudó a diseñar sistemas de medición para Medicare y Medicaid. Le pregunté qué consejo daría a las personas que diseñan sistemas para hacer un mundo mejor. «La única manera de saber si el sistema es incorrecto es incorporando estos mecanismos de feedback y sistemas de medición».

Lo que dice Hackbarth es que para tener éxito no hay que prever el futuro con exactitud. Tendremos éxito asegurando que disponemos de la información necesaria para avanzar. Está claro que *hay* algunas consecuencias que podemos y debemos prever. Por ejemplo, no prever que, si sacamos las cabras de una isla, las hierbas invasivas crecerán y se expandirán a sus anchas es un error del pensamiento sistémico. Pero también queda claro que no podemos preverlo todo. Es inevitable que nos equivoquemos acerca de algunas consecuencias de nuestro trabajo. Lo malo es que, si no recibimos *feedback*, no sabremos que nos estamos equivocando y no tendremos posibilidades de cambiar el curso de los acontecimientos.

Poco después de hablar con Hackbarth, tuve otra conversación que hacía hincapié en lo que él decía. Estaba hablando con una fisioterapeuta que trabaja con mujeres que están recuperándose de una mastectomía. Esta operación suele provocar dolor muscular y dificultades en los movimientos, pero algo que ella dijo me sorprendió: «En cuanto una mujer se quita la parte de arriba, sé qué médico la ha operado porque las cicatrices son muy diferentes. Algunos cirujanos oncólogos tienen un don especial para hacer cicatrices "bonitas"», me dijo, «mientras que otros siempre dejan cicatrices antiestéticas».

Siento un poco de pena por esos cirujanos poco perfeccionistas —más aún por sus pacientes—. Es probable que se jubilen sin saber que podrían haber hecho más por ayudar a las mujeres. Podrías reprochar a la fisioterapeuta por no comunicar sus observaciones, pero piensa en ello: ¿Qué pasaría si te acercaras al jefe de tu jefe, sin que nadie te lo pidiera, y criticaras su trabajo? Se trata de un problema sistémico. Hay un bucle sin resolver en el sistema: la información de los fisioterapeutas nunca llega a los cirujanos.

Los circuitos de feedback estimulan las mejoras. Y, donde faltan esos flujos, se pueden crear. Imagínate que, en el caso de la mastectomía, se hicieran fotos automáticamente de las cicatrices de todas las pacientes en las visitas de seguimiento y que esas fotos se enviaran a los cirujanos con algunas fotos de cicatrices hechas por otros cirujanos para comparar. O, algo aún más radical: imagínate que a las pacientes se les mostraran varias fotos antes de elegir a un cirujano, para que pudieran comparar.*

Piensa en todos los circuitos de feedback naturales que intervienen en la venta de coches: tienes información sobre las ventas y la satisfacción del cliente, la calidad y la cuota de mercado; además de esto, hay evaluaciones externas que van desde las revisiones del cliente hasta los análisis de los especialistas y los estudios de los profesionales. Con el paso del tiempo, esa

---

* Un matiz en este punto: primero, los cirujanos plásticos normalmente *enseñan* fotos a sus pacientes. Esta experiencia con la fisioterapeuta hace referencia al trabajo de los cirujanos oncólogos, los cuales normalmente hacen las mastectomías —extirpación del pecho—, pero no las reconstrucciones. Segundo, todas las preocupaciones del capítulo anterior sobre las medidas se aplican aquí. Obviamente, en este caso no estamos optimizando para cicatrices más sutiles, sino para la recuperación de la mujer que tiene cáncer. La hipótesis aquí es que el sistema correcto nos permitiría tener ambos resultados: el de la salud y el estético.

cantidad de información prácticamente *obliga* a las compañías a hacer coches mejores. Es de verdad difícil comprar un coche mal hecho actualmente, especialmente ahora que el Pontiac Aztek no se fabrica. Pero imagínate que todas esas fuentes de información desaparecieran, que las compañías se limitaran a fabricar coches cada día sobre la marcha y esperar que todo salga bien. Así es básicamente cómo funciona nuestro sistema educativo.

Sí, las puntuaciones en los test estandarizados son una fuente básica de información, pero *¿qué cambios* se hacen en respuesta a la información recibida? Si un número desproporcionado de alumnos de noveno sacara malas notas en las ecuaciones lineales, por ejemplo, ¿se reunirían los profesores de séptimo y octavo para rediseñar sus clases sobre este tema? Aunque lo hicieran, eso no sería más que ¡un punto de información al año! En cambio, imagínate que los profesores tuvieran la información a su alcance cada día; que pudieran ver al instante qué alumnos han participado en las últimas clases; que supieran, a partir de los deberes del día anterior, qué conceptos les ha costado más entender; si supieran, a partir de los datos de toda la escuela, cuáles de sus compañeros tienen la mejor manera de enseñar una lección determinada. Todos los profesores saben por *intuición* la respuesta a algunas de estas preguntas, y los mejores profesores diseñarán sus propios sistemas para responder a ellas con la intención de mejorar ellos mismos. Aunque ¡la mejora no debería requerir heroísmo! Los mensajes de marketing online no son más eficaces a causa de una acción heroica, sino que lo son porque el feedback es tan rápido y específico que casi no se puede evitar mejorar.

En resumen, si queremos mejorar el sistema educativo, podemos tratar de inventar la solución perfecta —el nuevo plan de estudios o el nuevo modelo— y esperar que todo salga bien, o podemos optar por una solución relativamente buena pero que contemple tal cantidad de circuitos de feedback incorporados que no tenga más remedio que mejorar con el tiempo. La segunda opción es la que los estrategas sistémicos defenderían.

¿Cómo construir un circuito de feedback? Pongamos un simple ejemplo del mundo empresarial: las reuniones de trabajo. Las reuniones de trabajo son un gran ejemplo del quehacer humano que nunca mejora. Practicamos mucho las reuniones pero, como dice Michael Jordan: «Puedes practicar el tiro a canasta durante ocho horas al día, pero si tu técnica no es la correcta, lo único que conseguirás es ser muy bueno en tirar mal».

Una empresa creó un circuito de feedback para las reuniones. En 2013, los propietarios de Summit CPA Group, una firma fundada en Fort Wayne, Indiana, que tiene cuarenta empleados y ofrece servicios de asesoramiento financiero, decidió que todos sus empleados trabajaran remotamente. Fue una decisión popular que tuvo sus consecuencias. Puesto que no se reunían en persona, las reuniones online se convirtieron en su principal medio de contacto.

Al principio, las reuniones eran difíciles. «A veces, lo que sucede es que determinadas personas dominan toda la conversación», dijo Jody Gruden, cofundadora de Summit. «Y otras no dicen ni una palabra». Lo peor es que los que dominan la conversación suelen ser los que más se quejan y los más críticos. La firma empezó a perder empleados porque encontraban que esas interacciones eran negativas.

Entonces la firma hizo algunos cambios. Introdujo la figura de un moderador para que dirigiera las reuniones siguiendo una agenda estructurada que incluía una parte en la que cada participante decía algo positivo sobre la semana anterior. Parece un poco cursi, y al principio algunas personas intentaban saltarse su turno, pero enseguida se acostumbraron. La atención a los aspectos positivos cambió el tono y, mejor aún, se convirtió en una forma de aprendizaje: sobre todo empezaron a compartir consejos, desde cómo tratar a los clientes más difíciles hasta cómo hacer informes más simples. A parte de una agenda estructurada para las reuniones, añadieron un circuito de feedback. Al final de cada reunión, cada asistente tenía que puntuar la reunión verbalmente del 1 al 5. Se les preguntaba qué había hecho que la reunión resultara inusualmente útil o inútil. Cuando alguien se quejaba de algo —un debate que se había prolongado demasiado, un problema que no se había resuelto— intentaban solucionarlo. Como resultado, las reuniones empezaron a mejorar considerablemente, y actualmente esta firma de asesoramiento financiero puntúa siempre entre 4,9 y 5. Mientras que la película de Ben Affleck *El contable* obtuvo un 3,65 de 5 en IMDb. Aparentemente, necesitaba un circuito de feedback.

~~~~~~

Hemos empezado preguntándonos cómo podemos evitar los daños. Hemos visto que los líderes inteligentes intentan anticipar los efectos secundarios más allá de su trabajo inmediato —por ejemplo, las cadenas alimentarias en el caso de Island Conservation y los modelos de información de ClaimStat en la ciudad de Nueva York—. Hemos visto también que no podemos preverlo todo y que, por consiguiente, tenemos que confiar en la experiencia cuidadosamente guiada por los circuitos de retroalimentación.

Según estas ideas, podemos formularnos algunas preguntas que guiarán nuestra decisión sobre si debemos planificar o no una intervención a contracorriente. ¿Se ha intentado antes una intervención similar a la que estamos pensando (así aprenderemos de sus resultados y sus posibles efectos secundarios)? ¿Se puede «ensayar» nuestra intervención, es decir, primero podemos probar a pequeña escala de manera que, si nuestras ideas son erróneas, las consecuencias negativas sean limitadas? ¿Podemos crear un circuito cerrado de feedback para mejorar rápidamente? ¿Es fácil revertir o deshacer nuestra intervención si resulta que estamos causando daños indeseados?

Si la respuesta a alguna de estas preguntas es negativa, tendremos que pensarlo mucho antes de proceder. Obviamente, hay una inmensa diferencia entre un «experimento» en el que varios colegas prueban un espacio abierto en una biblioteca de

Melbourne y un «experimento» en el que los científicos manipulan una especie utilizando herramientas de edición genética. Por favor, no confundas el énfasis de este capítulo en la experimentación con la filosofía del «muévete rápido y rompe cosas» (esta frase se convirtió en el lema de Facebook en su primera década). El trabajo a contracorriente depende de que seamos humildes. Porque incluso en intervenciones sencillas la complejidad puede aumentar rápidamente. Veamos un último ejemplo que puede parecer sencillo: tratar de reducir el consumo de bolsas de plástico de un solo uso. Los ambientalistas consideran que las bolsas son un punto de apoyo porque, aunque solo supongan una pequeña fracción de toda la corriente de residuos plásticos, hacen un daño desproporcionado. Son ligeras y aerodinámicas y, por ello, acaban volando hasta las vías fluviales y los desagües pluviales. Son un peligro para la fauna marina y ensucian las playas. Y, francamente, son el símbolo de una mentalidad insostenible: las fábricas están fabricando productos de plástico —se calcula que, solo en Estados Unidos, se utilizan 100.000 millones de bolsas anualmente— que no se degradarán en cientos de años, todo con el fin de que los clientes puedan llevar sus compras a casa, y en cuanto llegan a casa las tiran a la basura. Así que esto debería ser una obviedad: deshagámonos de esas bolsas.

Nuestro punto de partida para las demandas del pensamiento sistémico debería ser: ¿Cuáles son los efectos secundarios? ¿Quién rellenará el vacío que dejen las bolsas de plástico si se prohíben? Los clientes tendrán tres opciones: (a) usar más las bolsas de papel; (b) llevar bolsas reutilizables, o (c) ir sin bolsas.

Aquí es donde nos llevamos nuestra primera sorpresa: aunque es cierto que las bolsas de papel y las bolsas reutilizables son mucho mejores que las de plástico desde el punto de vista medioambiental, son peores en muchos otros sentidos. Requieren más energía para su fabricación y su transporte que las bolsas de plástico; lo cual implica un incremento de las emisiones de carbono. Un estudio de la Agencia de Medioambiente de Reino Unido calculó los efectos «por uso» de las diferentes bolsas sobre el cambio climático, y concluyó que tendrías que utilizar una bolsa de papel 3 veces y una bolsa de algodón reutilizable 131 veces para estar a la par con las bolsas de plástico. Por no hablar de que la fabricación del papel y de las bolsas reutilizables causan más contaminación en el aire y el agua que el plástico y que son mucho más difíciles de reciclar. Así que ahora nos vemos obligados a lidiar con una controversia entre la parte y el todo: si proteger las vías fluviales y la vida marina es nuestro objetivo, entonces prohibir las bolsas de plástico es una magnífica idea. Pero, si el objetivo es que todo el medioambiente mejore, entonces esa prohibición no queda tan clara. Hay unos efectos contrapuestos que se deben tener en cuenta.

También hemos de tener mucho cuidado con la forma de diseñar su prohibición. En el año 2014, Chicago aprobó una ley que prohibía a las tiendas ofrecer bolsas de plástico finas de un solo uso en sus cajas. ¿Qué hicieron entonces las tiendas? Ofrecer otras *más gruesas*. Los comerciantes pensaron que los clientes reutilizarían esas bolsas de plástico pero, por supuesto, muchos no lo hacían. En ese caso también vemos el efecto cobra: la intención de eliminar el plástico del medioambiente llevó a generar más plástico.

A través de la experimentación aprendemos, y ese aprendizaje nos lleva a obtener mejores resultados. En 2016, los votantes de California aprobaron una prohibición que ya no hacía la salvedad de las bolsas de plástico más gruesas, pero esa nueva prohibición tuvo como efecto secundario que se dispararon las ventas de las bolsas de basura de plástico pequeñas y medianas. Se supone que el motivo fue que había gente que reusaba sus bolsas de plástico de la tienda como bolsas de basura en casa —o para recoger los excrementos de los perros— así que como no tenían bolsas tuvieron que comprar una alternativa. Un estudio de la economista Rebecca Taylor descubrió que el 28,5 % de la reducción del plástico a la que dio lugar esa prohibición había quedado neutralizada por este cambio hacia otras bolsas. Pero, bueno, por lo menos no fue el 100 %. La prohibición había reducido significativamente los plásticos de un solo uso. Fíjate en que, para poder evaluar este asunto del todo, alguien tuvo que rastrear cuidadosamente las ventas de los productos sustitutos, creando así una fuente de feedback importante.

Hubo otras consecuencias totalmente inesperadas. Algunos atribuyeron un episodio de hepatitis mortal ocurrido en San Diego en 2017 a la falta de bolsas de plástico. ¿Por qué? Porque la gente sin hogar tenía la costumbre de utilizar las bolsas de plástico para deshacerse de sus propios residuos. Al empezar a escasear las bolsas de plástico, las alternativas eran menos higiénicas.

Me pregunto si ahora estás sintiendo lo mismo que sentí yo cuando empecé a estudiar esta investigación: abrumado y desanimado, con un poco de rabia. ¿Qué esperanza tenemos de resolver los problemas más difíciles a los que nos enfrentamos cuando hasta las *políticas de las bolsas de plástico* crean tanta complejidad?

Fue la cita de Donella Meadows sobre la necesidad de «no alardear ni paralizarte, sino aprender» la que me sacó de mi tristeza, pues ella dice que, a pesar de ser difícil, estamos aprendiendo. Como sociedad, estamos aprendiendo. Piensa en todos los ingredientes que necesitamos para *analizar* una política como la de la prohibición de las bolsas de plástico: sistemas informáticos, recogida de información, infraestructura de red, por no hablar del ecosistema de expertos que conocen cómo estructurar los experimentos para que arrojen luz a las políticas, tanto locales como estatales. Todas esas pruebas son un mero incidente en la historia humana. Por lo que respecta al pensamiento a contracorriente, justo ahora estamos empezando a entrar en el juego.

En el año 2016 el ayuntamiento de Chicago eliminó la prohibición de las bolsas de plástico que había provocado el efecto cobra y la sustituyó por un impuesto de 7 céntimos sobre todas las bolsas de papel y de plástico que se dieran en los comercios. ¿Sabes qué pasó? Pues que está funcionando bastante bien. Un equipo de investigación liderado por la economista Tatiana Homonoff ha recogido información en varios supermercados. Antes del impuesto, 8 de cada 10 clientes usaba una bolsa de papel o de plástico. Después del impuesto, la cifra se había reducido a 5 de cada 10. ¿Qué hacen ahora esas 3 personas de diferencia? La mitad de las veces llevan sus propias bolsas, y la otra mitad se llevan los productos sin bolsa. Y esos 5 clientes que siguen utilizando las bolsas pagan unos impuestos voluntarios que son dinero extra para servir a los ciudadanos.

Las autoridades de Chicago lanzaron un primer experimento para prohibir las bolsas de plástico ligeras y no funcionó, pero sabían por qué no había funcionado, y entonces probaron con otro experimento que funcionó mejor, y por suerte ninguna otra ciudad del mundo repetirá la tontería que hizo el ayuntamiento de Chicago con la primera prohibición. Es lento, tedioso y frustrante, pero cada vez sabemos más de los sistemas. Donella Meadow se merece la última palabra: «Los sistemas no se pueden controlar, pero se pueden diseñar y rediseñar. No podemos avanzar con certeza hacia un mundo sin sorpresas, pero podemos esperar sorpresas y aprender de ellas, incluso beneficiarnos de ellas... No podemos controlar los sistemas ni descifrarlos, pero ¡podemos bailar con ellos!».

CAPÍTULO 11

¿Quién pagará aquello que no ocurre?

En un congreso médico en Battle Creek, Michigan, el profesor A. Arnold Clark de la Consejería de Salud dio una charla en la que denunció la tendencia a recortar las inversiones en prevención: «Veamos cuánto pagamos realmente en Michigan para prevenir enfermedades. ¿Cuánto pagáis en Battle Creek? En esa ciudad tenéis unos 45 médicos. Supongamos que tienen unos 200.000 dólares de ingresos anuales cada uno. Esto hace un total de 9 millones de dólares que pagáis cada año para que os curen cuando estáis enfermos», decía el profesor Clark.

«Ahora ¿cuánto pagáis para evitar caer enfermos?», continuó. «Probablemente, no más de 50.000 dólares. Tenéis un responsable de salud al que le pagáis unos 50.000 dólares al año para que erradique las enfermedades transmisibles en Battle Creek. Pero más vale prevenir que curar… Hay gente que piensa que como siempre ha vivido, el dinero que se gasta para prevenir enfermedades y morir, es dinero malgastado. Habrás oído hablar del hombre que dejó su seguro de vida porque llevaba 20 años pagándolo y todavía no le había reportado ningún beneficio. Esta parece ser la política de la ciudad, del estado y de la nación».

El profesor Clark hizo este discurso en el año 1890 —solo he actualizado los dólares, pero el resto está intacto—. Nos está

189

diciendo que actualmente los expertos en salud pública siguen viéndose obligados a hacer la misma afirmación: *más vale prevenir que curar*. De hecho, da mucha rabia, porque durante los 130 años que han pasado desde que el profesor Clark hiciera su discurso hemos estado recogiendo pruebas fehacientes de la eficacia de la prevención y de la salud pública. No hay más que mirar la esperanza de vida actual.

En el año 1900, la esperanza media de vida al nacer de los estadounidenses era de 47,3 años. En el año 2000 había alcanzado los 76,8 años. Es una increíble mejora, pero hemos de tener bien claro qué dicen y qué no dicen estas cifras.

«La esperanza de vida» es una media entre una población. Por ejemplo, en una población de 5 personas, una de ellas puede vivir 75 años y las otras 91, 70, 66 y 82 años, por lo que la esperanza media de vida sería de 76,8 años. El promedio desdibuja la variedad. Sigue leyendo —ya sé que hasta aquí todo es obvio—.

Hay veces que los promedios no solo desdibujan una realidad subyacente, sino que la borran por completo. Por ejemplo, a mí me sorprende que tantas personas inteligentes crean que la esperanza de vida de 47,3 años que había en el año 1900 es sinónimo de que «la mayoría de las personas vivían menos años en esa época». Supongo que se imaginan a nuestros antepasados, a sus cuarenta y tantos años paseándose con canas y dentadura postiza e intentando desesperadamente poner sus asuntos en orden. Desde esta perspectiva, la aprobación de la ley de seguridad social en el año 1935 habría sido una broma muy cruel: *Sí, puedes empezar a cobrar tu pensión de jubilación a los 65 años, ¡veinte años después de morirte!* (risa macabra).

Una muestra representativa del promedio de vida en esa época no sería de ninguna manera así: 46, 48, 56, 39 y 48 (media: 47,4 años). Más bien sería algo así: 61, 70, 75, 31 y 0. A principios del siglo XX, uno de cada cinco niños moría antes de llegar a los cinco años.

Actualmente, el promedio de vida natural de los seres humanos no es tan diferente al de hace cien años. Lo que cambia es que estamos salvando a mucha gente —especialmente, a bebés y niños— de morir demasiado pronto. En este punto, habrás visto que Clark, en su queja anterior, enfatizaba las «enfermedades transmisibles». Esto es porque en esa época casi un tercio del total de muertes se debía a enfermedades infecciosas, como son la neumonía, la gripe, la tuberculosis y la difteria. Estas enfermedades se cebaban en gran parte con los niños. Hoy en día, el número de personas que mueren por enfermedades infecciosas se ha reducido del 33 % en 1900 a menos del 3 % en el 2010. ¿Cuál ha sido el responsable de esta reducción? Los esfuerzos que van a contracorriente. Mejor higiene, agua más limpia, pasteurización y mejores condiciones de vida, así como la aparición de los sistemas de alcantarillado y la introducción de los antibióticos y las vacunas. Sin embargo, incluso frente a este éxito masivo —y para entender el «éxito masivo» al que me estoy refiriendo *imagínate que uno de cada cinco niños de tu árbol genealógico habría muerto si no fuera por él*— la salud pública tiene que seguir pidiendo recursos.

«No invertimos lo suficiente en los servicios y las políticas que mantendrían más sanas a las personas y así no desarrollarían esas enfermedades o tendrían esas lesiones o sufrirían las muertes prematuras que sabemos que podían evitarse», dijo John Auerbach, presidente de la organización no gubernamental Trust for America's Health. «Es una tragedia». El grupo fijó el gasto nacional total en salud pública en 88.900 millones de dólares concretamente, solo el 2,5 % del gasto total en sanidad en Estados Unidos en 2017.

Los esfuerzos de salud pública sufren lo que se conoce como un castigo por su éxito. «En la salud pública, si haces bien tu trabajo, te recortan el presupuesto, porque nadie se pone enfermo», dijo Julie Pavlin, médica experta en dirigir programas de salud global y en combatir enfermedades infecciosas en el ejército. Y su comentario nos lleva al meollo del asunto: el modelo de pago por servicios en la sanidad favorece la reacción sobre la prevención.

«Pagaremos 40.000 dólares al año por el precio de la insulina, pero no pagaremos 1.000 dólares para prevenir que alguien se vuelva diabético», dijo Patrick Conway, exadministrador adjunto en CMS (Centers for Medicare & Medicaid Services). «Deberíamos pagar por valor. Imagínate que un coche fuera más caro porque su fabricación requiere más tiempo. No tendría ningún sentido. Los coches no serían mejores ni más baratos si los pagaras en base a esta premisa».

Un día encontré un artículo que decía que los estadounidenses somos los que tenemos mejor acceso del mundo a las resonancias magnéticas. Se ve que los estadounidenses las conseguimos más rápidamente y con más frecuencia que el resto del mundo (¡Bravo por EE. UU.!). Nos sentimos orgullosos de algo que es como alardear de que los estadounidenses somos líderes en la realización de registros de seguridad en los aeropuertos. Quiero decir que, si hay algo que encontrar, es verdad que nos gustaría encontrarlo cuanto antes, pero en realidad preferiríamos ser el país que menos registros necesitara. Y, tal como implica la lógica de las tortugas y los conejos de Gil Welch, podríamos descubrir cosas que no necesitamos descubrir. Lo que demuestra la estadística sobre las resonancias magnéticas es una idea más simple sobre nuestro sistema de pago por servicio: cuando te pagan por algo, lo haces más veces. Con razón somos también «líderes del mundo» en radiografías dentales. Imagínate si a los agentes de seguridad de los aeropuertos se les pagara por cada «manoseo».

En resumen, los esfuerzos reactivos son exitosos cuando hay problemas y los solucionan. Los esfuerzos preventivos son exitosos cuando no pasa nada. ¿Quién pagará aquello que *no* ocurre?

Esta no es una pregunta sin respuesta. *Hay* quien paga lo que no ocurre. ¡Tú, por ejemplo! Se supone que todos esos cambios de aceite de tu vehículo los haces para evitar *algo*. Pero crear modelos de pago para financiar los esfuerzos a contracorriente puede ser increíblemente complicado por las razones que vamos a explicar en este capítulo.

Antes de ello tendríamos que recordarnos a nosotros mismos lo fácil que *debería* ser pagar por los esfuerzos a contracorriente. Pongamos el caso de Poppy+Rose, un restaurante de comida casera del centro de Los Ángeles. Diana Yin, la copropietaria, controla los comentarios de los clientes atentamente, y un día vio que un cliente había dejado una queja online porque había recibido los gofres fríos para el almuerzo. Tras un trabajo detectivesco, Diana descubrió que la única máquina de gofres del restaurante no podía satisfacer la demanda del desayuno, así que los cocineros empezaban a hacerlos antes de que el restaurante se llenara, y así podían tener unos cuantos de reserva. Ese sin duda había sido un trabajo inteligente, pero hizo que los gofres estuvieran fríos. Y a nadie le gusta un gofre frío. Entonces, Diana Yin corrió a comprar una segunda máquina de hacer gofres.

Este es el escenario soñado en lo que se refiere a pagar para prevenir. Es bastante sencillo: la persona que paga, Diana Yin, es la única que recibirá las recompensas. Piensa en ello en términos de «bolsillos»: el dinero para pagar sale de un bolsillo, y volverá al mismo bolsillo. Yin probablemente recuperará rápidamente su inversión. Es la misma lógica que se aplicaría a una inversión que hicieras en ti mismo: un certificado o un título de licenciado. Gastarás miles de dólares en un momento determinado con la esperanza de ganar muchos más en el futuro.

Pero nuestra historia se complica rápidamente. Tener un único bolsillo no garantiza que se hagan inversiones sabias a contracorriente. Aquí tienes un ejemplo: durante décadas, los cuidadores en las residencias de ancianos han sufrido lesiones lumbares por estar continuamente levantando y transportando a sus pacientes. Esto es horrible para ellos, por supuesto, pero también es muy costoso para sus empleadores, que tienen que soportar el absentismo de sus trabajadores y las indemnizaciones por daños.

Unos emprendedores crearon un equipamiento mecánico para elevar a los pacientes y aliviar así este problema. Pero, para el director de un geriátrico, la inversión en esta máquina no está tan clara. Esas máquinas son demasiado caras, requieren todo un conjunto nuevo de procedimientos —el personal tiene que reaprender a trasladar a los pacientes con la máquina— y son más lentas que la técnica de siempre de levantar al paciente con la fuerza de los brazos. Entonces, ¿para qué aceptar la molestia y su coste? Era mejor seguir en el túnel y aceptar que, de vez en cuando, alguien se lesionaría la espalda.

A finales de los noventa, una evaluación descubrió que, si los cuidadores utilizaban unas técnicas específicas demostradas científicamente para trasladar a los pacientes, incluyendo el uso de ese equipamiento, entonces las residencias podrían reducir dos tercios el coste del absentismo y las indemnizaciones a sus trabajadores. Como resultado, la inversión hecha en el equipamiento podría amortizarse en menos de tres años. Estas conclusiones fueron publicitadas dentro del sector del cuidado a largo plazo, y las residencias de ancianos empezaron a invertir en los nuevos procedimientos, consiguiendo una reducción del 35 % en las lesiones lumbares entre 2003 y 2009, según un informe del CDC.

He aquí la primera dificultad: las residencias tenían el lujo de tener a su disposición los fondos, pero la decisión de comprar o no la máquina para trasladar a los pacientes era más complicada que en el caso de las máquinas de hacer gofres, por ejemplo. Para una sola residencia era difícil evaluar la inversión. Era necesario adoptar una perspectiva más amplia, con datos procedentes de todo el sector de las residencias de ancianos: *Oye, que es una inversión que merece la pena.* Incluso en un caso claro como este, en el que la inversión resultaba muy rentable, la inercia actuaba en contra de la prevención.

Ahora veamos el otro extremo del espectro: la enorme complejidad de crear modelos de financiación para los servicios sociales. The Nurse-Family Partnership (NFP) es un caso representativo. El programa fue fundado en los años setenta por David Olds, un recién licenciado que cada vez estaba más desilusionado con la guardería del centro de la ciudad en la que trabajaba. Muchos de los niños de preescolar a los que atendía padecían por culpa de las malas decisiones de sus padres.

Un niño apenas había desarrollado su habilidad lingüística y hablaba básicamente con gruñidos. Cuando Olds entrevistó a la abuela del niño, le dijo que su hija —la madre del niño— era toxicómana y que había estado consumiendo drogas durante todo su embarazo. Otro niño estaba siempre nervioso a la hora de la siesta. Olds se enteró de que su madre le pegaba cada vez que se hacía pipí en la cama.

Olds vio que podría haber ayudado mucho más a esos niños si hubiera intervenido antes en sus vidas. Y lo habría hecho ayudando a sus madres. Los tipos de abusos que veía eran motivados más por ignorancia que por crueldad. Esas madres, por decirlo de alguna manera, no tenían los conocimientos o las habilidades necesarias para madres eficaces. No tenían los sistemas de apoyo necesarios ni buenos modelos, y tampoco sabían qué hacer con la frustración y la inseguridad que genera el criar niños.

El programa NFP que Olds creó conecta a los sanitarios registrados con mujeres de bajos ingresos que están embarazadas por primera vez. El mismo sanitario visita a la mamá primeriza en su casa regularmente durante su embarazo y durante los dos primeros años de vida del niño. Hace de mentor, ayudando a la madre a lidiar con las dificultades propias de la maternidad: qué hacer cuando el niño llora, qué hacer cuando no se duerme, cómo ponerles un horario... Y el sanitario les explica lo básico: cómo dar de mamar, cómo envolverle, la transición del bebé a la comida sólida, el lavado de dientes, etc. Además de la instrucción sobre la maternidad, una parte fundamental de su trabajo consiste en algo tan sencillo como ser una persona amable y cariñosa que está allí para ayudar a una madre; para explicarle cómo cuidarse a sí misma para poder cuidar de su hijo; para ayudarle a sortear las dificultades propias del trabajo de criar a un hijo; para escucharle cuando los problemas de la vida parecen abrumadores.

En Estados Unidos se han realizado tres ensayos aleatoriamente controlados del programa NFP: en Elmira, Nueva York;

en Memphis, Tennessee; y en Denver, Colorado. Los estudios han demostrado que el programa mejora continuamente la salud maternal, la seguridad de los niños y su bienestar. Entre los efectos específicos están un menor consumo de tabaco durante el embarazo, la reducción del número de partos prematuros, la reducción de la mortalidad infantil, del abuso y el maltrato infantil, de las infracciones penales de la madre, de los pagos de cupones para alimentos y de los embarazos muy seguidos —el segundo embarazo antes de cumplir los 18 meses del primero—. Es una lista bastante amplia de situaciones negativas que se evitan. Un estudio calculó un retorno de al menos 6,5 dólares por cada dólar invertido en el programa NFP.

¡Estamos hablando de una decisión de inversión muy fácil! Aunque tardaras veinte años en obtener el rendimiento de 6,5 dólares, eso sigue siendo el equivalente a aproximadamente un 10 % de interés anual. Por lo tanto, cabría esperar que, dados los resultados, el programa NFP estuviera disponible para cualquier madre primeriza de bajos ingresos que lo quisiera. Pues no es ni mucho menos así. ¿Por qué?

En nuestro caso sencillo de la máquina de hacer gofres, la persona que hace la inversión es la misma que recibe los beneficios. Un único bolsillo. Pero en este caso, fíjate en que las recompensas están muy repartidas. Los principales beneficiaros son, por supuesto, el hijo y la madre, en este orden. Pero ellos no pueden pagar. ¿Quién más se beneficia? Todas las demás instituciones que tendrían que pagar por los malos resultados, si no fuera por el programa NFP. Veamos tres ejemplos:

1. Reduciendo los partos prematuros, Medicaid se ahorra el dinero que de lo contrario tendría que pagar por los cuidados más intensivos de esos bebés.
2. Reduciendo las infracciones penales, el sistema de justicia criminal se ahorra dinero —menos peso para la policía, los juzgados y las cárceles— y, por supuesto, también se beneficia la población en general.

3. Reduciendo el pago de los cupones de alimentos, se ahorra dinero la Consejería de Agricultura, que es la que los administra.

Hay muchos beneficiarios además de estos tres, incluyendo los efectos dominó en la salud, la educación, los ingresos, etc. ¡Todo el mundo sale ganando!

Imaginemos que pudiéramos convencer a un sistema de salud local de financiar un programa NFP. Es un programa caro, que cuesta aproximadamente 10.000 dólares por cada mujer a la que atiende. Por desgracia, el sistema de salud solamente recibiría un pequeño beneficio de la inversión, puesto que el valor principal se lo llevarían las otras partes que hemos descrito. Esto es un ejemplo de lo que se denomina «el problema del bolsillo equivocado»: una situación en la que la entidad que soporta el coste de la intervención no es la principal beneficiaria. Es decir, paga un bolsillo, pero el beneficio se distribuye entre muchos bolsillos.

Idealmente, este problema lo solucionarías pasando la gorra a todas las partes que más se han beneficiado —haciendo una recolecta para financiar el NFP—, pero te encontrarías con las siguientes objeciones: *No hay ningún precedente para ello. No hay ninguna partida en mi presupuesto «para contribuir a un programa que algún día me devolverá el dinero». Y, pongamos que estás equivocado y que al final no te ahorras dinero yendo a favor de la corriente, ¿me devolverás mi dinero?* Cuestiones como estas explican por qué programas como el NFP, que podrían crear un enorme beneficio social, no obtienen la financiación que se merecen.

Pero hay experimentos en marcha para solucionar el problema del bolsillo equivocado. Un equipo de Carolina del Sur diseñó un modelo de «pago por éxito» que podría financiar una amplia expansión del proyecto NFP. Así es cómo empezaron: en el año 2016, el programa NFP recibió una inversión de dinero de 30 millones de dólares para expandir su proyecto por el país, y los resultados de sus esfuerzos serán evaluados durante seis años a través de un ensayo de control aleatorio. Si el proyecto resulta exitoso, según una serie de medidas acordadas con anterioridad, entonces el gobierno estatal aceptará financiar el proyecto permanentemente. La magia del acuerdo es que el gobierno estatal no tiene que asumir ningún riesgo financiero inicialmente porque la primera etapa está principalmente financiada desde fuera. Así, si se demuestra que el NFP es una inversión valiosa, Carolina del Sur recibirá las recompensas y, si no es así, el estado no pierde nada.

Conceptualmente, este acuerdo no es difícil de entender, pero las complejidades son enormes. «Pasamos tres años intentando averiguar cómo hacer que las normas nos permitieran hacer algo que todos sabíamos desde el primer día que era la cosa más obvia del mundo», dijo Christian Soura, entonces jefe del Departamento de Salud y Servicios Humanos (DHHS) de Carolina del Sur. Para hacerte una idea de la dificultad, simplemente mira la lista de los implicados: el equipo de NFP en Carolina del Sur, DHHS, Abdul Latif Jameel Poeverty Action Lab, Harvard Kennedy School of Government Performance Lab, la firma de consultoría Social Finance, Duke Endowment, BlueCross BlueShield de la South Carolina Foundation —y muchos más—.

Soura dijo que en las negociaciones intentaban responder a la siguiente pregunta: «¿Cómo podemos conseguir que estas diferentes fuentes de financiación gubernamental nos permitan pagar algo que todos sabemos que necesitamos hacer? Y esto acaba siendo la típica pesadilla kafkiana de tener que desenvolverse entre la cantidad de restricciones de financiación federales y estatales que hay en relación con las diferentes fuentes de financiación».

El acuerdo es muy prometedor. La inversión inicial permitirá al programa NFP ofrecer servicios a 3.200 madres más, ayudándoles desde su embarazo hasta los dos primeros años de vida del bebé. Esos niños serán criados en unos hogares más felices y más sanos gracias a la ayuda del NFP. El beneficio para madres e hijos será enorme.

Quizás uno de los beneficios más importantes a largo plazo sea que podría acabar con el problema del bolsillo equivocado. Si el NFP cumple las expectativas, entonces el gobierno estatal y federal querrá seguir financiando el proyecto, puesto que la recompensa de la inversión será evidente. Y, como hay otros 49 estados con poblaciones de madres de alto riesgo que necesitan ayuda, las posibilidades de expansión son casi ilimitadas. Desde este punto de vista, los tres años que hemos pasado con incesantes regateos sobre el contrato básico han valido la pena.

Podemos arreglar los problemas cuando surgen o podemos evitar que surjan. Lo que necesitamos es más emprendedores empresariales y sociales que estén dispuestos a encontrar nuevos modelos de financiación que apoyen el enfoque preventivo. Este es un ejemplo de cómo funciona: hace unos años, mi mujer y yo decidimos utilizar un método a contracorriente, o preventivo, ante el tema del control de plagas. Habíamos tenido un problema con las arañas, y llamamos a un especialista en exterminar plagas. Cuando nos visitó nos ofreció un servicio de subscripción. La idea era que nos visitaría regularmente —sin tener que nosotros llamarle, simplemente cada equis tiempo— para poner en práctica las mejores estrategias que hubieran aprendido para mantener a raya a los insectos. Al principio, dudamos en contratar ese servicio: «¿Nos estará estafando?». Pero al final nos ganó la maravillosa visión de eliminar los insectos de nuestros problemas diarios. Así que lo contratamos y eliminamos un pequeño foco de problemas de nuestras vidas. Ahora ya no padecemos el ciclo de plaga, tratamiento e inacción —y vuelta a empezar—. Ahora simplemente se trata de mantener una rutina prácticamente invisible y silenciosa: mantener, mantener y mantener.

A raíz de este acontecimiento, se me ocurrió pensar en la cantidad de reparaciones domésticas que se deben a un fallo de mantenimiento a contracorriente. El sistema del aire acondicionado se estropea prematuramente porque los filtros de aire no se han cambiado regularmente. El calentador del agua deja de funcionar porque nunca se ha limpiado.* Los problemas con los inodoros, los problemas en los desagües, los problemas en los terrados... son problemas que se pueden prevenir. Algunos de nosotros tratamos nuestras casas como un coche al que nunca se le ha hecho el cambio de aceite.

Si alguien se «encargara» de este trabajo por ti, si asumiera la responsabilidad del mantenimiento de tus principales electrodomésticos y sistemas domésticos, ¿le pagarías una cuota mensual? ¿Una cuota toda la vida? Este es un concepto que más de una empresa importante está estudiando. «La industria de servicios domésticos no ha cambiado casi nada en la era moderna», dijo Brandon Ridenour, consejero delegado de ANGI Homeservices, que incluye las webs HomeAdvisor y Angie's List. «Funciona prácticamente igual que hace cincuenta años. Una persona necesita algo de repente y reacciona. "Necesito un fontanero, un electricista, un manitas". Entonces empieza el proceso de buscar en internet o de preguntar a amigos y de utilizar servicios como los nuestros».

Pero Ridenour se pregunta si la gente estaría dispuesta a pagar por un modelo de subscripción en el que el servicio se ofreciera regularmente y de forma preventiva sin tener que esperar a llegar a un momento de crisis. «Quienes tienen dinero tienen administradores de fincas», dijo Ridenour. «Contratan esos servicios, y los servicios se prestan durante todo el año». O sea, que Beyoncé no llamará a un fontanero. Ridenour cree que gran parte del trabajo que realizan los administradores de fincas podría hacerse de forma automática utilizando una serie de datos para predecir cuándo debería hacerse el mantenimiento y utilizando la enorme base de datos de contratistas que tiene HomeAdvisor para encontrar a la persona idónea para cada

---

* Algo parecido es lo que le pasó recientemente a uno de mis familiares. Su secadora dejó de funcionar y pidió ayuda a sus familiares. Estos le dieron todo tipo de soluciones, pero ninguna dio resultado. Al final, alguien le preguntó: «¿Has limpiado el filtro, verdad?». (Silencio) *«¿Qué es el filtro?»*.

trabajo. «¿Podríamos democratizar la administración de fincas para las masas?», se pregunta.

En definitiva, costear las iniciativas a contracorriente se reduce a tres preguntas: ¿Dónde se localizan los problemas costosos?, ¿Quién está en mejor posición para prevenir esos problemas? Y ¿cómo crear incentivos para que lo haga? El argumento de Ridenour parece razonable: es HomeAdvisor —o alguna empresa similar—, y no el propietario del piso, la que está mejor posicionada para gestionar el mantenimiento. Hay propietarios que son hábiles en este tipo de trabajos domésticos y hay otros que no lo son tanto, pero ningún propietario puede aprovechar la inteligencia de *miles de hogares* que tiene HomeAdvisor sobre qué tipos de mantenimiento preventivo emplear. Todavía hay un valor sin explotar en el sistema: si se pudiera evitar que los principales electrodomésticos fallasen demasiado pronto, el valor resultante podría repartirse entre los propietarios de pisos, como ahorro, y HomeAdvisor, como beneficio.

Apliquemos esos tres interrogantes al campo de la asistencia sanitaria. ¿Dónde hay un problema costoso? Un ejemplo es que Medicare se gasta una fortuna pagando visitas al hospital que podrían haberse evitado —por ejemplo, si se hubiese controlado la diabetes de un paciente—. ¿Quién está en la mejor posición para evitar esos costosos problemas? No son los hospitales, porque no tienen una relación con el paciente hasta que va a urgencias. Tampoco son los pacientes, porque no son expertos en salud —igual que el propietario de un piso no es experto en temas de mantenimiento del hogar—. Los que están mejor posicionados para evitar ese tipo de problemas son los médicos de atención primaria. ¿Cómo crear incentivos para que lo hagan? Conozcamos la Organización Responsable por el Cuidado de la Salud (ACO, de las siglas en inglés: Accountable Care Organization), uno de los modelos introducidos en EE. UU. en la Ley de atención asequible de 2010.

He aquí una descripción muy simplificada con respecto a una ACO —y créeme cuando digo que hay una enorme variedad de complejidades—: un grupo de médicos de atención primaria se unen para formar una ACO, y Medicare les dice: «En el caso de la población de pacientes a los que servís, sabemos aproximadamente cuántas visitas al hospital van a hacer este año y cuánto dinero vamos a pagar por esas visitas. Así que, si sois capaces de reducir el número de visitas controlando mejor la salud de vuestros pacientes, compartiremos con vosotros el dinero que nos ahorremos.

«Antes de las ACO, a los médicos no se les pagaba ni un céntimo por evitar que los pacientes fueran al hospital», dijo Farzad Mostashari, cofundador de Aledade, una compañía que ayuda a los médicos a formar las ACO. «En este modelo, tiene sentido que los médicos pasen más tiempo visitando al paciente y a su familia, en lugar de preocuparse por visitar a más pacientes por hora».

Hablé con Jonathan Lilly, un médico de atención primaria de West Virginia, y me dijo que el modelo ACO había transformado su práctica. Cada día visita a menos pacientes —quizás a 20 en lugar de a 30— y pasa más tiempo con cada uno de ellos. Él y sus socios son cada vez menos reactivos y más proactivos: controlan los niveles de glucosa de sus pacientes, la presión arterial y el peso para asegurarse de que sus diagnósticos vayan en buena dirección. También son más accesibles porque saben que, para evitar que los pacientes vayan al hospital, han de estar disponibles para ellos. Así que ahora ofrecen también servicios por la noche y los fines de semana, además de hacer visitas «rápidas» en las que un paciente se puede presentar cualquier día, aunque no tenga cita, y le visitan.

«Nunca había trabajado así», dijo Lilly. «Siempre había querido ser médico de familia y siempre había querido prevenir enfermedades. Y ahora puedo hacerlo». Es un nuevo sistema que les funciona a Lilly y a sus socios. Sus pacientes están más sanos y más satisfechos con su atención médica y van menos al hospital. El resultado es que Medicare se ahorra dinero y comparte sus ahorros con la ACO; lo cual repercute en que Lilly gane más.

Existen otras innovaciones positivas relativas al pago de la asistencia sanitaria a contracorriente. Hay un interés creciente por el modelo de «pago por capitación»: un modelo de pago que utilizan los sistemas de salud como Kaiser Permanente, que tiene más de 12 millones de socios. Kaiser Permanente (KP) es inusual en el sentido de que es al mismo tiempo asegurador y proveedor. Si eres socio de KP, pagas tu prima mensual —o la paga tu empleador— a KP y, cuando te pones enfermo, vas a un médico de KP. Esa estructura permite a KP evitar una de las tensiones más antiguas en la industria sanitaria: los proveedores —los médicos— quieren facturar a las aseguradoras tanto como puedan y, por lo tanto, hay un constante tira y afloja sobre qué procedimientos cubrirá la mutua y cómo se reembolsarán.

A los proveedores de KP se les paga una tarifa fija por visita para que atiendan todas las necesidades que el paciente tenga —sobre una base ajustada al riesgo; así obtendrán más por atender a una persona mayor que a una de veinticinco años—. Esto es el modelo de pago por capitación. Los médicos de KP no tienen ningún aliciente para pedir una resonancia magnética que no sea estrictamente necesaria, porque no les pagarán más por hacerla. Ahora bien, ¿por qué este modelo de pago por capitación no incita a *engañar* a la gente con los servicios? Después de todo, cuantos menos servicios se presten, mayor será el beneficio para el proveedor. Lo que pasa es que —al igual que con las «medidas emparejadas» de Andy Grove— los médicos también tienen que rendir cuentas a las métricas de calidad de la salud y satisfacción del paciente. Así que, si dejan que la salud de sus pacientes se deteriore, o si los pacientes dicen no estar satisfechos con la atención que reciben, los proveedores ganarán menos dinero.

Los modelos de pago por capitación abren la puerta a las intervenciones a contracorriente porque facilitan la justificación del gasto en prevención. Geisinger Health System, con sede en Pensilvania —otro sistema integrado como Kaiser— invita a sus pacientes diabéticos a utilizar la «granja de alimentos», que consiste básicamente en una tienda de alimentación llena de comida sana donde pueden acudir a comprar y llevarse a casa bolsas de comida gratis. ¿Por qué Geisinger ofrece comida gratis? Porque para un diabético la alimentación es su medicina, y a Geisinger le sale a cuenta pagar por comida sana si con ello salva al paciente de complicaciones posteriores que podrían ser mucho más costosas.

Nuestro sistema sanitario está avanzando hacia un modelo con mejores incentivos. El éxito de esos esfuerzos nos da la oportunidad de reflexionar sobre las lecciones de esta parte del libro. Para prevenir los problemas, los líderes proactivos han de reunir a las personas adecuadas —cuidadores, aseguradores, pacientes—. Tienen que buscar los puntos de apoyo y fomentar la transformación de los sistemas —hospitalizaciones innecesarias, ACO—. Tienen que intentar detectar los problemas con antelación —por ejemplo, controlando los niveles de azúcar en sangre—. Tienen que plantearse seriamente cómo medirán el éxito —evitando las victorias fantasma y las consecuencias indeseadas—. Y, por último, tienen que pensar en la financiación: cómo encontrar a alguien que quiera pagar para prevenir.

Es todo un torbellino de desafíos muy importantes que los líderes van a tener que soportar. Es un proceso lento y costoso, pero vale la pena, puesto que la magnitud es enorme: el 1 % de la gigantesca industria de la sanidad de 3,5 billones de dólares supone 35.000 millones de dólares —prácticamente, lo mismo que los ingresos globales de Nike en el 2018—. Los pequeños cambios en los enormes sistemas pueden tener efectos muy poderosos. Por eso, todos juntos, vadeando nuestro camino a contracorriente, podemos aproximarnos a un mundo en el que la preservación de la salud sea tan importante como el tratamiento de la enfermedad.

TERCERA PARTE

AÚN MÁS
A CONTRACORRIENTE

~~~~~~~

12. EL PROBLEMA DE CHICKEN LITTLE:
LAS AMENAZAS DISTANTES E IMPROBABLES

CAPÍTULO 12

El problema de Chicken Little:
las amenazas distantes e improbables

Un vídeo siniestro lanzado originalmente en 1999 como cinta de VHS, mostraba a Leonard Nimoy (intérprete de Spock en *Star Treck*) vestido de negro y hablando de modo inquietante sobre el futuro:

Hay un antiguo mito sobre la que pudo haber sido la civilización más avanzada que haya existido en el planeta Tierra... Pero la leyenda también termina rápidamente con la revelación de que esa civilización antigua desapareció por completo. Que su enorme isla se hundió en el mar porque sus innovaciones tecnológicas iban demasiado por delante de sus juicios humanos, sus previsiones humanas y sus debilidades humanas. Esa civilización legendaria era, por supuesto, la Atlántida.

Pero ahora nuestro problema en el año 1999 es que... estamos frente a una serie de problemas globales muy reales relacionados con el suministro de energía, las comunicaciones satélite, el agua, la salud, el transporte, la distribución de alimentos, y con otras cuestiones vitales para la supervivencia humana. Todos esos problemas globales son el resultado directo de un problema también humano que mucha gente conoce ahora como el error Y2K o efecto 2000, que deriva del hecho de que miles de millones de líneas de códigos informáticos y microchips integrados que ahora dirigen las mismas tecnologías de las que todos dependemos podrían dejar de funcionar en el brevísimo instante entre el 31 de diciembre de 1999 y el 1 de enero de 2000.

Así recordamos el destino de la Atlántida. La pregunta fundamental para nuestra civilización conforme nos aproximamos al año 2000 es esta: ¿Cómo hemos podido permitir que nuestras propias innovaciones tecnológicas altamente avanzadas superaran con creces nuestras habilidades humanas para controlar esas innovaciones y, más importante aún, para prever sus consecuencias finales?».

Al final, resultó que el efecto 2000 no acabó con la civilización el 1 de enero del año 2000. Pero ¿qué pasó?, ¿se salvó la civilización o es que en realidad no necesitaba salvarse?

En este capítulo nos desviaremos del tipo de problemas que hasta ahora hemos estado estudiando —principalmente, problemas recurrentes, como son la tasa de abandono escolar, la indigencia, la enfermedad, etc.—. Esos problemas no son misteriosos; podemos observarlos directamente y podemos medir su incidencia. Ahora estudiaremos los esfuerzos realizados a contracorriente para tratar problemas imprevisibles —como los huracanes—, infrecuentes —como el pirateo de una red informática— o francamente descabellados —como que la humanidad sea extinguida por las nuevas tecnologías—.

El error Y2K fue un problema puntual y único: un nuevo tipo de error informático al que la humanidad nunca antes se había enfrentado y nunca más se volverá a enfrentar. John Koskinen fue el hombre encargado de prevenir que ocurriera lo peor. Koskinen había trabajado en el sector privado transformando empresas en quiebra y, entre los años 1994 y 1997, ocupó uno de los puestos en la alta dirección en la Oficina de Administración y Presupuesto. Veintidós meses antes del nuevo milenio, en febrero de 1998, Koskinen aceptó la propuesta que el presidente Bill Clinton le hizo para que fuera el representante del error Y2K a nivel nacional.

La función de director del Consejo Presidencial para la Conversión Informática al Año 2000 era el típico trabajo en el que nadie gana, y Koskinen lo sabía. «Si todo hubiera salido bien, la gente habría dicho: "¿Para qué tanto lío? ¡Qué pérdida de tiempo y dinero!". Por otro lado, si todo hubiera salido mal y nos hubiéramos quedado sin luz, con los semáforos apagados, con los cajeros fuera de funcionamiento y con los sistemas de comunicación sin conexión, todo el mundo se habría peguntado: "¿Cómo se llamaba el encargado de prevenir todo esto?"».

Koskinen sabía que solo disponía de un plazo de 18 meses y un equipo de colaboradores muy reducido para arreglar los sistemas de gobierno. Lo único que podía hacer era reunirse con las personas adecuadas, hablar y animarlos a compartir información. Al principio de su mandato creó 25 equipos de trabajo, cada uno de un sector diferente de la economía: compañías eléctricas y de telecomunicación, gobiernos estatales y locales, sanidad, etc. Cada uno de esos equipos estaba liderado por un organismo federal; por ejemplo, el Ministerio de Transporte trabajaba con las aerolíneas, las compañías de ferrocarril y las empresas de transporte.

Un colaborador se opuso a ese enfoque diciendo: *Nuestro trabajo consiste en solucionar el error Y2K en el gobierno federal, y no toda la economía estadounidense.* La respuesta de Koskinen fue: «Pero tú sabes que, si todos los sistemas federales funcionan y cuando llegue el 1 de enero la red eléctrica se viene abajo, lo primero que va a preguntar todo el mundo es: "¿Qué habéis hecho para evitar que esto ocurriera?". Y la respuesta no podrá ser: "Ese no era mi trabajo"».

Los equipos de trabajo no tuvieron un comienzo demasiado propicio. A muchos de los abogados de las empresas les preocupaba que, si las empresas colaboraban estrechamente, podían correr el riesgo de demandas antimonopolio o de responsabilidad. Pero al final los equipos empezaron a trabajar eficientemente y a compartir libremente la información.*Al

---

* Plan de juego a contracorriente: primero, aliviar las preocupaciones de los abogados sobre posibles demandas; segundo, salvar a la civilización.

mismo tiempo, Koskinen había empezado a darse cuenta de que se estaba enfrentando a un problema técnico y psicológico al mismo tiempo. El pánico entre la población era una amenaza tan grande como los errores tecnológicos.

Según Koskinen, en un momento determinado hay un 2 % de cajeros automáticos que no funcionan o no tienen dinero. Pero, si el 1 de enero del año 2000 un cajero no hubiera funcionado, habría sido interpretado como una consecuencia del error del milenio y habría disparado el pánico. Una de las principales preocupaciones era la posibilidad de una retirada masiva de depósitos bancarios. Si a los clientes les preocupaba el no poder sacar dinero o si les preocupaba que el banco quebrara, podrían empezar a sacar su dinero semanas antes del cambio de milenio. Y, si otros clientes los vieran haciendo eso, también empezarían a preocuparse: *Esta gente está paranoica, pero a lo mejor sacan todo el dinero y yo me quedo sin. Mejor voy a sacar mi dinero yo también.*

Teniendo en cuenta que en Estados Unidos hay un sistema bancario fraccional, según el cual un banco solo puede tener un pequeño porcentaje de sus activos disponibles en efectivo, no se necesitarían muchas retiradas de efectivo llevadas por la paranoia para agotar el suministro de un banco. Imagínate el pánico que se habría creado cuando la gente hubiera empezado a oír rumores de que *el banco se ha quedado sin dinero.* Y así es cómo los miedos irracionales de bancarrota pueden llegar a producir la quiebra real. ¿Tan en serio se tomó el gobierno esos temores? La Reserva Federal ordenó la emisión de 50.000 millones de dólares y su puesta en circulación por todo el país, el equivalente a unos 500 dólares por cada hogar en Estados Unidos.

Conforme se iba acercando el nuevo milenio, Koskinen estaba cada vez más convencido de que el error Y2K no iba a provocar importantes desajustes. En sus comunicaciones y sus entrevistas públicas se mostraba siempre tranquilo y confiado, pero el 31 de diciembre de 1999 estaba bastante nervioso. Le preocupaba la situación a nivel mundial: todos los países con sistemas de tecnología de la información estaban teóricamente en riesgo por el error informático Y2K, y Estados Unidos se había convertido en el líder principal del trabajo a nivel internacional. Si algún país extranjero hubiera descuidado o hubiera ignorado el trabajo que tenía que hacer para solventar el error Y2K y el sistema se hubiera colapsado, ese fallo visible, convertido en histeria por los medios de comunicación, habría bastado para que en Estados Unidos surgieran todo tipo de problemas desencadenados por el pánico.

Los primeros reportajes que llegaron el primer día del milenio fueron de Nueva Zelanda. Un periodista estadounidense había viajado hasta allí para informar en directo sobre si su tarjeta funcionaba o no. Y funcionaba —debió de ser un largo viaje de vuelta—. El equipo de Koskinen respiró aliviado.

Koskinen dio conferencias de prensa cada cuatro horas, y el día pasó sin incidentes. Casi sin incidentes. Los japoneses empezaron a ver fallos en el control de la seguridad de sus plantas nucleares. Después, el Ministerio de Defensa perdió durante varias horas el contacto con algunos satélites de inteligencia. Hubo otros problemas menores: pagos atrasados, pagos estancados y cargos por duplicado en las tarjetas de crédito.

Este ejemplo, extraído del informe final que hizo el equipo del Y2K unos meses después, es un buen reflejo de la ausencia de dramatismo de aquel día: «Los sistemas de alerta meteorológica (LLWAS, de sus siglas en inglés) fallaron en los aeropuertos de Nueva York, Tampa, Denver, Atlanta, Orlando, Chicago O'Hare y San Luis durante el cambio de milenio: mostraban un mensaje de error. Los especialistas en el sistema de transporte aéreo de cada ciudad tuvieron que reiniciar los ordenadores de los LLWAS para corregir ese error». (Más tarde, el guion sobre aquel incidente, denominado *obligado a reiniciar*, fue vendido por cero dólares).

Llegó el nuevo milenio. La civilización resistió. La gente regresaba tímidamente a las ciudades desde sus cabañas alquiladas en el bosque.

Tal como Koskinen había predicho, el trabajo de su equipo pasó inadvertido. «Cuarenta y ocho horas después la gente estaba diciendo: "Bueno, todo ha ido bastante bien. El problema no debía de ser tan grave"», dijo.

Pero ¿era posible que esos escépticos tuvieran razón y que el error Y2K no fue realmente una gran amenaza? Algunos observadores, como el analista canadiense de sistemas informáticos David Robert Loblaw, siempre lo habían dicho: «Los aviones no se caerán del cielo, los ascensores no se descolgarán y los gobiernos no se colapsarán. El año 2000 entrará en escena acompañado de un bostezo».

Cuando se demostró que su predicción había sido correcta, Loblaw aprovechó la victoria y el 6 de enero de 2000 escribió un artículo para *Globe and Mail* titulado «Os engañaron y os avisé». «De hecho, actualmente son muy pocos los sistemas que dependen realmente del año del calendario, incluidos algunos de los que han provocado tanta histeria, como la energía hidráulica y el control del tráfico aéreo», escribió.

Muchos de los responsables de tecnología de la información que se ocuparon de prevenir el efecto 2000 todavía se indignan cuando alguien dice que todo fue una farsa. «La razón de que no pasara nada es que se hizo un gran trabajo, porque la gente había armado un gran alboroto», dijo Martyn Thomas, quien trabajó en la prevención de los problemas relacionados con el efecto 2000 desde Reino Unido como consultor y socio internacional en Deloitte & Touche —así se llamaba en aquel momento—. Considera que el error Y2K fue una catástrofe que se evitó por poco gracias a una exitosa movilización mundial de talento y energía.

¿Quién tiene la razón? Es difícil de saber, aunque mi impresión es que fue más un cuasi accidente que una farsa. Esta incertidumbre es un aspecto frustrante de los trabajos que van a contracorriente, especialmente en situaciones en las que se trata con problemas nuevos. En cambio, cuando los problemas son recurrentes hay menos ambigüedad. Si hay 500 abandonos en bachillerato durante cinco años seguidos y el primer año después de iniciar un programa nuevo hay solamente 400, sabes casi seguro de que tu trabajo ha tenido un impacto. Pero, en el caso del efecto 2000, el problema era una única fecha: el 1 de enero de 2000. Y afortunadamente, por suerte o por preparación, o por ambas cosas a la vez, resultó no tener graves repercusiones.

~~~~~~~~~

El efecto 2000 es el típico caso en el que nos preparamos para un desastre y, como el desastre no ocurre, nos preguntamos si los preparativos eran necesarios. Piensa en el escenario opuesto: te preparas para un desastre, pero de todos modos este resulta ser altamente destructivo. Después del desastre, ¿llegas a la conclusión de que te equivocaste en los preparativos o decides que las cosas podrían haber sido mucho peores si no lo hubieras intentado?

Una versión del mundo real de este escenario es la que empezó a principios de 2004, cuando dos expertos en catástrofes se reunieron en Washington para participar en un debate: Madhu Beriwal, fundador y consejero delegado de Innovative Emergency Management (IEM), una empresa privada contratada por el gobierno para preparar y responder a las catástrofes, y Eric Tolbert, director encargado de las respuestas de emergencia para la Federal Emergency Management Agency (FEMA).

Beriwal preguntó a Tolbert: «De todas las catástrofes que estás considerando, ¿cuál te quita el sueño?». Tolbert respondió: «Un huracán catastrófico que azote Nueva Orleans».

La geografía de Nueva Orleans alarmaba a los expertos. La ciudad está por debajo del nivel del mar, situada entre unos diques que mantienen a raya las aguas del río Mississippi y del lago Pontchartrain. Imagínate una ciudad situada en el fondo de un cuenco. Si los diques se rompieran, el agua entraría a riadas en la ciudad y allí se quedaría.

En los años posteriores al 11 de septiembre, la atención principal del FEMA se había centrado en los actos terroristas, pero Tolbert había estado presionando para que se invirtiera en desarrollar planes contra los desastres naturales. Cuando en 2004 se aprobó destinar unos cuantos millones de dólares a ese fin, la empresa de Beriwal, IEM, fue contratada por 800.000 dólares. El acuerdo fue que creara un plan para hacer frente a los huracanes en Nueva Orleans y sus alrededores.

IEM elaboró un plan a una velocidad vertiginosa, tardando únicamente cincuenta y tres días en completar un proceso que normalmente habría llevado mucho más tiempo. La estación de los huracanes se aproximaba. En julio de 2004, IEM reunió durante una semana en Baton Rouge a trescientos colaboradores principales; entre los que estaban los representantes del FEMA, más de veinte organismos de Louisiana, trece parroquias, el servicio meteorológico nacional, más de quince organismos federales, grupos de voluntarios y organismos estatales de Mississippi y Alabama. Todos se unieron para ver cómo reaccionar ante el huracán Pam, una simulación ideada por el equipo de IEM.

«Con epicentro en el océano Atlántico, [el huracán Pam] azota las islas de Puerto Rico, La Española y Cuba, y va cobrando intensidad conforme recorre las cálidas aguas del golfo de México», escribieron Christopher Cooper y Robert Block de la simulación del huracán Pam en *Disaster: Hurricane Katrina and the Failure of Homeland Security*, un relato indispensable de cómo se gestionó el huracán Katrina. Continúan diciendo:

Aunque hay bastante tiempo para huir, muchos de los residentes de la costa del golfo permanecen en su hogar. Y, tal como era previsible, la tormenta sigue una línea recta hacia la pequeña ciudad de Grand Isle, Louisiana, la arrasa y sigue hacia el norte, hacia Nueva Orleans. El huracán avanza río arriba durante 96 kilómetros, arrasando todo lo que encuentra a su paso. Pasa justo por encima de Nueva Orleans, y al hacerlo la tormenta descarga como una taza de té sobre el lago Pontchartrain e inunda la ciudad. Un torrente de agua salobre empapa Nueva Orleans y la deja bajo seis metros de agua. Después, el huracán sigue su recorrido dejándolo todo en ruinas.

Durante aquella simulación en Baton Rouge, los participantes formulaban sus respuestas en tiempo real, y estaban divididos en subgrupos según su especialidad: búsqueda y rescate, drenaje de agua, vivienda provisional, centros de triaje, etc.

Uno de los organizadores principales del huracán Pam, el coronel Michael L. Brown,*había decretado que, en la elaboración de lo que se pretendía planificar, no habría «polvos mágicos», tal como Cooper y Block escribieron:

> Si para un trabajo se necesitaban trescientos barcos, los participantes tenían que encontrarlos, y no simplemente desear que existieran. Si los planificadores necesitaban quince camiones para transportar generadores a Nueva Orleans, tenían que saber de dónde los iban a sacar o, por lo menos, hacer una suposición realista. «Se suponía que debían planificar con los recursos que había disponibles o que presumiblemente podrían estar disponibles», dijo Beriwal. «No era válido imaginar que podrían aparecer mil helicópteros por arte de magia y se encargarían del rescate».

Después de una intensa y apasionante semana lidiando con el huracán Pam, el grupo había elaborado una serie de planes de respuesta urgente: algunos sumamente detallados, y otros menos. Era un comienzo.

Trece meses después de la simulación del huracán Pam, a finales de agosto de 2005, el huracán Katrina azotó Nueva Orleans. En su testimonio apenas cinco meses después del Katrina, Beriwal

---

* Este Brown no es el Mike Brown del famoso «Brownie, estás haciendo un excelente trabajo». Es otro Mike Brown. La esposa de este Mike Brown se llama Pam, y de ahí el nombre de la simulación.

mostró al Senado un cuadro en el que comparaba la simulación con la realidad:

INFORMACIÓN DEL «HURACÁN PAM»	CONSECUENCIAS REALES DEL HURACÁN KATRINA
50 centímetros de lluvia	45 centímetros de lluvia
La ciudad de Nueva Orleans bajo 3 y 6 metros de agua	Algunas zonas de Nueva Orleans bajo 6 metros de agua
Desbordamiento de los diques	Rotura de diques
Más de 55.000 personas en refugios públicos antes de la llegada del huracán	Aproximadamente 60.000 personas en refugios públicos antes de la llegada del huracán
Más de 1,1 millones de residentes de Louisiana desplazados	1 millón de residentes de la costa del golfo desplazados a largo plazo; la mayoría son residentes de Louisiana
786.359 personas en Louisiana se quedan sin electricidad al principio del impacto	881.400 personas de Louisiana dijeron estar sin electricidad el día siguiente del impacto

Las similitudes son asombrosas. La pregunta obvia que hay que hacerse entonces es: ¿Qué demonios pasó? ¿Cómo puedes reunir exactamente a las personas adecuadas para ensayar exactamente el escenario correcto y, cuando el desastre ocurre de verdad un año después, la respuesta es un auténtico fracaso?

Decir «fracaso» es infravalorar lo que pasó. La respuesta al Katrina fue una desgracia nacional. Este es un relato del periodista Scott Gold desde el Superdome, el estadio que se usó para albergar a los ciudadanos:

Una niña de dos años duerme sobre un charco de orina. Las grietas abundan en los baños. La sangre mancha las paredes alrededor de las máquinas dispensadoras destrozadas por los adolescentes. El Superdome de Louisiana, otrora testamento poderoso de la arquitectura y del ingenio, se convirtió el lunes, el día antes de que llegara el Katrina, en el mayor albergue para tormentas de Nueva Orleans. Cerca de 16.000 personas se instalaron allí. El miércoles, el lugar se había convertido en algo horrible... «Nos hacíamos pipí en el suelo, parecíamos animales», dijo Tiffany Smith de veinticinco años mientras acunaba a su hijo de tres semanas, Terry. En su mano derecha llevaba un biberón medio lleno de leche que le habían dado los rescatadores. Las provisiones para los bebés se estaban acabando; una madre dijo que le habían dado dos pañales y los limpiaba cuando estaban sucios para reutilizarlos.

Ahora es cuando voy a poner a prueba tu paciencia pidiéndote que pienses en cómo dos ideas disonantes pueden ser las dos verdaderas: la primera es que la respuesta a la catástrofe para la gente que se quedó en Nueva Orleans fue inexplicablemente mala; y la segunda es que se salvaron muchos miles de vidas gracias a la planificación que se había hecho para el huracán Pam. En resumen: los efectos del huracán Katrina fueron terribles, pero podrían haber sido mucho peores.

El secreto está en que había dos filas más en el cuadro que Beriwal mostró al Senado: dos filas que muestran los mayores puntos de diferencia entre el huracán Pam y el huracán Katrina:

INFORMACIÓN DEL «HURACÁN PAM»	CONSECUENCIAS REALES DEL HURACÁN KATRINA
Más de 60.000 muertos	1.100 muertos por ahora en Louisiana; más de 3.000 personas desaparecidas todavía
36 % de la población evacuada antes de la llegada del huracán	Entre el 80 % y el 90 % de la población evacuada antes de la llegada del huracán

En el año 2019, Beriwal dijo del huracán Pam: «Nosotros predijimos las consecuencias casi con un ojo científico. Una cosa en la que nos equivocamos totalmente fue en el número de muertes. Nuestra proyección era que morirían unas 60.000 personas. Y, aunque también sea una cifra horrible, murieron 1.700 personas. La diferencia entre estas dos cantidades es el efecto del contraflujo».[*]

El «contraflujo» es un procedimiento de emergencia que se utiliza en el transporte público en el que todos los carriles de una carretera se cambian temporalmente para fluir en la misma dirección. Es una decisión teóricamente lógica, ya que lo normal es que todo el tráfico deba abandonar la zona catastrófica. ¡Pero imagínate la complejidad de cambiar la dirección de toda la red interestatal! Se han de bloquear y controlar cada una de las rampas de entrada que van en dirección contraria; se ha de informar al público de lo que está ocurriendo; y disponer de equipos de emergencia que respondan rápidamente ante los vehículos bloqueados para que no se produzcan atascos. ¿Y qué ocurre cuando el contraflujo interestatal llega a la frontera del estado y tiene que volver a circular con el flujo regular? Todos estos asuntos pueden parecer minucias logísticas; pero ten en cuenta que Beriwal está diciendo que el contraflujo fue la principal razón de que en el huracán Katrina murieran 1.700 personas, y no 60.000. Los detalles fueron vitales.

Nueva Orleans había experimentado con el contraflujo el año anterior durante el huracán Iván: un huracán menos potente que golpeó el golfo menos de dos meses después de la simulación del huracán Pam. El resultado fue un fiasco. Las carreteras se colapsaron rápidamente, dejando a algunos conductores atrapados en los pasos elevados hasta doce horas. Y después Iván viró hacia el este sin pasar por Nueva Orleans. Si no hubiera virado, miles de conductores que estaban en una autopista interestatal

---

[*] Ella cita 1.700 muertes, en lugar de las 1.000 que dijo en su testimonio al Senado, porque el número iba creciendo a medida que se confirmaban las muertes de los desaparecidos.

convertida en un inmenso aparcamiento habrían tenido que abandonar sus coches y buscar cobijo.

En respuesta a la simulación del huracán Pam, y al fracaso real con Iván, el país revisó sus planes de contraflujo. Algunas de las lecciones que aprendieron es que tenía que haber una colaboración más estrecha entre las autoridades y los estados vecinos, y una mejor comunicación con la población. En el caso del Katrina, Cruz Roja imprimió y distribuyó un millón y medio de mapas explicando el proceso del contraflujo. Otras mejoras fueron más sutiles: por ejemplo, durante el huracán Iván, los conductores se paraban frecuentemente para preguntar a los policías, y estos pensaban que les ayudaban dándoles buenas respuestas, pero esas conversaciones lo único que hacían era originar cuellos de botella y contribuir a crear más atascos. En el caso del Katrina, la lección estaba aprendida: nada de preguntas, hay que hacer que los coches circulen.

El sábado 27 de agosto de 2005, con el huracán Katrina en el golfo amenazando a Nueva Orleans, Kathleen Blanco, la gobernadora de Louisiana, ordenó que el contraflujo comenzara a las 16:00 h y continuó sin parar durante 25 horas seguidas. El tráfico fluyó mucho mejor que con el huracán Iván: el viaje a Baton Rouge, que normalmente dura una hora en coche, se hacía un máximo de 3 horas durante el periodo del contraflujo. El número de vehículos por hora fue casi un 70 % mayor que en una hora punta; sin embargo, no se produjeron atascos. En total, más de 1,2 millones de personas fueron evacuadas sin retrasos significativos.

La simulación del huracán Pam es un ejemplo de un esfuerzo a contracorriente: reunir a la gente adecuada para discutir el problema concreto antes de que ocurra. «Lo bueno es que sabemos que marcamos una diferencia», dijo Ivor van Heerden, exdirector adjunto del Centro de Huracanes de la Universidad Estatal de Luisiana y participante en la simulación del huracán Pam. «Sabemos que salvamos miles de vidas».

La idea fue la adecuada, pero por desgracia era la primera vez que se reunían los actores principales. No hay ninguna fórmula, por ingeniosa que sea, capaz de preparar a la gente para una catástrofe. IEM, la empresa que ideó el huracán Pam, había planificado múltiples ejercicios adicionales en 2005 para impulsar el trabajo. «Pero en una exhibición impresionante de planificación inteligente», escriben los autores de Disaster, «FEMA canceló la mayoría de las sesiones de seguimiento programadas para el primer semestre de 2005, alegando que no podía pagar los gastos de viajes de sus propios empleados para asistir a esas sesiones. Los directivos del FEMA afirman que el déficit ascendía a menos de 15.000 dólares».

FEMA dijo no a 15.000 dólares, pero el Congreso de los Estados Unidos aprobó un gasto adicional de más de 62.000 millones de dólares para reconstruir las áreas de la costa del golfo que habían sido destruidas por el Katrina. Es el perfecto ejemplo de nuestra tendencia colectiva a emprender acciones que van a favor de la corriente. Para ser justos, ningún tipo de preparación por buena que sea podría haber evitado los daños de un huracán de categoría 5, pero las proporciones están totalmente fuera de control: podemos microdirigir miles o millones de dólares para financiar situaciones en las que miles de millones de fondos están en juego. Prepararse para un problema importante requiere práctica y, en teoría, eso no es complicado. En realidad, lo que lo complica todo es que ese tipo de práctica va en contra del instinto del túnel del que hemos hablando anteriormente. Las organizaciones están constantemente lidiando con problemas urgentes a corto plazo, pero abordar posibles problemas futuros no es, por definición, tan urgente. Y, por consiguiente, es difícil convencer a la gente de que lo haga, como también es difícil conseguir fondos para ello. Es difícil convencer a la gente de que colabore cuando las dificultades no le obligan a hacerlo.

Crear el hábito de planificar posibles problemas futuros es la manera de contrarrestar esa tendencia de actuar a favor de la corriente. Los responsables de tecnología de la información, por ejemplo, han aprendido que en lo que se refiere a la seguridad de la red los eslabones más débiles suelen ser sus propios trabajadores.

El fraude de la suplantación de identidad (*phishing*), por medio del cual se envían emails fraudulentos solicitando información personal como son los números de la tarjeta de crédito o las contraseñas, es cada vez más común y ha intervenido en el 32 % de las brechas de seguridad examinadas por el *Verizon Data Breach Investigations Report* de 2019. Ha surgido ya toda una industria auxiliar cuyo objetivo es el de enviar correos electrónicos de *phishing* a los empleados con la esperanza de enseñarles a no caer en los ataques reales. Un signo de los tiempos: hay una industria para conseguir estafar a los estafadores.

Don Ringelestein, director de tecnología del distrito escolar West Aurora en Illinois, estaba preocupado por los ataques de *phishing*, y por eso aceptó una prueba gratuita de un proveedor llamado KnowBe4. En enero de 2017, envió su primera prueba de suplantación a los empleados del distrito desde una dirección de correo electrónico extraña que nunca habían visto antes. El email les anunciaba que una brecha de seguridad sospechosa había ocurrido a principios de semana y les animaba a clicar en un link para cambiar sus contraseñas. Ringelestein, que siempre había advertido a sus empleados sobre este problema, pensaba que la mayoría de ellos se daría cuenta de que era una estafa, pero no fue así: el 29 % de sus compañeros clicó en el link.

«Una cosa es sorprenderse, otra es asustarse», dijo de su reacción. La suplantación de identidad es un tema especialmente preocupante en los distritos escolares porque, más allá del valor de los datos financieros del distrito, los datos personales de los estudiantes pueden ser «perfectos» para propósitos de robo de identidad. Un ladrón podría utilizar esos datos durante años para abrir cuentas antes de que el estudiante descubra que hay un problema, según el FBI.

«Es imposible bloquear todos estos correos electrónicos con el hardware. No hay ningún hardware que pueda hacerlo», dijo Ringelestein. «Así que la mejor forma que tenemos para cerrar esa última puerta, esa última oportunidad de que los suplantadores de identidad operen, es educando a nuestra gente».

Empezó a redactar mensajes de correo electrónico que tentaban a sus compañeros a clicar en algún link. Por ejemplo: ¿quieres una subscripción gratis a Amazon Prime?, clica aquí; ¿quieres una bebida gratis en Starbucks?, descárgate este cupón; ¿estás muy atrasado en el pago de los peajes con E-ZPass?, clica aquí para pagar ahora. La tasa de clics en este último email fue del 27 %, un tanto desalentador teniendo en cuenta que Illinois no tiene el E-ZPass para los peajes sino el I-Pass. Si Ringelestein hubiera ofrecido «pasantes gratuitos para calificar los trabajos de los estudiantes», la tasa de clics habría sido del 90 %...

Cuando alguien hacía clic en uno de esos links, el sistema lo desviaba a una pantalla en la que se le instruía sobre las prácticas de seguridad en internet. Al mismo tiempo, Ringelestein podía saber qué empleados habían clicado, y enseguida se dio cuenta de que había unos cuantos que eran casi infinitamente crédulos. Incluso con trabajos poco creativos conseguía atraer sus clics. Ringelestein pasaba por sus escuelas para ofrecerles discretamente un tutorial.

Ringelestein lleva más de dos años poniendo a prueba, y educando, a sus compañeros, y poco a poco estos han ido subiendo la guardia. La desastrosa tasa de clics del 29 % en su primer correo electrónico ha pasado a ser de un 5 % en los últimos intentos.

Eso es un progreso. Y es un progreso que pretende ser *generalizado*, ya que el objetivo no es solo proteger a los empleados contra las promociones falsas de Starbucks, sino aumentar sus defensas contra estafas de todo tipo. Si un profesor de West Aurora recibe una *llamada telefónica* sospechosa pidiéndole información sensible, estará alerta —espera Ringelestein—, aunque el medio de comunicación sea diferente.

Esta es también la visión que hay que tener en el tema de la preparación para las catástrofes. Las simulaciones de emergencias no pretenden ser predicciones perfectas, sino predicciones creíbles en las que las partes implicadas tengan múltiples oportunidades de practicar. Además, las simulaciones dan a los participantes los conocimientos y las habilidades que necesitarán en *cualquier* emergencia. Y, cuando ocurra una catástrofe, ya sabrán quiénes son los principales jugadores, cuáles son los vínculos en el sistema y dónde ir a buscar los recursos. Una persona a la que entrevisté, que había participado en un evento para preparar a una comunidad, me dijo: «No querrás estar intercambiando tarjetas de visita en medio de una emergencia».

En todos los proyectos de preparación para problemas imprevisibles, como el efecto 2000 o los huracanes, hemos visto algunos temas recurrentes. Una autoridad reúne a los participantes adecuados en torno a un objetivo. Salen de sus túneles y acotan el problema. Intentan hacer ajustes en el sistema —como son las mejoras del contraflujo— que mejorarán su eficiencia en el siguiente desastre.

Pero ahora una pregunta mucho más difícil: ¿Y si para determinados problemas no bastara solo con estar «preparado»? ¿Y si lo que se necesita para evitar esos problemas es la *perfección*?

Piensa otra vez en los compañeros de Ringelestein que empezaron con una tasa de engaño del 29 % y mejoraron gracias a la educación hasta el 5 %. Se trata de un gran cambio para los estándares de comportamiento, pero ¿es suficiente? «La educación no es suficiente cuando la seguridad depende de tu eslabón más débil», dijo Bruce Schneier, experto en seguridad informática, hablando sobre la defensa contra los ciberataques. En otras palabras, si un *hacker* hubiera decidido entrar en el distrito escolar West Aurora, o en cualquier otra institución específica, entonces la diferencia entre un 29 % y un 5 % sería insustancial porque para muchos propósitos de piratería basta con tener solo una puerta abierta. Lo único que se necesita es una persona crédula que clique sobre *cualquier cosa*.

Nick Bostrom, profesor sueco de Filosofía en la Universidad de Oxford, reflexiona si la innovación tecnológica ha dejado a la sociedad moderna al borde de un tipo similar de vulnerabilidad: una situación en la que el destino de todos podría depender de un simple fallo o de un mal actor. El contexto de sus comentarios es la tendencia humana de seguir avanzando hacia nuevas innovaciones sin apenas pensar en sus consecuencias. Los científicos y tecnólogos rara vez piensan más allá del límite formal en el que se preguntan si algo *debería* inventarse o no. Si se *puede* inventar, lo inventan. La curiosidad y la ambición les impulsan a seguir hacia delante. Podemos decir que en el tema de la innovación hay un acelerador, pero no hay un freno.

Algunas veces, los descubrimientos de los científicos y tecnólogos tienen un valor inmenso: los antibióticos, por ejemplo, o la vacuna contra la varicela. Otras veces, los inventos tienen una parte buena y una mala: las armas, los automóviles, el aire acondicionado o Twitter. Nunca podremos saber con antelación qué nos depararán las nuevas tecnologías, si será algo bueno o malo. Lo único que podemos hacer es seguir a tientas nuestro camino y lidiar con las consecuencias.

Bostrom creó una metáfora de este hábito torpe: imagínate que la humanidad está sacando bolas de una urna gigante y que esas bolas son las invenciones o las tecnologías. La urna contiene algunas bolas blancas que representan las tecnologías beneficiosas, como los antibióticos, y otras grises que representan las tecnologías medio beneficiosas medio perjudiciales. El tema es que, cuando vamos hacia la urna, no sabemos de qué color será la bola que saquemos, pero seguimos yendo a pesar de todo. Pero ¿y si una de esas bolas resulta ser catastrófica? En su artículo «The Vulnerable World Hypothesis», Bostrom se plantea si podría haber una bola negra dentro de la urna que represente una tecnología capaz de destruir a la civilización que la inventó.

Bostrom cree que por ahora no hemos sacado una bola negra, pero que «no es porque hayamos sido especialmente cuidadosos o sabios en nuestra política tecnológica, sino porque hemos tenido suerte… Nuestra civilización es muy habilidosa extrayendo bolas, pero no lo es tanto volviéndolas a poner en la urna. Podemos inventar, pero no podemos "desinventar". Nuestra estrategia es esperar que no salga una bola negra».

Esta idea de la bola negra puede parecer ciencia ficción: una tecnología que destruya la civilización, pero no es tan descabellada. Bostrom sostiene que nuestra civilización podría estar en riesgo si alguna vez extraemos una bola de la urna que pone al alcance de pequeños grupos la posibilidad de acceder a mecanismos de destrucción masiva. Esto es, básicamente, el escenario del «ISIS con un arma nuclear». Solo hacen falta dos condiciones: un conjunto de actores que aprueben la destrucción masiva y una tecnología que ponga la destrucción masiva al alcance de las masas. ¿Alguien duda que la primera condición se cumpla? La presencia de innumerables grupos terroristas y de francotiradores en escuelas y asesinos en serie proporciona una prueba convincente.

Y, en lo que respecta a la segunda condición —la destrucción masiva disponible para las masas—, Bostrom nos pide que pensemos en qué habría pasado si las armas nucleares no hubieran requerido para su desarrollo la sofisticación y los recursos de los países. ¿Y si hubiera «alguna forma verdaderamente fácil de liberar la energía del átomo, por ejemplo, enviando una corriente eléctrica a través de un objeto de metal colocado entre dos hojas de vidrio?». Si la gente pudiera fabricar una bomba nuclear con los materiales que se pueden comprar en una tienda de bricolaje, no hay duda de que las consecuencias serían catastróficas. ¿Acaso no ha sido uno de nuestros mayores golpes de suerte el que las armas nucleares requirieran una gran cantidad de dinero/experiencia/recursos para fabricarse?

Lo que viene a decir Bostrom es que no hay garantías de que vayamos a seguir teniendo siempre la misma suerte. Ahora ya hay «impresoras» de ADN que permiten a las empresas producir una secuencia del ADN de forma rápida y barata para temas de investigación. Imagínate si algún día esas impresoras de ADN se pudieran llevar a casa —quizás con la idea de ofrecer medicinas genéticamente personalizadas—. Imagínate que alguien pudiera cocinar en casa una copia de la gripe española de 1918. Un solo hombre podría provocar el fin de toda la humanidad.

Hemos empezado este capítulo con la cita de Leonard Nimoy: «Así recordamos el destino de la Atlántida. La pregunta fundamental para nuestra civilización conforme nos aproximamos al año 2000 es esta: ¿Cómo hemos podido permitir que nuestras propias innovaciones tecnológicas altamente avanzadas superaran con creces nuestras habilidades humanas para controlar esas innovaciones y, más importante aún, para prever sus consecuencias finales?». Admito que la primera vez que vi ese vídeo en toda su cursilería sintetizada no había nada más que burla en mi corazón. Ahora, esa burla ha desaparecido. Puede que Spock tenga razón.

Hay un concepto denominado el «dilema del profeta», que es una predicción que evita que lo que se predice ocurra. Una predicción que se autodestruye. ¿Y si las advertencias de Chicken Little hubieran *evitado* la caída del cielo? El efecto 2000 es un ejemplo de ese dilema. Las advertencias de que el cielo iba a caer desencadenaron las mismas acciones que evitaron que el cielo cayera. Tal vez lo que la sociedad necesita es una nueva generación de Chicken Littles iluminados, en lugar de teóricos de la conspiración que usan el odio para vender oro y vitaminas, o emprendedores del miedo que usan la histeria para venderte servicios de consultoría. Necesita a gente como Bostrom, que fundó el Future of Humanity Institute para atraer el interés en la investigación sobre los riesgos emergentes y el futuro a largo plazo de la humanidad. O a escritores como el gurú de la seguridad informática Bruce Schneier —citado antes cuando hablábamos del problema del «vínculo más débil»—, cuyo libro *Click Here to Kill Everybody* es una lectura obligada para todo aquel que tenga algo que ver con la legislación de la tecnología de las redes.

Tal vez también deberíamos empezar a desarrollar un sistema que sepa actuar ante las advertencias de estos Chicken Littles iluminados. ¿Necesitan todos los habitantes de la Tierra tener acceso a una impresora de ADN? ¿Han de ser las compañías que fabrican esas impresoras las que tomen esa decisión?, o ¿quién ha de tomarla?

Lo creas o no, tenemos un modelo histórico que nos puede servir de inspiración. Es un proyecto en el que diferentes partes de todo el mundo se unieron entre los años cincuenta y sesenta para hacer frente a una incierta amenaza científica. ¿Cuál era? La posibilidad de traer de vuelta a la Tierra vida alienígena destructiva a partir de una misión a la Luna. «Miles de ciudadanos preocupados escribieron cartas a la Nasa inquietos por el riesgo de los gérmenes lunares», escribió Michael Meltzer en su fascinante libro *When Biospheres Collide*.

Ahora esos temores nos pueden parecer ridículos, pero en aquel momento no lo eran porque simplemente no sabíamos qué había en la Luna. Y la amenaza existencial flotaba en el ambiente. Era la época de la Guerra Fría, de los refugios nucleares, de los programas de guerra biológica, de la crisis de los misiles de Cuba, de los ejercicios de «agacharse y cubrirse» en las escuelas. Alimentó esos miedos el *bestseller* de Michael Crichton de 1969, *La amenaza de Andrómeda*, publicado unos dos meses antes del aterrizaje en la Luna, que hablaba de un organismo alienígena mortal que llegaba accidentalmente a la Tierra a través de una sonda espacial que regresa del espacio exterior.

En los años cincuenta, justo antes del lanzamiento del programa *Sputnik* de la URSS, un grupo de científicos empezó a advertir de los peligros de la contaminación derivados de la exploración espacial. Los científicos, entre los que estaban el biólogo J. B. S. Haldane y los ganadores del premio Nobel Melvin Calvin y Joshua Lederberg advertían de dos tipos de contaminación: la contaminación de ida, y la de vuelta. «La contaminación de vuelta» es la contaminación de la Tierra causada por una nave espacial que regresa —ese es el caso de Andrómeda—, y la «contaminación de ida» es la contaminación de otro planeta con organismos de la Tierra —este es un territorio más a contracorriente—.

El interés en estos temas produjo la creación de un nuevo ámbito científico que Lederberg denominó «exobiología» —ahora llamada «astrobiología»—. «La exobiología influyó profundamente en la manera de explorar el espacio», escribió el astrónomo Caleb Scharf en *Nautilus*. «Se desarrollaron unos estrictos protocolos para la esterilización de las naves espaciales, y cuarentenas para restringir lo que pudieran traer. La NASA construyó salas blancas (también denominadas salas limpias) donde los técnicos esterilizaban y desinfectaban el equipamiento antes de sellarlo para el lanzamiento. Los científicos se pusieron a trabajar desde el principio intentando calcular los riesgos aceptables de la contaminación biológica de otros mundos».

Cuando los astronautas del *Apollo* regresaron de la Luna, fueron inmediatamente puestos en cuarentena. Para ser honestos, la mayoría de los científicos no creían que la Luna fuera capaz de albergar vida. No estaban excesivamente preocupados por que los astronautas trajeran bichos lunares mortales. Pero hay que reconocerles el mérito de que se preocuparan por algo que realmente no dominaban. ¿Por qué arriesgarse en un ámbito, el de los viajes espaciales, que apenas conocemos? Pusieron en marcha una serie de complejos protocolos para intentar protegernos de un riesgo improbable. La humanidad no estaba obligada a hacerlo; lo hicimos voluntariamente. Tal vez esos fueron nuestros primeros pasos a contracorriente del trabajo colectivo frente a los problemas que podrían amenazar a nuestra civilización en los próximos años.

La persona a cargo de esta tarea era un empleado de la NASA que tenía el título de «oficial de protección planetaria» (originalmente, oficial de cuarentena planetaria). Ese departamento todavía existe, y en el año 2019 la responsable era Lisa Pratt. Una de sus predecesoras, Catharine Conley, dijo algo chocante sobre la historia del departamento: «Hasta donde yo sé, es la primera vez en la historia de la humanidad que los seres humanos como especie global decidimos prevenir el daño antes de que tuviéramos la capacidad de hacer algo».

Podría haber una segunda vez.

CAPÍTULO 13

Tú, a contracorriente

En el año 2005, el marido de Tricia Dyal, Justin, un marine de operaciones especiales, fue enviado a Iraq. Tenían dos niñas: Elena Grace, de tres años, y Elissa Faith, de ocho meses. Antes de partir, Justin le dijo a su mujer: «¿Sabes una cosa? No tengo miedo de ir a Iraq. No temo por mi vida. Lo que temo es que mis hijas no sepan quién soy cuando regrese».

Unas semanas más tarde, ambas niñas contrajeron un rotavirus y tuvieron que ser hospitalizadas. Elena Grace estaba fatal —físicamente agotada por el virus y terriblemente triste porque su padre se había ido—. Tricia le había dado una foto de su padre, pero Elena Grace la había manoseado tanto que se estaba rompiendo.

Desesperada por aliviar a su hija, Tricia telefoneó a su tía abuela Mary, una talentosa artesana, y le preguntó si podía hacerle una muñeca que tuviera la cara de Justin. Mary utilizó una foto de Justin con su uniforme. Descubrió una forma para imprimir la foto en un trozo de tela y lo cosió en forma de muñeco. Cuando Tricia le dio el muñeco a Elena, su cara se iluminó. A partir de ese momento, el muñeco siempre estuvo a su lado.

Cuando salieron del hospital y regresaron a casa, el muñeco de papá pasó a formar parte de su vida diaria. Elena Grace lo llevaba consigo a todas partes. Lo sentaba junto a ella en el carrito de la compra en el supermercado, jugaba con él en el parque, iba a todas las meriendas con él y, por las noches, rezaba con él a su lado. Elissa Faith también tenía su muñeco de papá. Dormía con él en su cuna. Justin, después de su turno de nueve meses en Iraq, volvió a su casa preocupado por cómo reaccionaría Elissa Faith. Era un bebé cuando él se marchó, y no sabía si le recodaría. Otros marines le habían contado que al volver a su casa sus hijos les tenían miedo durante unas semanas.

Justin llegó a casa por la noche cuando las niñas estaban durmiendo y fue directamente a la habitación de Elissa Faith, simplemente para mirarla. Ella se despertó y lo miró. Él todavía llevaba su uniforme. Entonces la niña miró a su muñeco. «Tiró el muñeco al suelo y le abrazó diciéndole ¡papá!», dijo Tricia. «Fue la primera vez que vi llorar a mi marido».

Cuando otras personas veían el muñeco, decían que era muy buena idea. Durante la estancia de las niñas en el hospital, las enfermeras preguntaron a Tricia si le era posible hacer más muñecos para los otros niños que estaban ingresados. Tricia y Nikky Darnell, esposa de un vecino también marine, trabajaron juntas para hacer más muñecas.

Poco a poco, Tricia se dio cuenta de que las muñecas no debían ser solamente para sus hijas o para amigos de amigos. Las muñecas debían ser para todas aquellas familias que sufrieran la ausencia de un ser querido. «Aunque nunca hayas experimentado que destinen a un ser querido a otro país, puedes identificarte con un niño que extraña mucho a un familiar, y con el padre que no tiene otra opción que estar lejos de sus hijos», dijo Tricia. «Es una sensación desgarradora, difícil superar».

Ella y Darnell empezaron un negocio: Daddy Dolls. Al cabo de un año habían distribuido más de mil Daddy Dolls a los hijos de militares. Después ampliaron el concepto más allá de los padres militares para incluir a las madres militares, a seres queridos que se habían ido, etc. Ahora se llaman Hug-a-Hero Dolls —muñecas para abrazar a un héroe—. Esas muñecas figuran en las listas de verificación de despliegue: la lista de cosas que los soldados deben hacer antes de partir, que van desde configurar una cuenta de Skype hasta escribir su testamento.

Liz Byrne, la esposa de un teniente coronel de las fuerzas aéreas, compró unas muñecas Hug-a-Hero a sus hijas. «Los adultos podemos gestionar mejor las cosas», dijo. «Pasamos por varias etapas: los primeros días lloras porque se ha ido, no quieres hacer nada. Después vas mejorando y vuelves a tu rutina. Pero creo que a las niñas las muñecas les han ayudado mucho. Siento que, cuando ellas tenían su muñeco de papá y lo abrazaban... había una conexión allí. De alguna manera, marca la diferencia para ellas».

El dolor de las despedidas no era un problema creado por Tricia Dyal, pero era un problema que ella podía intentar aliviar.

Este es el espíritu del pensamiento a contracorriente: con algo de previsión podemos evitar problemas antes de que ocurran y, aunque no podamos evitarlos completamente, siempre podemos difuminar un poco sus consecuencias. Un grupo de padres, políticos e investigadores islandeses se preguntaron cómo crear una sociedad en la que los jóvenes no abusaran del alcohol. Los miembros de un equipo de directivos de Expedia se preguntaron qué podían hacer para que los clientes no tuvieran que llamarles constantemente para pedir ayuda. Los administradores y profesores de las escuelas públicas de Chicago se preguntaron cómo podían evitar que los estudiantes abandonasen los estudios.

Muchas de las historias de este libro han evolucionado gracias al trabajo de grupos numerosos o reducidos: empresas, distritos escolares y ayuntamientos. Pero vale la pena que nos preguntemos qué podemos hacer cada uno de nosotros individualmente. Tricia Dyal fue por libre: una madre que quiso aliviar el dolor de sus hijas. El padre fundador de la astrobiología, Joshua Lederberg, levantó tanta polémica con su contaminación de ida y contaminación de vuelta que se llegó a crear una disciplina científica totalmente nueva. Y recordarás que yo en una ocasión compré ingeniosamente otro cable de corriente para mi ordenador portátil, eliminando así la ardua tarea de desenredar cables. Héroes, todos somos héroes.

¿Cómo podrías tú individualmente remar a contracorriente? Piensa en tu ceguera ante un problema. ¿Qué problemas has llegado a aceptar como inevitables cuando en realidad no lo son? A lo mejor son problemas menores, como el fastidio de intentar encontrar un sitio libre en un aparcamiento abarrotado de coches. Conocí a una mujer que me contó una idea: «Siempre llevo un podómetro en la muñeca; sin embargo, me desesperaba buscando un sitio que estuviera cerca de donde iba. Era una locura. Ahora siempre aparco en el sitio más lejos del aparcamiento. Es como si tuviera un "sitio VIP" reservado para mí lejos de los demás coches. Así doy unos pasos más y no me estreso buscando un sitio. Es una maravillosa sensación de alivio, como si esa preocupación hubiera desaparecido de mi vida para siempre».

Para Jake Stap, entrenador de tenis, era una incomodidad tener que recoger las bolas de tenis en los campus de verano que organizaba en Wisconsin. Cuando te has agachado cientos de veces para recoger las bolas y empieza a dolerte la espalda es cuando empiezas a buscar una solución mejor. Puso entonces una pelota de tenis en el asiento de su coche —como recordatorio del problema— y mientras conducía de un lado a otro iba buscando posibles soluciones. ¿Y si tuviera un brazo extensible que me permitiera asir las bolas sin tener que agacharme? No, no era la mejor solución porque sería demasiado laborioso recoger las bolas de una en una. «Al final, durante una de sus especulaciones», escribió Pagan Kennedy en *Inventology*. «Stap alcanzó la bola que estaba en el asiento de su lado y la pellizcó. Al ver que la goma cedía bajo sus dedos tuvo una idea: la pelota podría pasar a través de unas barras de metal, haciendo un viaje de ida a un contenedor de alambre».

Y así es cómo nació el famoso tubo recogepelotas. Stap resolvió su propio problema, pero también el de muchos otros jugadores de tenis.

¿Has llegado a aceptar problemas en tus relaciones que podrían evitarse? A veces, con un poco de pensamiento a contracorriente se pueden abrir nuevas posibilidades. «Después de veinticinco años de matrimonio, mi mujer y yo pensábamos que no teníamos casi nada en común y tampoco ningún tema de conversación interesante», dijo Steve Sosland de Fredericksburg, Texas. «Cuando hablábamos, mi mujer casi siempre estaba en modo "pelea o huye" —normalmente huye—. Siempre quería dar mil vueltas a las cosas. No teníamos ninguna norma establecida para solventar esos problemas».

Varias parejas cercanas a ellos se habían separado, y estaban asustados. «Con el café de la mañana, sentados en el porche de casa, comentábamos los divorcios de nuestros amigos. Uno de nosotros preguntó: ¿Vamos nosotros hacia el divorcio también? La respuesta parecía obvia. Decidimos entonces sentarnos a hablar sobre qué podíamos hacer para evitarlo. No teníamos una respuesta, así que decidimos continuar hablando al día siguiente, y al siguiente, y al siguiente».

Lo que ambos querían era una manera de tener discusiones seguras: hablar sobre cualquier tema, por duro que fuera, sin remordimientos, ni lamentaciones o malos sentimientos. Pensaron que sería razonable que tuvieran un lugar físico donde entablar esas conversaciones. Así que compraron un jacuzzi, y allí es donde las tenían. Parecía que funcionaba.

«Después de varios años, construimos la casa que siempre habíamos querido y, por supuesto, pusimos un jacuzzi en la parte trasera de la casa para nuestras conversaciones de jacuzzi», dijo el marido.

Daddy Dolls. Plazas de aparcamiento VIP. Recogepelotas de tenis. Conversaciones en un jacuzzi. El pensamiento a contracorriente no es útil solo para las organizaciones, también vale para las personas. Cuando tengas un problema recurrente en tu vida, pasa al enfoque a contracorriente. No dejes que la longevidad del problema te disuada de intentarlo. Como dice un viejo proverbio: «El mejor momento de plantar un árbol fue hace veinte años. El segundo mejor momento es ahora».

Tal vez también te motive ayudar a resolver un problema importante de la sociedad. Hay muchos sitios en los que podrías invertir tu dinero, ¿cómo elegir uno? Permíteme que te dé tres consejos sobre lo que yo he aprendido de los proyectos a contracorriente:

1. *«Sé impaciente para la acción, pero paciente para los resultados»*. Esta es una cita de Maureen Bisognano, presidenta emérita del Institute for Healthcare Improvement, que me impresionó por ser el lema perfecto para los esfuerzos a contracorriente. El mundo está repleto de grupos de personas que se engarzan en grandes discusiones —y se sienten virtuosos al hacerlo— pero que nunca llegan a crear un cambio significativo. El cambio nunca se da si no hay una acción.

   Además, los resultados de una acción pueden tardar tiempo en producirse. El trabajo a favor de la corriente es reducido y rápido; en cambio, el trabajo a contracorriente es extenso y lento. Si hoy llevas comida a un indigente, te sentirás bien inmediatamente, pero averiguar cómo reducir los desalojos para evitar que la gente se quede en la calle puede tardar años. ¿Qué tipo de trabajo te importa tanto como para comprometerte durante cinco años? ¿Diez años?

   Cuando pienso en la convicción y la obstinación que se necesitan para seguir apoyando los esfuerzos a contracorriente, pienso en abogados como Sally Herndon, que trabajó durante años en Carolina del Norte para una iniciativa antitabaco denominada Project ASSIST. Se unió a la organización en 1990; su equipo se pasó dos años preparando los planes y, justo cuando empezaron a desarrollar la campaña, sufrieron un terrible contratiempo. En el año 1993, la industria del tabaco convenció a los legisladores de Carolina del Norte para que aprobaran una ley que obligaba a los edificios gubernamentales a destinar el 20 % de su espacio a los fumadores. Aún más terrible era que la ley prohibía a los gobiernos locales aprobar regulaciones más estrictas. Herndon lo denominó la «ley del aire sucio». Su decisión y la de sus compañeros era la de mejorar la salud pública reduciendo el tabaquismo. Es el típico ejemplo de trabajo a contracorriente. Pero ¿cómo iban a enfrentarse a uno de los lobbies más poderosos del mundo, en su tierra natal de Carolina del Norte? Estaba claro que no iban a conseguir una victoria rápida y rotunda. Herndon sabía que su única esperanza era trabajar para ir reduciendo poco a poco los efectos del problema.

Y lo consiguieron. Empezaron escogiendo una batalla que sabían que podían ganar: hacer que no se pudiera fumar en las escuelas. «Ni los productores de tabaco querían que sus hijos fumaran», dijo Herndon. Durante años, estuvieron ganando victorias difíciles a nivel local —convenciendo a los consejos escolares, uno a uno, de que prohibieran el tabaco—. Hacía el año 2000, habían conseguido convencer al 10 % de los distritos escolares de Carolina del Norte de que prohibieran el tabaco.

Piensa en ello: Sally y su equipo tardaron una década entera en conseguir el éxito en uno de cada diez distritos escolares. Y se suponía que esa era una batalla *fácil*. Esto es resiliencia.

Pero de repente se produjo una aceleración radical. Durante la segunda década de trabajo del equipo, desde el año 2000 hasta el 2010, la dinámica cambió a su favor, y se prohibió fumar en todas las escuelas del país, después en los hospitales, en las prisiones, en la Asamblea General y por último, en 2009, en bares y restaurantes. Problema erradicado. Y así es cómo se ganan las victorias a contracorriente. Primero un centímetro, después un metro, después un kilómetro, y, al final, llegas a la línea de meta: los sistemas han cambiado. *Sé impaciente para la acción y paciente para los resultados.*

2. *Cualquier macro esfuerzo empieza por microesfuerzos.* Cuando pensamos en grandes problemas, nos vemos obligados a lidiar con grandes números. ¿Qué se necesita para solventar los problemas de mil personas? Tu primer instinto podría ser decir: *Tendremos que pensar en el panorama general porque con mil personas no podemos intervenir individualmente.* Pero resulta que esta es una idea totalmente equivocada. Fíjate en cuántas veces los héroes de este libro organizaron su trabajo sobre una base nominativa e individual. Los profesores de Chicago ayudaron a los estudiantes de bachillerato uno a uno. El equipo de Rockford ayudó a las personas sin hogar una a una. El equipo de violencia doméstica de alto riesgo protegió a las mujeres una a una. Está claro que todos estos esfuerzos también estuvieron acompañados de cambios en los sistemas, pero esos cambios a menudo habían sido provocados por una familiaridad con los casos individuales. El equipo de violencia doméstica descubrió que los abusadores necesitaban sus pulseras GPS antes de salir de la prisión y no dos días después. La lección está clara: no podrás ayudar a mil personas o a un millón hasta que no sepas cómo ayudar a una.

Y esto es así porque, como vimos en el capítulo de los puntos de apoyo, no puedes entender un problema hasta que lo hayas visto de cerca, hasta que te hayas «aproximado» a él. Los líderes de Crime Lab de la Universidad de Chicago leyeron los informes médicos de doscientas víctimas de homicidios. ¿Cuánta gente desarrolla opiniones sólidas sobre la delincuencia sin molestarse en entenderla? ¿Cuánta gente desarrolla opiniones sólidas sobre la indigencia sin conocer a ningún indigente?

Es cierto que es más difícil aplicar esta metodología «individualizada» cuando se trata de colectivos de millones de personas que cuando son cientos o miles de personas. Para que una metodología afecte a millones de personas es necesario que se produzca un cambio de sistema, pero incluso el cambio de sistema empezará por poco: alguien sabe tanto de un problema que formula y presiona para introducir una nueva política en una ciudad o en una comunidad, y funciona, entonces los líderes de las otras comunidades ven que esa política funciona y la quieren implementar también. ¿Recuerdas el trabajo del doctor Bob Sanders en Tennessee, que presionó para que los asientos de seguridad de los niños en los coches fueran obligatorios? *Cualquier macroesfuerzo empieza por microesfuerzos.*

Si quieres ayudar a solucionar grandes problemas en el mundo, busca grupos que tengan objetivos ambiciosos en combinación con experiencia sobre el terreno.

3. *Favorece los marcadores sobre las píldoras.* Creo que el sector social ha estado mal dirigido por un modelo mental erróneo según el cual la organización de intervenciones sociales es algo así como distribuir pastillas. Primero, formulas un gran «medicamento» que puede ser un programa de *mentoring* o una terapia conductual o un modelo de formación laboral. Después realizas un ensayo de control aleatorio (RCT) del «medicamento» y, si resulta efectivo, intentas expandirlo ampliamente.

El problema no es que este tipo de ensayo no sea una buena idea, porque lo es, ya que nos sirve para saber qué intervenciones funcionan y cuáles no. El problema viene cuando la obsesión por los ensayos se convierte en un obstáculo para la amplificación de la intervención y el aprendizaje. Pongamos como ejemplo el experimento Nurse-Family Partnership de Carolina del Sur. Se trata de un ejemplo perfecto del modelo píldora: un ensayo de control aleatorio de seis años para evaluar el programa. Hace dos capítulos afirmé que se trataba de un noble experimento, y ahora lo sigo afirmando, pero la formalidad del experimento también tiene costes reales. Durante seis años, las personas que realizaban el trabajo más importante —las enfermeras que ayudaban a las madres— no tenían acceso a la información. Hasta el final no recibirían los resultados. Imagínate viviendo en la ignorancia durante seis largos años y entonces, al final, asistir a una fiesta sorpresa en la que unos académicos te dicen si has prosperado o fracasado. Una situación difícil de soportar, especialmente si has fracasado.

Y hay algo peor aún que la regla cardinal del modelo píldora: no cambies de píldora a mitad del experimento. Aunque hayas tenido una revelación —¡*Caramba! ¡Hay una fórmula diferente de esta píldora que funcionaria mucho mejor!*—, no puedes sustituir aquello que das a la gente con esa versión nueva y mejorada, porque trastocarías todo el experimento. Por este motivo, a las enfermeras de Carolina del Sur básicamente se les prohibió aprender/mejorar/innovar durante los seis años que duró el experimento.

Compara el modelo de la píldora con una mentalidad orientada a la mejora continuada; lo que denomino «el modelo de marcador». En este caso, reúnes a las personas que van a trabajar con el problema en cuestión y les das la información necesaria para que vayan evaluando su progreso. Ya hemos hablado de esta idea en el capítulo 5. Es a lo que se refería Joe McCannon cuando decía que es mejor «la información para el aprendizaje» que la «información para la inspección»: la gente que está en el campo de batalla y que hace el trabajo duro debería recibir información precisa y útil que le permitiera aprender y adaptarse. Yo utilizo el marcador como metáfora de este flujo de información continuado, el cual permite ver en tiempo real si estás prosperando o fracasando.

En realidad, podemos tener lo mejor de ambos métodos. Podemos usar el modelo de la píldora para determinar qué intervención funciona y, cuando llegue el momento de escalar la intervención, tendremos que *animar a la gente a que la modifique* si es necesario. El equipo de violencia doméstica de alto riesgo es un buen ejemplo de esta combinación: empezó con una herramienta basada en la evidencia —la evaluación del peligro— y después la acotó con un equipo de personas que la utilizaba para observar a determinadas mujeres de diferentes maneras. También el movimiento en Islandia incorporó ambos modelos: utilizaba las «píldoras» basadas en la evidencia para reducir el abuso de substancias —por ejemplo, animando a los jóvenes a que participaran en deportes de manera regular—, pero también confiaba en su propio marcador —la información del estudio anual— para guiar y calibrar su trabajo.

En el modelo de marcador, la pregunta es: ¿Cómo podemos progresar esta semana? El modelo de marcador lo utilizó Expedia para reducir el número de llamadas a sus centros de servicio al cliente; Rockford, para eliminar el problema de la indigencia; y las escuelas públicas de Chicago, para incrementar la tasa de graduación un 25 %.

Si estás buscando un sitio donde poner en práctica tus talentos, *favorece los marcadores sobre las píldoras*. No te obsesiones por formular la solución perfecta antes de empezar a trabajar; en lugar de eso, hazte cargo del problema y empieza a trabajar.

Otra forma de aplicar el pensamiento a contracorriente por tu cuenta es cambiando la organización para la que trabajas. A lo mejor, tú puedes ser la persona que mejore un sistema desde dentro.

En 2015, Darshak Sanghavi estaba trabajando en el gobierno federal como director de salud preventiva en el Centro de Innovación de Medicare y Medicaid (CMMI). El CMMI forma parte del CMS (los centros de servicios de Medicare y Medicaid) que es la agencia federal que dirige Medicare y Medicaid. Conclusión: el trabajo de Sanghavi consistía en pensar cómo usar el dinero de Medicare y Medicaid para financiar proyectos de salud a contracorriente.

El gobierno federal tenía la norma de que, para que una innovación sanitaria en particular pudiera expandirse nacionalmente —y financiarse a través del CMS—, tenía que cumplir dos condiciones: ofrecer una atención sanitaria de calidad y ahorrar dinero —o mejorar uno de estos factores manteniendo neutral el otro—. Ese es un listón muy alto. Cuando Sanghavi se unió al CMS en 2014, ningún programa de prevención que se hubiera propuesto hasta la fecha cumplía esos dos requisitos.

Pero Sanghavi y sus compañeros estaban estudiando un programa de prevención de la diabetes (DPP) con la esperanza de que cumpliera las condiciones. El DPP había sido diseñado para ayudar a las personas «prediabéticas»: aquellas que corren el riesgo de desarrollar diabetes pero que todavía no la tienen. La gente podía apuntarse al programa en un YMCA local o en otra organización de la comunidad, y se les retaba a que hicieran dos cosas: perder por lo menos el 5 % de su peso corporal y hacer alguna actividad física por lo menos dos horas y media por semana. Para conseguir estos dos objetivos asistían a una serie de clases sobre hábitos saludables dirigidas por un *coach* que también hablaba con ellos individualmente. Un estudio del DPP descubrió que una década después de haber completado el programa, los participantes tenían un tercio menos de posibilidades de desarrollar diabetes tipo 2 que un grupo de control, e incluso aquellos que desarrollaron la diabetes lo hicieron unos cuatro años después de lo previsto. Un éxito sorprendente si tenemos en cuenta el terrible historial de la mayoría de los programas orientados a la dieta y el ejercicio.

La burocracia es la burocracia, y el CMMI decidió volver a probar el DPP utilizando su propia metodología y, a finales de 2015, los resultados estuvieron listos. Tal y como habían esperado, el programa había detenido, o retrasado, la diabetes de los pacientes. Los resultados mostraron que el DPP podía superar el enorme doble obstáculo de mejorar la calidad y ahorrar dinero. Así pues, Sanghavi y sus compañeros se unieron a los actuarios, las personas encargadas de certificar un programa como ahorro de costes, y con su aprobación el programa se pudo expandir por todo Estados Unidos. Sanghavi estaba eufórico: ¡Por fin un caso de prevención exitoso!

Después hubo una reunión fatídica en la que los expertos dijeron que no podían certificar el programa DPP como un programa de ahorro de costes. ¿El motivo? Ayudaba a la gente a vivir más años y, cuando la gente vive más años, los costes de la sanidad aumentan.

Esto no es un chiste. Esa fue la razón oficial del gobierno federal, que es el principal responsable de la sanidad en Estados Unidos. Por esa regla de tres, las iniciativas más valoradas deberían ser los programas que enseñaban a la gente a fumar cigarrillos, a desobedecer las señales de tráfico y a saltar en paracaídas «orgánicamente».

«Yo estaba ahí sentado en esa reunión y no me podía creer lo que estaba oyendo», dijo Sanghavi. «¿De verdad que esta es la razón por la que se va a eliminar el programa?», pensó Patrick Conway, entonces administrador adjunto del CMS y jefe de Sanghavi en el CMMI. *Esto es una locura. ¡Resulta que no podemos invertir en un programa porque salva vidas!*

Entonces Sanghavi y Conway apelaron al actuario jefe con la esperanza de revertir ese método para calcular los ahorros. Y luego ocurrió algo que debería dar esperanza a todo aquel que alguna vez se haya sentido como un engranaje insignificante en una enorme rueda.

Antes de la Navidad de 2015, el actuario jefe del CMS recibió una carta con membrete del CMS. Había sido escrita por uno de sus propios empleados, un actuario que estaba a punto de jubilarse. El final del primer párrafo de la carta presagiaba lo que iba a venir a continuación: «El lenguaje, puesto que esto un reclamo que sale del corazón, tal vez sea más apasionado de lo normal».

En la carta, el actuario comentaba que le parecía perversa la manera en que el CMS calculaba los ahorros. Decía que era como si los acuarios estuvieran «explícitamente llamando la atención sobre el aumento de la esperanza de vida declarando que es algo malo desde la perspectiva del arma más potente de nuestro arsenal: nuestros números».

Especulaba sobre cómo habría reaccionado el público general si conociera la política. Se imaginaba los titulares en la prensa:

→ Se ha tatuado en la frente de todos los estadounidenses de la tercera edad una orden que dice «no resucitar».
→ Actuarios: es más importante salvar el fondo fiduciario que salvar vidas.
→ Medicare vive, los ancianos mueren.

Pero, al final de la carta, exponía una reflexión moral para el cambio, una reflexión que no estaba basada en las reglas de las relaciones públicas. Cerraba la nota con un párrafo tan perfecto que casi podías escuchar la música orquestal sonando de fondo:

La primera norma de la medicina, *primum non nocere* (lo primero es no hacer daño), atañe tanto a los médicos como a todos los que trabajan en el ámbito de la salud, como por ejemplo los actuarios. Y quizás en especial a los actuarios, porque un mal doctor tan solo puede dañar a unas pocas personas, pero un mal actuario puede dañar a millones. Por lo tanto, el CMS debería adoptar la norma estricta de nunca calcular en un estimado el coste adicional resultante de salvar la vida de una persona. Los cálculos son adecuados para determinar cuánto se ha de pagar a médicos y hospitales, pero no para determinar cuántos años se debe permitir vivir a las personas.

La justicia se impuso, y fue la combinación de la carta del actuario con la apelación de Sanghavi y Conway la que llevó a que se añadiera en las regulaciones gubernamentales el siguiente texto legal: «El centro para los servicios de Medicare y Medicaid (CMS) ha tomado la determinación de que los costes asociados a las mejoras esperadas en la longevidad no se considerarán en la evaluación del gasto neto del programa».

Como colofón de un relato, ese texto resulta tremendamente pobre; no hay tiroteos, ni evacuaciones aéreas, ni reanimaciones, ni redenciones. No es más que una frase, y por cierto una frase muy aburrida. Un poco de prosa legal añadida a un reglamento federal.

Sin embargo, explica muy bien el aspecto que tiene el éxito de un esfuerzo a contracorriente. Discreto pero muy poderoso cuyo efecto se expande con el tiempo. Una frase modesta pero que prolongará y salvará vidas.

«Intenta dejar este mundo un poco mejor de cómo lo encontraste», dice una cita famosa; pero hasta que no la investigué no supe que la fuente era Robert Baden-Powell, fundador del movimiento que nos legó los Boy Scouts, las Girl Guides y las Girl Scouts, y alguien que enseñó a múltiples generaciones de chicos a «estar preparados», o lo que es lo mismo: a anticipar el futuro y estar listos para darle forma.

Nos atrae la gloria del rescate y de la capacidad de respuesta, pero nuestros héroes no deberían ser únicamente las personas que restauran la normalidad de las cosas, que extinguen fuegos y capturan criminales y rescatan a niños que se están ahogando. Nuestros héroes deberían ser también aquellos profesores que se saltan la comida para ayudar a un alumno de bachillerato con las matemáticas, con la esperanza que consiga graduarse. Y un policía que se deja ver alrededor de la casa de una mujer que sufre abusos asegurándose de que su exmarido se lo pensará dos veces antes de ir por allí. Y un activista que moviliza a toda una comunidad para luchar por los parques y por las inversiones que siempre le han sido denegadas.

Todas esas personas que no están satisfechas con lo que es normal también deberían ser nuestros héroes. Personas que claman por *algo mejor*.

Siguientes pasos

Si has terminado el libro *a Contracorriente* y estás interesado en saber más, visita la web en inglés:

http://www.upstreambook.com

Mira la sección «*Resources*». Cuando te registres en el boletín informativo Heath Brothers, tendrás acceso a información *gratuita* como esta:

- *Upstream Summary.* Podrás descargarte una versión más grande, bonita y a color del resumen de la página 1. La versión más pequeña en blanco y negro está en la página 247 de este libro, si quieres echarle un vistazo. Una versión perfecta para tener cerca de tu mesa.

- *Book Club Guide.* Si estás leyendo *A contracorriente* como libro recomendado por un club de lectura, esta guía te ofrece preguntas y temas para encauzar tu discusión.

- *Next-Steps Reading List.* Todas mis fuentes están disponibles en las notas del final, por supuesto, pero en esta lista he añadido mis libros, artículos y vídeos favoritos organizados por capítulos. De esta manera,

si quieres profundizar más en alguno de los temas
—ceguera ante el problema, detección precoz, pensamiento sistémico, etc.— mira este documento. Todos
los recursos son de fácil acceso con un clic.

- El podcast *So You Want to Go Upstream*. Si te sien-
  tes inspirado a prevenir un problema en tu trabajo,
  pero no estás seguro de por dónde empezar, escucha
  este podcast en el que ofrezco algunos consejos sobre
  cómo dar los primeros pasos.

«Muchas veces nos limitamos a reaccionar ante los problemas, a apagar fuegos, a tratar emergencias. Deberíamos centrar nuestra atención en intentar prevenirlos".

Resumen de

a Contracorriente

Por DAN HEATH

¿Cómo detectar una alarma temprana?
Despliega antenas.
Busca indicadores.
⚠ Falsos positivos

¿Dónde encontrar un punto de apoyo?
Aproxímate al problema.
⚠ La idea de que la prevención debe ahorrar dinero

¿Cómo saber que estás teniendo éxito?
Analiza tus medidas antes de empezar. Utiliza medidas emparejadas.
⚠ Victorias fantasma

**7 PREGUNTAS
QUE TE HAS DE FORMULAR:**

¿Cómo transformar el sistema?
Lucha por cambiar los sistemas. Da forma al agua.
⚠ Permitir un sistema defectuoso

¿Cómo evitar causar daños?
Mira más allá de lo inmediato. Integra los circuitos de feedback.
⚠ No experimentar y el exceso de confianza

¿Cómo reunir a la gente adecuada? Acota el problema. Utiliza la información para aprender.
⚠ La información para inspeccionar

¿Quién pagará aquello que no ocurre?
Alinea los incentivos. Encaja las bolsas de valor.
⚠ El problema del bolsillo equivocado

El problema de la ceguera:
no veo el problema o aparentemente es inevitable.

La falta de responsabilidad:
no es mi problema.

El efecto túnel:
no puedo hacerme cargo de eso ahora.

3 OBSTÁCULOS A SUPERAR:

Apéndice 1

Ampliar los programas en el sector social

Como ya he comentado en el capítulo 7, el programa Becoming a Man (BAM) dio unos resultados muy positivos en los dos primeros ensayos de control aleatorio (RCT) y otros más débiles en un tercer estudio en el que participó una población de estudiantes mucho más numerosa. Los datos del BAM indican que cuantos más adolescentes participan en un BAM, menor es el impacto promedio y mayor es la variabilidad en su experiencia.

Resumiendo —y esto es cierto especialmente en el sector social—, no sabemos mucho sobre cómo adaptar los programas que tienen éxito a pequeña escala. Imagínate un mundo en el que solo hubiera una tienda McDonald's. Un mundo en el que Starbucks se hubiera quedado en Seattle y no hubiera crecido. Esto es básicamente lo que ocurre en la ciencia social. Es prácticamente imposible encontrar un programa social que haya sido «franquiciado» con tanto éxito como KFC. Kindergarten es posiblemente uno de ellos.

El motivo de que sea tan difícil es que si bien hay probablemente seis mil millones de personas que pueden aprender a freír un montón de patatas. ¿Cuánta gente podría aspirar a hacer lo que Tony D hace? Seis millones —una de cada mil— con un poco de suerte. Cuando se trata del desorden y la complejidad de las vidas humanas, es muy difícil ofrecer soluciones con la misma fiabilidad que lo hacen las empresas con sus productos.

«Cada vez hay más gente luchando por esta cuestión de la aplicación de las iniciativas a gran escala, pero seguimos estando muy al principio», dijo Jens Ludwig de Crime Lab. «Estamos muy lejos de poder decir aquí tenemos la receta para hacer que este programa social que funciona tan bien con mil niños funcione también muy bien con cinco mil niños».

Mi opinión es que se trata de un problema prácticamente irresoluble porque hay pocos programas para mejorar la vida de los seres humanos que sean tan fáciles de reproducir a gran escala como el pollo frito o el *café latte* —aquí estoy pensando en los programas tipo el BAM: aquellos que confían en personas que ofrecen servicios a otras personas; evidentemente, hay otros enfoques sistémicos, desde la seguridad social hasta los semáforos que son muy fáciles de escalar—. Y es por esto que en el sector social hemos tenido que acabar cambiando la mentalidad de «ampliar el alcance de un programa específico reproduciéndolo fielmente» por la de «responsabilizarnos de un problema y adaptar un programa a su medida para conseguir resultados». Para más información sobre esta idea, lee mi comentario sobre «las píldoras versus los marcadores» hacia el final del capítulo 13.

Agradecimientos

Primero y ante todo me gustaría agradecer a todos los lectores que leísteis mi borrador del libro en verano del año 2019. Fuisteis increíblemente generosos con vuestro tiempo y comentarios. El libro mejoró mucho gracias a vuestras sugerencias y críticas. Os lo agradezco mucho.

Hay muchas personas de cuya sabiduría y orientación me he aprovechado repetidamente durante este proyecto; una de las más importantes es mi hermano y colaborador, Chip Heath, que ha aportado numerosas ideas a este libro. También en esta lista de asesores están Joe McCannon, Rosanne Haggerty, Nick Carnes, Maureen Bisognano, Becky y Christine Margiotta, Jeff Edmondson, Jens Ludwig, Farzad Mostashari, Justin Osofsky y mis compañeros del Duke's CASE, Erin Worsham y Cathy Clark.

Gracias también por vuestra experiencia específica: Roosa Tikkanen del Commonwealth Fund me enseñó los modelos internacionales de gasto en sanidad; Byron Penstock me ayudó a calcular los rendimientos de Interface; Byron Penstock me ayudó a calcular los componentes de la esperanza de vida; Bridget Jancarz y Jennifer Blatz de Strive Together me explicaron el caso de las escuelas públicas de Chicago (CPS); y Melissa Wiggins me ayudó a recoger el feedback de los lectores.

Gracias a los líderes del sector social que volaron hasta Durham para reunirse conmigo un día en una sesión de *brainstorming* a contracorriente: Beth Sandor, Jennifer Blatz, Kate Hurley, Michelle Pledger, Anne Eidelman, Susan Rivers, Katie

Hong, Talma Shultz, Alison Marczuk, Brigid Ahern y Karthik Krishnan.

También estoy muy agradecido con Peter Griffin y Janet Byrne por su destreza en la edición. Cualquier parte del libro que esté un poco descuidada es por culpa de haber ignorado sus consejos.

Siempre estaré agradecido con mi equipo de investigadoras cuyas huellas están en todo el libro: Evan Nesterak, Sarah Ovaska-Few y Rachel Cohn. Semana tras semana me han ayudado a continuar en este proyecto. Muchas gracias a las tres. Y también mi más sincero agradecimiento a otros investigadores que hicieron contribuciones importantes: Emily Calkins, Stephanie Tam, Marian Bihrle Johnson, Julianna Garbo y J. J. McCorvey.

Durante quince años he tenido la suerte de trabajar con la incomparable Chrisy Fletcher, que tiene un don para hacer el comentario adecuado en el momento adecuado. Gracias a ella y a su equipo por su apoyo incondicional. Y es un honor para mí que *A contracorriente* esté entre los libros de la primera generación de libros publicados por Avid Reader Press, codirigida por mi brillante editor, Ben Loehnen. Agradezco también el trabajo de los miembros del equipo de Avid que me ayudaron en el lanzamiento del libro: Meredith Vilarello, Alex Primiani, Jordan Rodman y Jofie Ferrari-Adler.

Gracias de corazón al clan Heath y al clan Albertson por vuestro constante amor y apoyo. No sé dónde estaría sin mi maravillosa esposa Amanda y nuestras hijas Josephine y Julia.

Notas

Capítulo 1: Ir a contracorriente

1 **Una parábola de salud pública:** John B. McKinlay, «A Case for Refocusing Upstream: The Political Economy of Illness»; en Peter Conrad, Valerie Leiter, eds., *The Sociology of Health & Illness: Critical Perspectives*, 10ª ed. (New York: Sage, 2018), 578.

1 **De cada cien clientes:** El caso de Expedia ha sido extraído de múltiples entrevistas: Ryan O'Neill, junio 2018, julio 2018 y agosto 2019; Tucker Moodey, junio 2018 y agosto 2019; y Mark Okerstrom, agosto 2018.

3 **máxima prioridad:** Comunicación escrita con Khosrowshahi, septiembre 2019.

3 **del 58 % a apenas el 15 %:** Fíjate que para O'Neill el porcentaje específico varía en función del tipo de reserva: un paquete de vacaciones, por ejemplo, recibe más llamadas que la reserva de un hotel. Entrevista con O'Neill, 8 de agosto 2019.

6 **dos policías:** entrevista con un oficial adjunto, noviembre 2009.

8 **algún tipo de terapia conductual:** Council of Economic Advisers, *Returns on Investments in Recidivism-Reducing Programs* report, Office of the White House: 2018, 11-12, https://www.whitehouse.gov/wp-content/uploads/2018/05/Returns-on-Investments-in-Recidivism-Reducing-Programs.pdf.

8 **cuando el potencial delincuente todavía está en el vientre materno:** Richard Tremblay, «Developmental Origins of Chronic Physical Aggression: From Social Learning to Epigenetics», Talk at Picower New Insight Symposium, Massachusetts Institute of Technology, 29 de noviembre 2014, https://www.youtube.com/watch?v=Br3OeGwGxuY, localización en el audio: 00:17:20.

8 **Tremblay señala una serie de factores de riesgo:** ídem., localización en el audio: 00:17:20-17:44. Esta investigación era nueva para mí. Si

tienes curiosidad, aquí tienes más detalles. En otro informe, Tremblay *et al.* escriben: «El niño hereda una mezcla de los genes paternos, y el tabaco, el estrés, la pobreza y la depresión de la madre durante el embarazo afectan al desarrollo del cerebro del feto mediante unos mecanismos epigenéticos. A partir del periodo postnatal, el entorno físico y social creados por una mujer joven, pobre y deprimida con poca educación, problemas de conducta y padres coactivos en una familia disfuncional, evidentemente no podrá ofrecer el cuidado y la educación necesarios para que el cerebro de un niño pequeño aprenda a controlar sus emociones y sus comportamientos». Y «los padres que han tenido problemas de conducta llevan consigo unas condiciones ambientales agudas de alto riesgo —por ejemplo, poca educación, pocos ingresos, pobreza y decisiones en la vida arriesgadas como son el uso del tabaco, el alcohol y las drogas, y una mala alimentación— que impactarán en la psicopatología del niño, y después del adulto, a través de muchos canales interrelacionados, incluidos los impactos sobre la metilación del ADN del niño». Richard E. Tremblay, Frank Vitaro y Sylvana M. Côté, «Developmental Origins of Chronic Physical Aggression: A Bio-Psycho-Social Model for the Next Generation of Preventive Interventions», *Annual Review of Psychology* 69 (abril 2018): 383-407, https://doi. org/10.1146/annurev-psych-010416-044030.

8   **se pueden *cambiar*:** ídem., 17:40.

8   **«tenemos que concentrarnos en las mujeres»:** Stephen S. Hall, «Behaviour and Biology: The Accidental Epigeneticist», *Nature* 505, n.º 7481 (30 de diciembre 2013), 14-17, https://www.nature.com/news/ behaviour-and-bi ology-the-accidental-epigeneticist-1.14441.

10 **la industria sanitaria que con 3,5 billones de dólares constituye casi una quinta parte de la economía de Estados Unidos:** Centers for Medicare & Medicaid Services, National Health Expenditure Accounts, datos de 2017, https://www.cms.gov/research-statistics-data-and-systems/sta-tistics-trends-and-reports/nationalhealthexpenddata/nationalhealthac-countshistorical.html.

11 **reunió a dos grupos focales en Charlotte:** El grupo focal resulta del resumen de la información ofrecida por The Health Initiative. «The Health Initiative (THI) –Public Opinion Research Key Insights to Date», diciembre 2018.

11 **«Las similitudes en los patrones de gasto eran sorprendentes»:** entrevista con Rocco Perla, 11 de febrero 2019.

11 **por cada dólar que gastamos en el cuidado sanitario siguiendo la corriente:** Elizabeth Bradley, Heather Sipsma y Lauren A. Taylor, «American Health Care Paradox-High Spending on Health Care and

Notas

Poor Health», *QJM: An International Journal of Medicine* 110, n.º 2 (2017): 61-65; 62, fig. 2; 63. Jennifer Rubin *et al.*, *Are Better Health Outcomes Related to Social Expenditure?: A Cross-national Empirical Analysis of Social Expenditure and Population Health Measures*, RAND, 2016, 11, fig. 1.

12 **somos el noveno país de 34:** ídem.

12 **informe de una investigación que hizo RAND:** figura 6 (descripciones) y figura 7 (porcentajes de gasto).

12 **Por otra parte, nosotros gastamos un 30 % más:** Jennifer Rubin *et al.*, *Are Better Health Outcomes Related to Social Expenditure?*, 15, tabla 6; 16, tabla 7.

13 **gastan aproximadamente 2,50 dólares a contracorriente:** Bradley, Sipsma y Taylor, «American Health Care Paradox», 61-65, 63, fig. 2.

13 **Estados Unidos es líder mundial en las prótesis de rodillas:** Elizabeth Bradley y Lauren Taylor, *The American Health Care Paradox: Why Spending More Is Getting Us Less* (New York: Public Affairs, 2013), 5.

13 **Veamos algunos datos de Noruega:** Bradley *et al.*, «American Health Care Paradox-High Spending on Health Care and Poor Health», *QJM: An International Journal of Medicine* 110, n.º 2 (2017): 63, fig. 1.

13 **las prioridades de gasto de Noruega son totalmente diferentes:** ídem.

13 **Una mujer noruega embarazada no paga nada:** «Pregnancy and Maternity Care in Norway», Norway Health Agency, https://helsen-orge.no/other-languages/english/pregnancy-and-maternity-care. https://www.irishtimes.com/news/health/norway-shows-the-way-in-child care-1.467444.

13 **tendrán derecho a un permiso completo de paternidad:** «Norway's "Daddy Quota" Means 90 % of Fathers Take Parental Leave», 17 de septiembre 2018, Apolitical, https://apolitical.co/solution_article/norways-daddy-quota-means-90-of-fathers-take-parental-leave/.

13 **una buena guardería durante todo el día:** «Age 1, Kindergartens and Schools», New in Norway: Practical Information from Public Agencies, http://www.nyinorge.no/en/Familiegjenforening/New-in-Norway/Families-and-children-in-Norway-/Kindergarden-and-schools/. Coste, «Prices and Payment, Kindergarten», Oslo commune website, https://www.oslo.kommune.no/english/kindergarten/prices-and-payment/#gref.

14 **un poco más de 100 dólares por niño:** «Child Benefit», Norwegian Labor and Welfare Administration, https://www.nav.no/en/Home/Benefits+and+services/Relatert+informasjon/child-benefit#chapter-1. Ver «Rates» para importe mensual.

14 **la enseñanza universitaria en Noruega es gratuita:** Rick Noack, «7 Countries Where Americans Can Study at Universities, in English, for

Free (or Almost Free)», *Washington Post*, 29 de octubre 2014, https://www.washingtonpost.com/news/worldviews/wp/2014/10/29/7-countries-where-americans-can-study-at-universities-in-english-for-free-or-almost-free/.

14 **mortalidad infantil:** datos de OECD sobre la tasa de mortalidad infantil, https://data.oecd.org/healthstat/infant-mortality-rates.htm, consulta el 3 de octubre 2019.

14 **Esperanza de vida:** datos de OECD sobre la esperanza de vida, https://data.oecd.org/healthstat/life-expectancy-at birth.htm#indicator-chart, consulta el 3 de octubre 2019.

14 **Nivel de estrés:** Análisis Bloomberg Best (and Worst) en «Most Stressed-Out: Countries», 2013, https://www.bloomberg.com/graphics/best-and-worst/#most-stressed-out-countries.

14 **Felicidad:** John F. Helliwell, Richard Layard y Jeffrey D. Sachs, *World Happiness Report 2019*, 24-25, fig. 2.7.

15 **En 1989, las autoridades de la ciudad prohibieron a la población conducir:** Lucas W. Davis, «The Effect of Driving Restrictions on Air Quality in Mexico City», *Journal of Political Economy* 116, n.° 1 (2008): 38-81.

15 **viruela... mató a unos 300 millones de personas:** Colette Flight, «Smallpox: Eradicating the Scourge», BBC, 17 de febrero 2011, https://www.bbc.co.uk/history/british/empire_seapower/smallpox_01.shtml.

16 **vacunando a 54.777 personas:** ídem. También David Brown, «The Last Case of Smallpox», *Washington Post*, 26 de enero 1993, https://www.washingtonpost.com/archive/lifestyle/wellness/1993/01/26/the-last-case-of-smallpox/46e21c4c-e814-4e2c-99b5-2a84d53eefc1/.

Capítulo 2: La ceguera ante el problema

21 **Marcus Elliott:** Todas las citas son de la entrevista con Marcus Elliott en agosto y septiembre 2019. Los detalles también provienen de esas entrevistas, a no ser que se diga lo contrario.

21 **mentalidad fatalista sobre las lesiones:** Ian McMahan, «Why Hamstring Injuries Are So Common in NFL Players, During Preseason Play», *Sports Illustrated*, 18 de agosto 2016, https://www.si.com/edge/2016/08/18/hamstring-injuries-nfl-training-camps-new-england-patriots.

22 **lesiones en los isquiotibiales:** ídem.

23 **el índice de graduaciones... era del 52,4 %:** Elaine Allensworth, Kaleen Healey, Julia Gwynne y René Crispin, *High School Graduation Rates Through Two Decades of Change: Research Summary* (Chicago: University of Chicago Consortium on School Research, junio 2016), 13.

Notas

23 «Todos los sistemas están perfectamente diseñados»: Paul Batalden, investigador principal del Institute of Healthcare Improvement, http://www.ihi.org/communities/blogs/origin-of-every-system-is-perfectly-designed-quote.

23 enorme masa en expansión de las CPS: estadísticas de las CPS en https://cps.edu/About_CPS/At-a-glance/Pages/Stats_and_facts.aspx; Green Bay School enrollment: https://www.gbaps.org/our_district; City of Seattle budgetportal, https://openbudget.seattle.gov.

24 en el bachillerato es dónde se decide quién va a triunfar y quién no: Entrevista con Elizabeth Kirby, agosto 2018.

24 se podía predecir con el 80 % de precisión: Elaine Allensworth, «The Use of Ninth-Grade Early Warning Indicators to Improve Chicago Schools», *Journal of Education for Students Placed at Risk (JESPAR)* 18:1 (2013): 68-83, doi: 10.1080/10824669.2013.745181, 69.

24 dos factores sorprendentemente simples: ídem. También comunicación del autor con Paige Ponder, septiembre 2019.

25 tenían 3,5 veces más probabilidades de graduarse: Elaine Allensworth y John Easton, «The On-Track Indicator as a Predictor of High School Graduation» (Chicago: University of Chicago Consortium on Chicago School Research, junio 2005), 18.

25 «El indicador Freshman On-Track es más importante que *todo lo demás*»: Entrevista con Paige Ponder, marzo 2019.

25 68 % de probabilidad de graduarse: Allensworth y Easton, «The On-Track Indicator», 7.

25 en Chicago no hay grado medio: Chicago Public Schools, «Elementary and High School Guide», https://cps.edu/SiteCollectionDocuments/gocps/GoCPS-ES-and-HS-Guide-2019-20-English.pdf.

25 «La gente es vulnerable durante las transiciones»: Entrevista con Sarah Duncan, marzo 2018.

25 «los niños que suspendían...»: ídem.

27 «cambia la relación entre profesores y alumnos»: Entrevista con Elaine Allensworth, marzo 2018.

27 *freshman success teams*: Entrevista con Paige Ponder, marzo 2019.

27 «se preocupan por él»: ídem.

28 controlar la asistencia es una de las partes más importantes: ídem.

28 el índice de graduación había aumentado hasta el 78 %: «Mayor Emmanuel and CPS Announce Record High Graduation Rate of 78.2 Percent», Chicago Public Schools, noticia del 3 de septiembre 2018, https://cps.edu/News/Press_releases/Pages/PR1_9_3_2018.aspx.

28 30.000 estudiantes: Comunicación con Elaine Allensworth, junio 2019. Insistí a Allensworth para que me dijera una cifra; es una cifra aproximada solamente.

28 **sus salarios se incrementan...** 300.000 o 400.000 **dólares:** «Education and Lifetime Earnings», Social Security Administration, https://www.ssa.gov/policy/docs/research-summaries/education-earnings.html, fig. 1, utilizando números brutos (sin controles).

29 **Sí, es un gorila mini:** Estudio: Trafton Drew, Melissa L.-H. Vo y Jeremy M. Wolfe, «The Invisible Gorilla Strikes Again: Sustained Inattentional Blindness in Expert Observers», *Psychological Science* 24, n.º 9 (2013): 1848-53. Agradezco a Drew que me haya permitido reproducir aquí la imagen del gorila.

31 **«Un hombre casado suele querer mujeres atractivas a su alrededor»:** Helen Gurley Brown, *Sex and the Office* (1964), versión Kindle, ubicación 1426. Cita encontrada en un artículo de Tamar Lewin, «Sexual Harassment in the Workplace: A Grueling Struggle for Equality», *New York Times*, 9 de noviembre 1986.

31 **de las 2.000 empresas estudiadas, el 30 %:** Lewin, «Sexual Harassment in the Workplace».

31 **El término** *acoso sexual*: Lin Farley, «I Coined the Term "Sexual Harassment". Corporations Stole It», *New York Times*, 17 de octubre 2018.

31 **sesión de «concienciación»:** Brooke Gladstone, «Sexual Harassment, Revisited», *On the Media*, WNYC radio, 27 de octubre 2017, https://www.wnyc.org/story/sexual-harassment-revisited/?tab=transcript.

32 **«Las mujeres trabajadoras enseguida hicieron suya la frase»:** Farley, «I Coined the Term "Sexual Harassment"».

32 **«enterradas bajo dos metros y medio de estiércol»:** Stephen Davies, «The Great Horse-Manure Crisis of 1894», Fee, 1 de septiembre 2004, https://fee.org/articles/the-great-horse-manure-crisis-of-1894/.

33 **se abordó el problema del estiércol de los caballos en la conferencia:** Elizabeth Kolbert, «Hosed: Is There a Quick Fix for the Climate?», *The New Yorker*, 8 de noviembre 2009.

33 **una activista brasileña llamada Deborah Delage:** Citas y detalles de la entrevista realizada en enero 2019 y de la comunicación escrita de mayo 2019.

34 **El porcentaje de cesáreas que se practican en cada país es diferente:** ratio de cesáreas en países OECD en 2016 (por 1.000 nacimientos), https://www.statista.com/statistics/283123/cesarean-sections-in-oecd-countries/.

34 **el 84 % de las cesáreas practicadas en Brasil no fueron para evitar la muerte:** Agência Nacional de Saúde Suplementar (Brasil), *Cartilha nova organização do cuidado ao parto e nascimento para melhores resultados de saúde: Projeto PartoAdequado-fase 1,* Agência Nacional de Saúde Suplementar, Sociedade Beneficente Israelita Brasileira Hospital Albert Einstein, Institute for Healthcare Improvement. Rio de Janeiro: ANS, 2016, 11.

34 **manicuras y masajes junto con las cesáreas:** Olga Khazan, «Why Most Brazilian Women Get C-Sections», *The Atlantic*, 14 de abril 2014, https://www.theatlantic.com/health/archive/2014/04/why-most-brazilian-women-get-c-sections/360589/. También: https://www.thestar.com/news/world/2015/10/07/luxury-birthing-spawns-caesarean-section-epidemic-in-brazil.html.

34 **los ginecólogos ganan más practicando una cesárea:** Entrevista con Paulo Borem, julio 2015. También a Marina Lopes, «Brazilian Women Are Pushing Back Against Rampant C-sections», Vice, 7 de diciembre 2016, https://www.vice.com/en_us/article/9a38g8/brazil-c-sections-natural-births.

34 **«El parto es algo primitivo...»:** Khazan, «Why Most Brazilian Women Get C-Sections».

35 **En un estudio realizado con 1.626 mujeres:** C. C. Palma y T. M. S. Donelli, «Violência Obstétrica em Mulheres Brasileiras», *Psico* 48, n.º 3 (2017): 216-30, tabla 3.

35 **Parto do Princípio envió un documento de treinta y cinco páginas:** *Denúncia da Parto do Princípio motiva Ação do Ministério Público Federal*, Parto de Princípio, https://www.partodoprincipio.com.br/den-ncia—altas-taxas-de-ces-reas.

35 **Jacqueline Torres, una enfermera obstétrica:** «Reducing Health Inequities in Brazil», Institute for Healthcare Improvement, http://www.ihi.org/communities/blogs/reducing-health-inequities-in-brazil-institutional-racism-and-the-effects-on-maternal-outcomes.

35 **Borem estaba trabajando... en Jaboticabal:** Entrevista con Paulo Borem, julio 2015. También entrevista con Joelle Baehrend, 3 de diciembre 2015. «Changing Culture, Changing Care: Reducing Elective C-Section Rates in Brazil», http://www.ihi.org/communities/blogs/_layouts/15/ihi/community/blog/itemview. aspx?List=7d1126ec-8f63-4a3b-9926-c44ea3036813&ID=179.

36 **estaban enviando a demasiados recién nacidos a la incubadora:** De un intercambio de emails con Paul Borem, septiembre 2019. «NICUs After Elective C-section», Clinical Perinatology 35, n.º 2 (junio 2008): 373-vii, doi: 10.1016/j.clp.2008.03.006.

36 **porcentaje de partos naturales... 3 %:** Joelle Baehrend, «Changing Culture, Changing Care: Reducing Elective C-Section Rates in Brazil», IHI blog, 3 de diciembre 2015.

36 **«El sistema estaba diseñado para practicar cesáreas»:** Entrevista con Paulo Borem, 20 de noviembre 2018.

36 **partos naturales... 40 %:** Pedro Delgado, Paulo Borem y Rita Sanchez, «The Birth of the Parto Adequado Collective in Brazil», Presentación

para el Institute for Healthcare Improvement National Forum 2015, Orlando, Florida, http://app.ihi.org/FacultyDocuments/Events/Event-2613/Presentation-12655/Document-10253/Presentation_C11_ Collaborative_to_Reduce_CSection_Rates_in_Brazil.pdf.

36 **Durante los primeros 18 meses... del 20 % al 37,5 %:** Agência Nacional de Saúde Suplementar (Brasil), *Cartilha nova organização do cuidado aoparto e nascimento para melhores resultados de saúde: Projeto Parto Adequado—fase 1,* 33; 35 hospitales: «Parto Adequado» Project website, Agencia Nacional de Saúde Suplementar, consulta el 7 de septiembre 2019: http://www.ans.gov.br/gestao-em-saude/parto-adequado.

37 **reducción significativa de los ingresos en incubadoras:** Agência Nacional de Saúde Suplementar (Brasil), *Cartilha nova organização do cuidado ao partoe nascimento para melhores resultados de saúde: Projeto Parto Adequado-fase 1,* 34.

37 **se evitaron más de 10.000 cesáreas:** Projeto Parto Adequado Project website, Agencia Nacional de Saúde Suplementar, http://www.ans.gov.br/gestao-em-saude/parto-adequado, consulta el 7 de septiembre 2019.

37 **más del triple de hospitales:** ídem.

37 **«Los resultados de la fase 1 ofrecen esperanzas»:** Comunicación con Pedro Delgado, septiembre 2019.

37 **de los más de 6.000 hospitales de Brasil:** 6,400 hospitales, «Brazil-Healthcare», International Trade Administration, US Department of Commerce, https://www.export.gov/article?id=Brazil-Healthcare, consulta el 19 de septiembre 2019. Esta fuente habla de 6,300: https://thebrazilbusiness.com/article/healthcare-industry-in-brazil.

37 **lista de espera en los hospitales:** Entrevista con Jacqueline Torres, diciembre 2018.

37 **esa campaña le había tocado la fibra sensible:** Entrevista con Rita Sanchez, noviembre 2018.

37 **La semilla de la mejora es la insatisfacción:** Agradezco a Steve Spear, a conferenciante en el MIT que ayuda a las organizaciones a desarrollar culturas de aprendizaje y mejora. Él dijo algo que me impresionó: los esfuerzos de mejorar han de empezar con una «insufrible frustración».

Capítulo 3: La falta del sentido de propiedad

39 **Hasta 1994, Ray Anderson:** Richard Todd, «The Sustainable Industrialist: Ray Anderson of Interface», *Inc.*, 6 de noviembre 2016, https://www.inc.com/magazine/20061101/green50_industrialist.html.

39 **800 millones de dólares:** ídem.

39 **Y salió a bolsa:** https://www.interface.com/US/en-US/about/mission/The-Interface-Story-en_US.

39 **Criado en un pequeño pueblo de Georgia:** Anderson nació en West Point, Georgia. De Ray Anderson, *Mid-course Correction. Toward a Sustainable Enterprise: The Interface Model* (White River Junction, VT: Chelsea Green, 1998), 23. Obtuvo una beca de fútbol para estudiar en Georgia Tech: ídem., 24. Pasó sus primeros años laborales en la industria de las moquetas: pasó casi 14 años trabajando en Deering-Milliken y Callaway Mills antes de entrar en Interface: https://www.raycandersonfoundation.org/biography.

39 **En 1969, en un viaje a Kidderminster:** Anderson, *Mid-course Correction*, 29.

39 **moqueta modular en losetas de 45 centímetros hacía que los cambios fueran mucho más fáciles:** David Grayson, Chris Coulter y Mark Lee, *All In: The Future of Business Leadership* (New York: Routledge, 2018), 138.

39 **Ni siquiera se necesitaba cola:** Anderson, *Mid-course Correction*, 36.

39 **fundó Interface en 1973:** https://www.interface.com/US/en-US/about/mission/The-Interface-Story-en_US. A los 38 años llevó a Estados Unidos las losetas de moqueta: Anderson, *Mid-course Correction*, 28, 34. Técnicamente, al principio de su incorporación, Interface eran dos entidades diferentes con nombres que ahora ya no existen. Por simplicidad lo llamaremos Interface.

40 **una de las empresas de moquetas más grandes del mundo:** Grayson, Coulter y Lee, *All In*, 132.

40 **la postura de la empresa sobre la «sostenibilidad medioambiental»:** Entrevista con Connie Hensler, noviembre 2018, notas de la llamada.

40 **recibió una copia del libro... de Paul Hawken:** Grayson, Coulter y Lee, *All In*, 133-34.

40 **del borde del colapso ambiental provocado por el hombre:** Paul Hawken, *The Ecology of Commerce: A Declaration of Sustainability* (New York: HarperCollins, 1993).

40 **Anderson lloró:** Paul Vitello, «Ray Anderson, Businessman Turned Environmentalist, Dies at 77», *New York Times*, 10 de agosto 2011.

40 **«una lanza en mi pecho»:** Anderson, *Mid-course Correction*, 40.

40 **el nailon es un plástico:** Charles Fishman, «Sustainable Growth-Interface, Inc.», *Fast Company*, 31 de marzo 1998, http://www.fastcompany.com/33906/sustainable-growth-interface-inc. También entrevista con Connie Hensler, noviembre 2018, notas de la llamada. Nylons are plastics: https://www.explainthatstuff.com/nylon.html.

41 **Su recuerdo del momento en que decidió mover la silla:** Jeannie Forrest, comunicación escrita, diciembre 2018.

42 **las tabacaleras son las que están en mejor posición:** World Health Organization, «Fact Sheet: Tobacco», https://www.who.int/news-room/fact-sheets/detail/tobacco.

43 **«autoridad psicológica»:** D. T. Miller, D. A. Effron y S. V. Zak, «From Moral Outrage to Social Protest: The Role of Psychological Standing», en D. Ramona Bobocel, Aaron C. Kay, Mark P. Zanna y James M. Olson, eds., *The Psychology of Justice and Legitimacy* (New York: Psychology Press, 2010), 117-38.

44 **la defensora de la seguridad vial Annemarie Shelness y la pediatra Seymour Charles:** A. Shelness y S. Charles, «Children as Passengers in Automobiles: The Neglected Minority on the Nation's Highways», *Pediatrics* 56, n.º 2 (1975): 271-84.

44 **la principal causa de mortalidad infantil:** A. Shelness y S. Charles, «Children as Passengers», 271.

44 **Se mueren y resultan heridos más... dentro:** ídem.

44 **todos los coches nuevos tenían que llevar:** J. Hedlund, S. H. Gilbert, K. A. Ledingham y D. F. Preusser, *How States Achieve High Seat Belt Use Rates.* US Department of Transportation, National Transportation Safety Administration, agosto 2008, publicación n.º HS-810 962, https://crashstats.nhtsa.dot.gov/Api/Public/ViewPublication/810962. La mayoría no usaba asientos de seguridad: A. Shelness y S. Charles, «Children as Passengers», 271.

44 **asientos para niños... casi nadie los utilizaba:** https://crashstats.nhtsa. dot.gov/Api/Public/ViewPublication/810962; A. Shelness y S. Charles, «Children as Passengers», 272.

45 **las primeras no fueron diseñadas para aumentar la seguridad:** A. Shelness y S. Charles, «Children as Passengers», 272.

45 **«Nadie está en mejor posición»:** A. Shelness y S. Charles, «Children as Passengers», 282.

45 **el aviso de que aceptaran esa responsabilidad fue bien recibido:** Escribió David Hemenway, profesor de sanidad en Harvard, en *While We Were Sleeping: Success Stories in Injury and Violence Prevention* (Berkeley and Los Angeles, CA: University of California Press, 2009) que el artículo en *Pediatrics* «había servido de llamada para los pediatras y los abogados de todo el país».

45 **«Ese artículo fue una maravilla»:** Robert Grayson, «Robert S. Sanders, MD: entrevistado por Robert Grayson, MD», Oral History Project, Pediatric History Center, American Academy of Pediatrics, 20 de abril 2004, 33. Gracias a Larry Cohen por sugerirme investigar esta historia.

45 **pediatra y director de salud del condado:** ídem.

45 **«Todas las ideas de prevención y cuidado le entusiasmaban»:** Entrevista con Pat Sanders, septiembre 2018.

46 legislación para imponer en Tennessee el uso de sillas de coche para niños: entrevista con Pat Sanders, septiembre 2018; Robert Sanders Jr., *Dr. Seat Belt: The Life of Robert S. Sanders, MD, Pioneer in Child Passenger Safety* (Armstrong Valley: 2008).

46 ley... para los menores de cuatro años: Robert Grayson, «Robert S. Sanders», 31, 32.

46 Durante los fines de semana, Bob Sanders les telefoneaba: entrevista con Pat Sanders, septiembre 2018.

46 «en un cohete a la Luna»: ídem.

46 Ley de protección de niños pasajeros... pasó con dos tercios de votos a favor: House and Senate journals of the State of Tennessee's General Assembly (1977).

46 Tennessee se convirtió en el primer estado: Bill Mitchell, «Is Your Child Riding in a Safe Seat?», *Tennessean*, 16 de julio 1978.

46 la enmienda «bebés en brazos»: Robert Grayson, «Robert S. Sanders».

47 «¿Por qué entonces atarlo en una sillita?»: Mitchell, «Is Your Child Riding in a Safe Seat?».

47 denominaba a esa enmienda «la trituradora de niños»: Robert Grayson, «Robert S. Sanders».

47 en 1981, dos padres testificaron: Larry Daughtrey, «Child Death Told at Auto Hearing», *Tennessean*, 18 de febrero 1981.

47 once menores de tres años habían muerto: Associated Press, «Youngsters Fight Car Safety Seats: Troopers», *Tennessean*, 29 de octubre 1980.

47 en 1981 fue revocada: Larry Daughtrey, «House Passes Bill Closing Loophole in Child Seat Law», *Tennessean*, 5 de marzo 1981.

47 West Virginia se convirtió en el tercer estado: J. Y. Bae, E. Anderson, D. Silver y J. Macinko, «Child Passenger Safety Laws in the United States, 1978-2010: Policy Diffusion in the Absence of Strong Federal Intervention», *Social Science & Medicine* 100 (2014): 30-37, tabla 2.

47 En 1985, todos los estados: S. P. Teret, A. S. Jones, A. F. Williams y J. K. Wells, «Child Restraint Laws: An Analysis of Gaps in Coverage», *American Journal of Public Health* 76, n.° 1 (1986): 31-34, 31.

47 entre los años 1975 y 2016, 11.274 menores de cuatro años salvaron su vida: National Center for Statistics and Analysis, Occupant protection in passenger vehicles. *Traffic Safety Facts 2016*, Report n.° DOT HS 812 494 (Washington, DC: National Highway Traffic Safety Administration, 2018), 7, tabla 6.

48 «Me dio un golpe en la frente»: La revelación de Anderson y la historia del discurso sorprendente de Anderson, *Mid-course Correction*, 39-40.

48 «Cuando nos presentó por primera vez esta idea»: Vitello, «Ray Anderson, Businessman Turned Environmentalist, Dies at 77».

49 **todavía se estaba recuperando de una recesión:** David Grayson, Chris Coulter y Mark Lee, *All In: The Future of Business Leadership* (New York: Routledge, 2018), 132.

49 **reducir, reusar, recuperar:** Anderson, *Mid-course Correction*, 43.

49 **«primeros 200 millones»:** detalle de hervidores/emisiones, incremento de los beneficios y «first $200 million» cita de Charles Fishman, «Sustainable Growth-Interface, Inc.», *Fast Company*, 31 de marzo 1998, http://www.fastcompany.com/33906/sustainable-growth-interface-inc.

49 **En 1997, en una reunión:** entrevista con David Gerson, noviembre 2018, 00:14:20; entrevista con Connie Hensler, noviembre 2018, notas de la llamada. Discurso de Ray Anderson, 1997, https://youtu.be/Uos8SQi9Vqc?t=1277. Mission Zero: https://www.interface.com/EU/en-GB/about/index/Mission-Zero-en_GB#.

49 **un plan con siete partes para conseguir la Mission Zero:** https://www.interface.com/EU/en-GB/about/index/Mission-Zero-en_GB#; Gray, Coulter y Lee, *All In*, xvi.

50 **tecnología capaz de reciclar moquetas:** entrevista con Eric Nelson, enero 2019.

51 **«una cultura de soñadores y hacedores»:** Gray, Coulter y Lee, *All In*, xvii.

51 **«Si alguien me hubiera dicho:** entrevista con David Gerson, octubre 2015.

51 **Anderson consideró que estaban a mitad de camino:** estadísticas sobre el uso del combustible fósil y del agua, así como evaluación de Aderson sobre el progreso de Interface, de Cornelia Dean «Executive on a Mission: Saving the Planet», *New York Times*, 22 de mayo 2007, http://www.nytimes.com/2007/05/22/science/earth/22ander.html.

51 **Anderson falleció a los setenta y siete años:** Vitello, «Ray Anderson, Businessman Turned Environmentalist, Dies at 77».

51 **«extraordinariamente creíble»:** Grist staff, «Paul Hawken Pays Tribute to Green-Biz Visionary Ray Anderson», Grist, 13 de agosto 2011, https://grist.org/sustainable-business/2011-08-12-paul-hawken-pays-tribute-to-green-biz-visionary-ray-anderson/.

52 **a los pescadores se les pagaba por recoger las redes de pesca:** entrevista con Miriam Turner, diciembre 2015. También: http://net-works.com/about-net-works/locations/philippines/; https://www.econyl.com/blog/architecture-design/net-works-fishing-nets-arrived-in-ajdovscina-for-regeneration/; https://www.youtube.com/watch?time_continue=10&v=1HCfLMVgub8.

52 **rentabilidad anual del 3,6 %:** Via calculations on Bloomberg, TILE versus SPX Index, del 31 de diciembre 1993 al 31 de diciembre 2018.

53 **desenmarañar una disputa... entre varios trabajadores:** entrevista con Jeannie Forrest, febrero 2019, y seguimiento vía email, marzo 2019. Las citas de «Dawn» y «Ellen» es un resumen de Forrest de la conversación.

Capítulo 4: El efecto túnel

57 **John Thompson... se olvidaba:** John Thompson, 21 de noviembre 2018, respuesta del autor a la encuesta.

57 **Rich Marisa tuvo una revelación similar:** Rich Marisa, 20 de noviembre 2018, respuesta del autor a la encuesta, enero 2019.

59 **Eldar Shafir y Sendhil Mullainathan... llaman a esto «el efecto túnel»:** Sendhil Mullainathan y Eldar Shafir, *Scarcity: Why Having Too Little Means So Much* (New York: Henry Holt, 2013), 28.

59 **«la pobreza reduce el ancho de banda»:** ídem., 13.

60 **«La escasez... posponer cosas que son importantes pero no urgentes»:** ídem., 117.

60 **acompañando a 22 enfermeros de 8 hospitales:** entrevista con Anita Tucker, enero 2019. Estudio original en Anita L. Tucker, Amy C. Edmondson y Steven Spear, «When Problem Solving Prevents Organizational Learning», *Journal of Organizational Change Management* 15, n.º 2, (2002): 122-37.

63 **una «reunión de seguridad» matinal:** Risha Sikka, Kate Kovich y Lee Sacks, «How Every Hospital Should Start the Day», *Harvard Business Review*, 5 de diciembre 2014, https://hbr.org/2014/12/how-every-hospital-should-start-the-day.

64 **Daniel Gilbert dice que estar orientado a lo inmediato:** Dan Gilbert, «If Only Gay Sex Caused Global Warming», *Los Angeles Times*, 2 de julio 2005, http://articles.latimes.com/2006/jul/02/opinion/op-gilbert2.

65 **Retrocedamos al año 1974:** Mario J. Molina y F. S. Rowland, «Stratospheric Sink for Chlorofluoromethanes: Chlorine Atom-Catalysed Destruction of Ozone», *Nature* 249 (1974), 810-12, https://www.nature.com/articles/249810a0.

66 **Los científicos habían descubierto algo:** Wendy Becktold, «"Ozone Hole" Shows That We Avoided Planetary Disaster Before», Sierra Club, 10 de abril 2019, https://www.sierraclub.org/sierra/ozone-hole-shows-we-avoided-planetary-disaster-before-pbs-documentary.

66 **no inflamables y no tóxicos:** esto viene de la película de PBS *Ozone Hole: How We Saved the Planet*, 2019, https://www.pbs.org/show/ozone-hole-how-we-saved-planet/.

66 **el cual se come la capa de ozono:** ídem. También Justin Gillis, «The Montreal Protocol, a Little Treaty That Could», *New York Times*, 9 de diciembre 2013, https://www.nytimes.com/2013/12/10/science/the-montreal-protocol-a-little-treaty-that-could.html.

66 **interrupción del suministro de alimentos en el mundo y el cáncer de piel:** ídem.

66 «El artículo no tuvo demasiado impacto»: PBS, *Ozone Hole: How We Saved the Planet*, https://www.pbs.org/show/ozone-hole-how-we-saved-planet/, 00:11:50.

66 «un pequeño frenazo»: Sean Davis, «Lessons from the World Avoided», TEDxTalk, 11 de octubre 2017, https://www.youtube.com/watch?-v=sTCnJa_P8xY, 00:08:17.

66 la capa de ozono recuperará su nivel: Brad Plumer, «The Ozone Layer Is On Pace for a Full Recovery by 2050, Scientists Say», Vox, 10 de septiembre 2014, https://www.vox.com/2014/9/10/6132991/ozone-layer-starting-to-recover.

67 Unos 21,5 millones de estadounidenses presentan sus declaraciones: Ben Casselman, «Everyone Files Their Taxes at the Last Minute», FiveThirtyEight, 15 de abril 2016, https://fivethirtyeight.com/features/everyone-files-their-taxes-at-the-last-minute/.

68 se convirtieron en defensores vocales de la acción: Shari Roan, «F. Sherwood Rowland Dies at 84; UC Irvine Professor Won Nobel Prize», *Los Angeles Times*, 12 de marzo 2012, https://www.latimes.com/local/obituaries/la-me-sherwood-rowland-20120312-story.html.

68 *All in the Family*: «Gloria's Shock», *All in the Family*, temporada 5, episodio 7, 1974; Stephen O. Anderson y K. Madhava Sarma, *Protecting the Ozone: The United Nations History* (London: Earthscan, 2012), 375.

68 La venta de aerosoles cayó: PBS, *Ozone Hole: How We Saved the Planet*, 10 de abril 2019.

68 el término *agujero de la capa de ozono*: Sebastian Grevsmühl, «Revisiting the "Ozone Hole" Metaphor: From Observational Window to Global Environmental Threat», *Environmental Communication* 12, n.º 1 (2018): 71-83.

68 Algunos científicos objetaron que el término: Kerri Smith, «Past Cast: Discovering the Ozone Layer Hole», *Nature*, 31 de mayo 2019, https://www.nature.com/articles/d41586-019-01582-z#MO0.

68 «había favorecido el que llegara a una mayor parte del público»: ídem.

69 DuPont fue una de las empresas que lo apoyó: PBS, *Ozone Hole: How We Saved the Planet*, 10 de abril 2019.

69 «el apoyo de DuPont al protocolo»: James Maxwell y Forest Briscoe, «There's Money in the Air: The CFC Ban and DuPont's Regulatory Strategy», *Business Strategy and the Environment* 6, n.º 5 (1998): 276-86, 282.

69 opositores entre los líderes de los países desarrollados: Richard E. Benedick, «Human Population and Environmental Stress in the Twenty-First Century», *Environmental Change & Security Project Report* 6 (2000): 5-18, 13.

69 Margaret Thatcher... lideró la campaña: PBS, *Ozone Hole: How We Saved the Planet*, 10 de abril 2019.

70 Donald Hodel fue citado por criticar en debates internos: Guy Darst, «Hodel Offends Environmentalists with Lotion-and-Hats Policy», *Associated Press*, 30 de mayo 1987, https://www.apnews.com/006054380f941f9735f0fb0201ef2056.

70 Hodel rectificó: PBS, *Ozone Hole: How We Saved the Planet*, 00:33:20, 10 de abril 2019.

70 «el mundo que hemos evitado»: Davis, «Lessons from the World Avoided», TEDxTalk, https://www.youtube.com/watch?v=sTCnJa_P8xY, 00:08:39.

Capítulo 5: ¿Cómo reunir a la gente adecuada?

75 En 1997 se tomó una foto del centro de Reikiavik: Inga Dóra Sigfúsdóttir, presentación del Planet Youth Workshop, marzo 2019.

75 la foto había sido tomada a las 3:00 h de la madrugada: entrevista con Inga Dóra Sigfúsdóttir, junio 2019.

75 42 % de los jóvenes islandeses de entre quince y dieciséis años afirmaron haberse emborrachado: I. D. Sigfúsdóttir, A. L. Kristjánsson, T. Thorlindsson y J. P. Allegrante, «Trends in Prevalence of Substance Use Among Icelandic Adolescents, 1995-2006», *Substance Abuse Treatment, Prevention, and Policy* 3, n.º 1 (2008), 12; Inga Dóra Sigfúsdóttir, presentación del Planet Youth Workshop, marzo 2019, gráfico, pág. 35.

75 una cuarta parte de ellos fumaba cigarrillos diariamente, y el 17 % había probado el cannabis: ídem.

75 «haber ayudado a un amigo mío a vomitar en un callejón»: Mayor Dagur Eggertsson, conferencia del Planet Youth Workshop, marzo 2019.

76 el índice más alto de accidentes o daños: European School Survey Projection Alcohol and Other Drugs (ESPAD), informe 1995, Eggertsson appendix II, 62 (pág. 223 del documento).

76 porcentaje de jóvenes que se habían emborrachado a los trece años o menos: informe ESPAD, 1995, 71.

76 que se habían emborrachado diez veces o más el año anterior: ídem., 67.

76 el índice de abuso de sustancias empezó a crecer: Sigfúsdóttir, Kristjánsson, Thorlindsson y Allegrante, «Trends in Prevalence of Substance Use», 21; Inga Dóra Sigfúsdóttir, presentación del Planet Youth Workshop, marzo 2019, gráfico, pág. 11. Concerned leaders: *Drug-free Iceland Final Report*, mayo 2003, https://www.landlaeknir.is/servlet/file/store93/item10661/IAE_final2003.pdf.

76 **crearon un movimiento antiabuso de sustancias tóxicas denominado Drug-free Iceland:** *Drug-free Iceland Final Report*, 7, https://www.land-laeknir.is/servlet/file/store93/item10661/IAE_final2003.pdf.

77 **ayuda... a cualquier persona que quisiera participar:** ídem.

77 **la mayoría de los islandeses viven en Reikiavik o alrededor de la ciudad:** Andie Fontaine, «Population Figures: Reykvikingar Vastly Outnumber Other Icelanders», *Reykjavík Grapevine*, 29 de enero 2019, https://grapevine.is/news/2019/01/28/population-figures-reykvikingar-vastly-outnumber-other-icelanders/.

77 **la diferencia es que Reikiavik:** Comparea, http://www.comparea.org/ISL+US_KY.

77 **«decir no al alcohol o a las drogas» le faltaba algo:** Inga Dóra Sigfúsdóttir, conferencia del Planet Youth Workshop, marzo 2019; interview with Alfgeir Kristjansson, enero 2019.

77 **«Queríamos cambiar comunidades»:** entrevista con Inga Dóra Sigfúsdóttir, junio 2019.

77 **factores de riesgo para el abuso de sustancias tóxicas:** Sigfúsdóttir, Kristjánsson, Thorlindsson y Allegrante, «Trends in Prevalence of Substance Use», 12; friends who drink/smoke: I. D. Sigfúsdóttir, T. Thorlindsson, Á. L. Kristjánsson, K. M. Roe y J. P. Allegrante, «Substance Use Prevention for Adolescents: The Icelandic Model», *Health Promotion International* 24, n.º 1 (2008): 16-25, 17, 24.

77 **mucho tiempo desestructurado libre:** ídem., 24.

77 **factores *de prevención* que reducen el riesgo:** Sigfúsdóttir, Kristjánsson, Thorlindsson y Allegrante, «Trends in Prevalence of Substance Use», 12.

78 **tengan una forma mejor de pasar el rato:** ídem., 12, 8.

78 **la cantidad de tiempo importa más que la calidad del mismo:** presentación del Planet Youth Workshop, marzo 2019, 00:16:56-19:16.

78 **cambiar la cultura que rodea a los jóvenes:** Sigfúsdóttir, Kristjánsson, Thorlindsson y Allegrante, «Trends in Prevalence of Substance Use», 12.

78 **cambiar la cultura que rodeaba los festivales populares:** *Drug-free Iceland Final Report*, mayo 2003, 23-26, https://www.landlaeknir.is/servlet/file/store93/item10661/IAE_final2003.pdf.

78 **una versión más amable de un toque de queda:** Inga Dóra Sigfúsdóttir, comunicación personal.

78 **estaban incumpliendo las normas:** entrevista con Inga Dóra Sigfúsdóttir, marzo 2019.

78 **animándoles a que cumplieran su horario:** *Drug-free Iceland Final Report*, 23.

78 **la carta también incluía un imán de nevera:** ídem.; entrevista con Inga Dóra Sigfúsdóttir, marzo 2019.

79 convertía en villanos a los pocos padres que intentaban que sus hijos cumplieran las normas: entrevista con Inga Dóra Sigfúsdóttir, marzo 2019.

79 empezaron a cumplirlo cada vez más: Sigfúsdóttir, Thorlindsson, Kristjánsson, Roe y Allegrante, «Substance Use Prevention for Adolescents», 22; *Drug-free Iceland Final Report*, 23; entrevista con Inga Dóra Sigfúsdóttir, marzo 2019.

79 organizaban paseos nocturnos: BBC News, «How Iceland Saved Its Teenagers», 3 de diciembre 2017, https://www.youtube.com/watch?v=cDbD_JSCrNo.

79 surgió de la investigación de Harvey Milkman: Biography: Metropolitan State University of Denver, MSU Denver Experts Guide, «Harvey Milkman», https://www.msudenver.edu/experts/allexperts/milkman-harvey.shtml.

79 «La consecuencia de ello es la excitación natural»: entrevista con Harvey Milkman, marzo 2019.

79 clubs deportivos: Emma Young, «Iceland Knows How to Stop Teen Substance Abuse, But the Rest of the World Isn't Listening», *Mosaic Science*, 17 de enero 2017, https://mosaicscience.com/story/iceland-prevent-teen-substance-abuse/; Margret-Lilja-Gudmundsdottir, presentación del Planet Youth workshop, marzo 2019, 16-17.

79 un experto remunerado: Margret-Lilja-Gudmundsdottir, presentación del Planet Youth Workshop, marzo 2019.

80 Para fomentar la participación: Young, «Iceland Knows How to Stop Teen Substance Abuse».

80 un estudio anual titulado «Youth in Iceland»: ICSRA website, Youth in Iceland survey, http://www.rannsoknir.is/en/youth-in-iceland/.

80 El comité director se reunió 101 veces: *Drug-free Iceland Final Report*, 9.

80 la participación en deportes formales: Sigfúsdóttir, Thorlindsson, Kristjánsson, Roe y Allegrante, «Substance Use Prevention for Adolescents», 22.

80 El tiempo que los jóvenes pasaban con sus padres: ídem., 21; Inga Dóra Sigfúsdóttir, presentación del Planet Youth Workshop, marzo 2019, gráfico, pág. 31.

80 cumplimiento con el horario de salidas: Sigfúsdóttir, Thorlindsson, Kristjánsson, Roe y Allegrante, «Substance Use Prevention for Adolescents», 22; Inga Dóra Sigfúsdóttir, presentación del Planet Youth Workshop, marzo 2019.

80 la cultura de los jóvenes había cambiado: Inga Dóra Sigfúsdóttir, presentación del Planet Youth Workshop, marzo 2019; Sigfúsdóttir, Kristjánsson, Thorlindsson y Allegrante, «Trends in Prevalence of Substance Use», 12.

81 **Muchos jóvenes de hoy en día no son conscientes de ello:** entrevista con Harvey Milkman, marzo 2019; entrevista con Inga Dóra Sigfúsdóttir, marzo 2019.

81 **La campaña de Islandia fue la envidia del mundo:** Q&A, Planet Youth website, https://planetyouth.org/the-method/qa/.

81 **«un elemento... que es lo más importante: el empoderamiento»:** entrevista con Inga Dóra Sigfúsdóttir, marzo 2019.

82 **En 1997, Kelly Dunne... acababa de llegar:** Presentación de Dunne del trabajo sobre la violencia doméstica: todas las citas provienen de la entrevista con Kelly Dunne, octubre 2018. Algunos detalles de Rachel Louise Snyder. Rachel Louise Snyder, «A Raised Hand», *The New Yorker*, 15 de julio 2013, 35.

83 **se llama Jeanne Geiger Crisis Center:** el nombre original del centro era Women's Crisis Center. El nuevo nombre es en honor a Jeanne Geiger, una hotelera situada en la cercana Plum Island que murió en una extraña caída. Después de su muerte, su familia donó un millón de dólares al centro para honrarla. https://jeannegeigercrisiscenter.org/about-us/who-is-jeanne-geiger/; http://archive.boston.com/news/local/articles/2005/02/27/fatal_fall_stirs_more_questions/.

83 **fue asesinada por su exmarido:** descripción de la muerte de Dorothy Giunta-Cotter's en Snyder, «A Raised Hand», 34.

83 **provocó en Dunne una crisis de confianza:** entrevista con Kelly Dunne, octubre 2018.

84 **Campbell había tenido su propio despertar:** presentación del trabajo de Jacquelyn Campbell sobre la violencia doméstica. Entrevista con Jacquelyn Campbell, octubre 2018.

84 **si una mujer es asesinada:** E. Petrosky, J. M. Blair, C. J. Betz, K. A. Fowler, S. P. Jack y B. H. Lyons, «Racial and Ethnic Differences in Homicides of Adult Women and the Role of Intimate Partner Violence: United States, 2003-2014», *Morbidity and Mortality Weekly Report* 66, n.º 28 (21 de julio 2017): 741-46.

84 **contenían fotografías del escenario del crimen:** entrevista con Jacquelyn Campbell, octubre 2018.

85 **desarrolló una herramienta... «evaluación del peligro»:** J. Campbell, D. Webster y N. Glass, «The Danger Assessment: Validation of a Lethality Risk Assessment Instrument for Intimate Partner Femicide», *Journal of Interpersonal Violence* 24 (2009): 653-74.

85 **La versión actual de la herramienta:** cuestionario Danger Assessment (versión 2018), https://www.dangerassessment.org/uploads/DA_2018%20pdf.pdf.

85 **era un sistema de alerta temprana:** entrevista con Kelly Dunne, octubre 2018.

85 **habría puntuado 18 sobre 20:** Snyder, «A Raised Hand», 37.

86 **organizó el Domestic Violence High Risk Team:** ídem.

86 **entre trece y quince personas, se reunía una vez al mes:** entrevista con Robert (Bobby) Wile, octubre 2018.

86 **crear un plan de emergencia:** entrevista con Kelly Dunne, octubre 2018.

86 **los policías empezarían a pasear en coche:** entrevista con Robert (Bobby) Wile, octubre 2018.

87 **«¿Dónde estaban durante esos dos días?»:** ídem.

87 **«Hace veinte años, si me hubieran dicho»:** vídeo promocional del Jeanne Geiger Crisis Center, *Doug Gaudette: DV Advocacy*, https://vimeo.com/117406066.

87 **172 casos de alto riesgo... no han vuelto a ser agredidas:** Domestic Violence High Risk Team website, http://dvhrt.org/impact. Datos de los primeros 12 años (2005-2017).

87 **ocho muertes por violencia de género:** Dave Rogers, «Stats Show Need for Domestic Violence Team», *(Newburyport) Daily News*, 2 de noviembre 2013, https://www.newburyportnews.com/news/local_news/stats-show-need-for-domestic-violence-team/article_e86c086b-6f3b-530a-84a2-0a237bbeb7a8.html; conversación con Kelly Dunne, 13 de junio 2019.

87 **ninguna mujer ha sido asesinada:** entrevista y comunicaciones con Kelly Dunne. De Dunne en un email de junio 2019: «Antes del equipo, hubo 8 muertes por violencia de género en diez años. Todas esas muertes ocurrieron en la ciudad de Amesbury, Massachusetts. Amesbury está colindando con Newburyport y con una de las comunidades que forma parte del DVHRT. Desde la creación del equipo no ha habido homicidios por violencia de género en ninguna de las comunidades que son miembro del DVHRT (incluida Amersbury). Aunque no consideramos esto un homicidio relacionado con la violencia de género, en 2014, un policía disparó a un sospechoso después de que intentara asesinar a su mujer en Salisbury, MA».

89 **«información para el aprendizaje»:** entrevista con Joe McCannon, marzo 2019.

89 **McCannon es experto:** McCannon es cofundador del Billions Institute y exdirector de Learning and Diffusionen el Center for Medicare & Medicaid Innovation. Anteriormente había dirigido una campaña —denominada la campaña de las 100.000 vidas— para hacer que la sanidad fuera más segura. «Overview of the 100,000 Lives Campaign», https://www.ihi.org/Engage/Initiatives/Completed/5MillionLivesCampaign/Documents/Overview%20of%20the%20100K%20Campaign.pdf.

90 **desafiado por un compañero a que aceptara «el reto de alcalde»:** US Interagency Council on Homelessness, «Mayor's Challenge to End Veteran Homelessness», https://www.usich.gov/solutions/collaborative-leadership/mayors-challenge/.

90 **llevaba los nueve años anteriores trabajando en ese asunto:** entrevista con Larry Morrissey, noviembre 2018.

90 **«se ha convertido en una ciudad hundida»:** Conor Dougherty, «Crisis Plus Five: Welcome to Rockford, the Underwater Mortgage Capital of America», *Wall Street Journal*, 7 de septiembre 2013.

90 **La población... había ido disminuyendo:** US Census Quick Facts, https://www.census.gov/quickfacts/rockfordcityillinois.

90 **«Éramos adictos a la mediocridad»:** entrevista con Larry Morrissey, octubre 2018.

91 **«¿Qué puede cambiar?»:** entrevista con Larry Morrissey, noviembre 2018.

91 **a regañadientes... asistió a una sesión de formación:** ibíd.

91 **«Se me encendió la bombilla»:** entrevista con Larry Morrissey, octubre 2018.

91 **había puesto fin a la falta de vivienda entre los habitantes locales:** Erica Snow, «A City Solves Veteran Homelessness», *Wall Street Journal*, 5 de diciembre 2018.

91 **«mi momento de creer en hadas»:** entrevista con Jennifer Jaeger, noviembre 2018.

92 **Conocí a Jaeger en otoño:** descripción de la oficina de Jaeger basada en las observaciones del autor durante su visita en noviembre de 2018.

92 **el equipo hizo tres cambios importantes:** entrevista con Larry Morrissey, octubre 2018.

92 **«la vivienda primero» modifica esta secuencia:** Community Solutions, «Housing First: The Cheapest, Most Effective Solution to Homelessness», https://www.community.solutions/sites/default/files/housingfirstfactsheet-zero2016.pdf.

92 **«a pensar en ellas como personas sin hogar»:** entrevista con Jennifer Jaeger, noviembre 2018.

92 **lo que se denominó «la entrada coordinada»:** entrevista con Angie Walker, noviembre 2018.

93 **un recuento «puntual»:** US Department of Housing and Urban Development, «PIT and HIC Guides, Tools and Webinars», https://www.hudexchange.info/programs/hdx/guides/pit-hic/#general-pit-guides-and-tools.

93 **«Jamás salió nadie a contar a los sintecho que había»:** entrevista con Angie Walker, noviembre 2018.

93 «lista por nombre»: ídem.

94 las reuniones eran unas «reuniones basura»: entrevista con Larry Morrissey, noviembre 2018.

94 «La propia información es como una especie de organismo vivo»: entrevista con Jennifer Jaeger, noviembre 2018.

94 «No puedes resolver un problema dinámico con información estática»: entrevista con Beth Sandor, octubre 2018.

95 conseguir... «cero funcional»: entrevista con Angie Walker, noviembre 2018. El hecho de que 156 veteranos fueran alojados: entrevista con Jennifer Jaeger, noviembre 2018.

95 En 2017 consiguieron el cero funcional: entrevista con Angie Walker, noviembre 2018. Indigentes jóvenes: entrevista con Jennifer Jaeger, noviembre 2018.

95 «Cada día es duro»: entrevista con Angie Walker, noviembre 2018.

95 el problema de la «afluencia»: entrevista Jennifer Jaeger y Angie Walker, noviembre 2018.

96 el índice de desahucios llega al 24 %: ídem. Rockford tiene uno de los índices más elevados del estado y del país. Está entre las primeras cincuenta grandes ciudades de EE. UU. en la lista de desahucios: Eviction Lab, «Eviction Rankings», https://evictionlab.org/rankings/#/evictions?r=United%20States&a=0&d=evictionRate&l=50.

96 el ayuntamiento realizó un programa piloto: email de Jennifer Jaeger, mayo 2019.

96 En algunos casos, el ayuntamiento negociaba: entrevista con Angie Walker, noviembre 2018.

96 había reducido un 30 % el número de personas que se quedaban sin hogar: entrevista con Jennifer Jaeger, junio 2019.

Capítulo 6: ¿Cómo transformar el sistema?

97 Anthony Iton... se trasladó a Baltimore: Entrevista con Anthony Iton, abril 2019.

98 la información... en los certificados de defunción del condado: Anthony Iton, «Change the Odds for Health», TEDxSanFrancisco, 4 de noviembre 2016, https://www.youtube.com/watch?v=0H6yte4RXx0.

98 «Vidas acortadas»: Suzanne Bohan y Sandy Kleffman, «Day I: Three East Bay ZIP Codes, Life-and-Death Disparities», *East Bay Times*, 2 de diciembre 2009, https://www.eastbaytimes.com/2009/12/02/day-i-three-east-bay-zip-codes-life-and-death-disparities/. Asistido por Matt Beyers: https://www.eastbaytimes.com/2009/12/03/how-bay-area-news-group-examined-health-inequities-in-the-east-bay/.

98 Lo mismo ocurría en otras muchas ciudades: Iton, «Change the Odds for Health».

99 diferencia de veintitrés años en la esperanza de vida: Julie Washington, «Where You Live Determines How Long You Live», *Plain Dealer*, 19 de diciembre 2018, https://www.cleveland.com/healthfit/2018/12/where-you-live-determines-how-long-you-live.html.

99 «Suecia y Afganistán en la misma ciudad»: entrevista con Anthony Iton, noviembre 2018.

99 «Están literalmente asediados»: Michael Krasny, «Tony Iton on How to Fix California's Health Care Gap», KQED, 5 de julio 2018, https://www.kqed.org/forum/2010101866101/tony-iton-on-how-to-fix-californias-health-care-gap.

99 «incubadoras de estrés crónico»: Iton, «Change the Odds for Health».

100 En 1962, los San Francisco Giants: Noel Hynd, «Giant-Sized Confession: A Groundskeeper's Deeds», *Sports Illustrated*, 29 de agosto 1988, https://www.si.com/vault/1988/08/29/118286/giant-sized-confession-a-groundskeepers-deeds.

102 «Cada vez que leo uno de esos casos, me irrito»: entrevista con Anthony Iton, noviembre 2018.

103 David Foster Wallace escribió una vez esta historia: «This Is Water», Kenyon College Commencement Address, 2005, https://fs.blog/2012/04/david-foster-wallace-this-is-water/.

103 uno de los diez mayores logros en sanidad: Centers for Disease Control and Prevention (CDC), «Ten Great Public Health Achievements: United States, 1900-1999», *Morbidity and Mortality Weekly Report* 48, n.º 12 (1999): 241; Centers for Disease Control and Prevention (CDC), «Achievements in Public Health, 1900-1999: Fluoridation of Drinking Water to Prevent Dental Caries, *Morbidity and Mortality Weekly Report* 48 (1999): 933-40. J. O'Connell, J. Rockell, J. Ouellet, S. L. Tomar y W. Maas, «Costs and Savings Associated with Community Water Fluoridation in the United States», *Health Affairs* 35, n.º 12 (2016): 2224-32.

103 morían cinco personas: National Highway Traffic Safety Administration, «Motor Vehicle Traffic Fatalities and Fatality Rates, 1899-2017», 2019, https://cdan.nhtsa.gov/tsftables/tsfar.htm.

103 un muerto: ídem. Lista de avances: Susannah Locke, «You're Less Likely to Die in a Car Crash Nowadays-Here's Why», Vox, 6 de abril 2014, https://www.vox.com/2014/4/2/5572648/why-are-fewer-people-dying-in-car-crashes.

104 más de 37.000 personas: National Highway Traffic Safety Administration, «Motor Vehicle Traffic Fatalities and Fatality Rates, 1899-2017».

104 tratamientos superficiales de alta fricción (HFST): Federal Highway Administration, «High Friction Surface Treatments: Frequently Asked Questions», marzo 2014, https://www.fhwa.dot.gov/innovation/everydaycounts/edc2/pdfs/fhwa-cai-14-019_faqs_hfst_mar2014_508.pdf.

104 Los accidentes se han reducido un 80 %: ídem.

104 VanMoof recibía quejas: Story from Bex Rad, «Our Secret's Out», *Medium*, 6 de septiembre 2016, https://medium.com/vanmoof/our-secrets-out-f21c1f03fdc8. También: May Bulman, «What Happened When a Bike Company Started Putting TVs on the Sides of Its Delivery Packages», *Independent*, 25 de septiembre 2016, https://www.independent.co.uk/news/world/europe/vanmoof-bikes-flatscreen-tv-huge-reduction-delivery-damages-printing-giant-tv-side-of-box-a7328916.html.

105 «¿Algún idiota hoy, papá?»: Charlie Shaw, «32 People Share the Funniest Thing They've Heard a Kid Say», *Thought Catalog*, 15 de abril 2014, https://thoughtcatalog.com/charlie-shaw/2014/04/32-people-share-the-funniest-thing-theyve-heard-a-kid-say/.

107 DonorsChoose es una web: DonorsChoose, «Impact», https://www.donorschoose.org/about/impact.html, consulta el 13 de septiembre 2019.

108 «van más allá de lo que se espera»: comunicación escrita con Charles Best, agosto 2019.

110 Building Healthy Communities: The California Endowment, Building Health Communities, https://www.calendow.org/building-healthy-communities/.

110 su objetivo inicial fue empoderar a la gente: ídem.

110 «formas parte de algo más grande que tú»: entrevista con Anthony Iton, noviembre 2018.

110 La teoría del cambio de BHC: The California Endowment, Building Health Communities, https://www.calendow.org/building-healthy-communities/.

111 El alcalde de la ciudad vetó el anuncio: KFSN ABC 30, «#Parks4All Bus Ad Controversy», 2015, https://www.youtube.com/watch?v=F_4q8yZRXG4.

111 Sandra Celedon... posó frente a: KFSN ABC 30, «#Parks4All Initiative for More and Better Parks», 2015, https://www.youtube.com/watch?v=asV3d6uYCrI.

111 «demasiado controvertido y político»: Ezra David Romero, «City of Fresno Rejects Controversial Bus Banner», KVPR, 27 de mayo 2015, https://www.kvpr.org/post/city-fresno-rejects-controversial-bus-banner.

111 **denominado Parks Master Plan:** Suzanne Bohan, *Twenty Years of Life: Why the Poor Die Earlier and How to Challenge Inequity* (Washington, DC: Island Press, 2018), edición Kindle, ubicación 1334 de 4552.

111 **un nuevo parque de *skateboard*:** George Hostetter, «Skate Park Is First Taste of City's Parks Pivot», *Sun*, 13 de abril 2016, http://sjvsun.com/news/fresno/skate-park-is-first-taste-of-citys-parks-pivot/.

111 **acordó abrir dieciséis patios de colegio:** Tim Sheehan, «Some Fresno Schools Will Double as Parks on Weekends», *Fresno Bee*, 29 de abril 2016, https://www.fresnobee.com/news/local/article74778512.html.

112 **18 hectáreas... campo de fútbol gigante:** Tim Sheehan, «There's a Shortage of Parks in Southeast Fresno: One Group Steps Up with Plans to Help», *Fresno Bee*, 8 de febrero 2018, https://www.fresnobee.com/news/local/article199207409.html.

112 **ley de límites máximos y comercio:** California Climate Investments, «About California Climate Investments», http://www.caclimateinvestments.ca.gov/about-cci; TCC grants: California Strategic Growth Council, «Transform Fresno: Transformative Climate Communities», y http://sgc.ca.gov/programs/tcc/docs/20190201-TCC_Awardee_Fresno.pdf.

112 **destinar 70 millones de dólares a Fresno:** Johnny Magdaleno, «How This Community Fought for $70 Million in Cleanup Funds and Won», Next City, 13 de agosto 2018, https://nextcity.org/features/view/how-this-community-fought-for-70-million-in-cleanup-funds-and-won.

112 **no se ponían de acuerdo en cómo invertirlos:** entrevista con Sarah Reyes, enero 2019.

112 **Fresno City College... MLK Magnet Core Park:** Brianna Calix, «How Much Good Can Be Done in Five Years with $66 Million in Southwest Fresno?», *Fresno Bee*, 26 de febrero 2019, https://www.fresnobee.com/article226807669.html.

113 **También conocí a Kieshaun White:** Brianna Calix, «Teen's Data Shows Air Quality Is Worse in South Fres n.° He's Taking His Work to Schools», *Fresno Bee*, 17 de diciembre 2018, https://www.fresnobee.com/news/local/article222580890.html.

113 **asma, una enfermedad común:** Central Valley Health Policy Institute, «Community Benefits Needs Assessment in South Fresno», California State University, Fresno, 2017, http://www.fresnostate.edu/chhs/cvhpi/documents/Community%20Benefits%20Report%20CVHPI%208-3.pdf.

113 **321 victorias políticas y 451 cambios:** del documento de Anthony Iton, septiembre 2019.

113 «tienes que cambiar las aportaciones de poder»: entrevista con Anthony Iton, abril 2019.

113 una quinta parte de sus empleados rota cada año: Tracy Vanderneck, «Does the Nonprofit Industry Have an Employment Problem?», *NonProfit PRO*, 18 de mayo 2017, https://www.nonprofitpro.com/post/nonprofit-industry-employment-problem/.

113 «Tardamos cincuenta años en obtener Medicare»: entrevista con Sandra Celedon, abril 2019.

Capítulo 7: ¿Cómo encontrar un punto de apoyo?

116 en medio de una oleada de crímenes: Steven Gray, «Chicago Confronts a Crime Wave», *Time*, 3 de agosto 2008, http://content.time.com/time/nation/article/0,8599,1828287,00.html.

116 pruebas que pudiera servir de apoyo a los representantes políticos: antecedentes sobre la fundación y los primeros días de Crime Lab a partir de múltiples entrevistas a Jens Ludwing y Roseanna Ander en 2018 y 2019, y una entrevista con Harold Pollack en agosto 2018. Ver también: University of Chicago Urban Labs, «Our Approach», https://urbanlabs.uchicago.edu/about.

116 examinaron minuciosamente los informes médicos forenses: ídem. Ver también: University of Chicago Crime Lab, «Testimony of Harold Pollack, PhD, 13 de marzo 2013», https://blogs.chicagotribune.com/files/mandatory-minimums-testimony20130313.pdf.

117 uno de los chicos... había robado una bicicleta: entrevista con Roseanna Ander, marzo 2018.

117 «Mi ecuación fundamental»: entrevista con Harold Pollack, agosto 2018.

118 más conocido como Tony D: Rob Waters, «A Conversation with Tony D: How "Becoming a Man" Got to the White House», *Forbes*, 9 de marzo 2016, https://www.forbes.com/sites/robwaters/2016/03/09/a-conversation-with-tony-d-how-becoming-a-man-got-to-the-white-house/#5c0f2e81666b.

118 Empezó invitando a: entrevista con Tony D, agosto 2018.

119 se llamaba «la pelea»: S. B. Heller, A. K. Shah, J. Guryan, J. Ludwig, S. Mullainathan y H. A. Pollack, «Thinking, Fast and Slow? Some Field Experiments to Reduce Crime and Dropout in Chicago», *Quarterly Journal of Economics* 132, n.º 1 (2017): 1-54, 3.

119 una tradición denominada «el registro»: entrevista con Tony D, 8 de agosto 2018, 00:14:30, 00:17:30; J. Lansing y E. Rapoport, *Bolstering Belonging in BAM and Beyond: Youth Guidance's Becoming a Man (BAM) Program Components, Experiential Processes, and*

Mechanisms, a Report to Youth Guidance (Chicago: Chapin Hall at the University of Chicago, 2016), 43-44.

119 «... es algo que me tranquiliza»: J. Lansing y E. Rapoport, *Bolstering Belonging in BAM and Beyond*, 44.

120 «en lugar de enfadarme... lo acepté»: ídem., 63.

120 vieron una conexión: entrevista con Jens Ludwig, agosto 2018.

121 ampliar su trabajo a dieciocho escuelas: S. B. Heller, A. K. Shah *et al.*, «Thinking, Fast and Slow?», 1-54.

122 convertir sus notas del curso creadas en su propia casa: entrevista con el equipo de Youth Guidance, agosto 2018.

122 veintisiete sesiones semanales de BAM de una hora: S. B. Heller, A. K. Shah, *et al.*, «Thinking, Fast and Slow?», 8.

122 se enteraban de que uno de sus estudiantes había sido detenido: entrevista con Harold Pollack, 8 de agosto 2018.

123 las detenciones bajaron un 28 %: resultados RCT de S. B. Heller, A. K. Shah, *et al.*, «Thinking, Fast and Slow?», 20.

123 «uno de los mejores momentos de toda mi carrera»: entrevista con Harold Pollack, agosto 2018.

123 BAM había tenido éxito en conseguir que: S. B. Heller, A. K. Shah, *et al.*, «Thinking, Fast and Slow?», 2.

124 Una estrategia similar es la que utilizó Permanente Medical Group: De Chip Heath y Dan Heath, *Decisive: How to Make Better Choices in Life and Work* (New York: Random House, 2013), 70.

124 reducir la mortalidad de los pacientes por septicemia un 60 %: Kaiser Permanente Institute for Health Policy, «Saving Lives Through Better Sepsis Care», *Kaiser Permanente Policy Story*, 1, n.º 4 (2012), https://www.kpihp.org/wp-content/uploads/2019/03/KP-Story-1.4-Sepsis-Care.pdf.

124 anticipar los problemas que la gente mayor: Corgan, «About Corgan», https://www.corgan.com/about-corgan/. Anticipar: Robin Young y Jack Mitchell, «40 Years in 5 Minutes: Age Simulation Suit Aims to Increase Empathy in Building Design», WBUR, 3 de junio 2019, https://www.wbur.org/hereandnow/2019/06/03/age-simulation-suit.

126 5.000 personas equivalen al 0,2 %: población estimada de Chicago, 2,716,540; City of Chicago, «Facts & Statistics», https://www.chicago.gov/city/en/about/facts.html, Consulta en octubre 2019.

126 17 % de las víctimas: Jens Ludwig, «Crime in Chicago: Beyond the Headlines», presentación al City Club of Chicago, 29 de enero 2018.

126 coste social de un herido por disparo de arma es de 1,5 millones de dólares: Philip J. Cook y Jens Ludwig, *Gun Violence: The Real Cost* (New York: Oxford University Press, 2000), 112. Nota: el libro men-

ciona $1 millón, pero este dato es en dólares de 1998, lo que equivale a $1,5 millones en dólares de 2018.

127 **se les da una nueva oportunidad:** entrevista con Roseanna Ander, marzo 2018. También: Patrick Smith, «A Program Gives Jobs to Those Most at Risk for Violence: Can Chicago Afford It?», NPR, 6 de junio 2019, https://www.npr.org/local/309/2019/06/06/730145646/a-program-gives-jobs-to-those-most-at-risk-for-violence-can-chicago-afford-it.

127 **un pequeño número de pacientes utiliza mucho:** Diane Hasselman, Center for Health Care Strategies, *Super-Utilizer Summit: Common Themes from Innovative Complex Care Management Programs*, octubre 2013, https://www.chcs.org/media/FINAL_Super-Utilizer_Report.pdf.

129 **«la parte más pequeña de la ecuación de la salud»:** entrevista con Carmela Rocchetti, agosto 2019.

129 **preguntan a sus pacientes si pasan hambre:** Mahita Gajanan, «US Doctors Advised to Screen Child Patients for Signs of Hunger», *Guardian*, 23 de octubre 2015, https://www.theguardian.com/us-news/2015/oct/23/doctors-child-patients-hunger-food-pediatricians. Marissa Cabrera y Maureen Cavanaugh, «Report Explores How Doctors Can Help Patients Fight Food Insecurity», KPBS, 16 de noviembre 2016, https://www.kpbs.org/news/2016/nov/16/report-how-doctors-can-help-fight-food-insecurity/.

130 **ha reinventado la manera de formar a sus médicos:** La historia del Hackensack Meridian Health School of Medicine procede de entrevistas a Carmela Rocchetti, agosto 2019; Dean Bonnie Stanton, agosto 2019; y a la estudiante Aamirah McCutchen, septiembre 2019. Rocchetti compartió documentos explican más sobre su currículum. Unos detalles de Laurie Pine (30 de mayo 2018). «Seton Hall University and Hackensack Meridian Health Celebrate Opening of School of Medicine with Ribbon-Cutting Attended by Gov. Murphy and Key Lawmakers», Hackensack Meridian School of Medicine at Seton Hall University, https://www.shu.edu/medicine/news/celebrating opening-of-school-of-medicine.cfm.

133 **Bryan Stevenson... lo denomina el «poder de la proximidad»:** Bryan Stevenson, «The Power of Proximity», Fortune CEO Initiative 2018, https://www.youtube.com/watch?v=1RyAwZIHo4Y.

Capítulo 8: ¿Cómo detectar una alarma temprana?

135 **las «deserciones» eran elevadas:** Historia de LinkedIn y de las primeras señales de deserción de las entrevistas a Dan Shapero, septiembre 2018; Roli Saxena, septiembre 2019; y Archana Sekhar, septiembre 2019.

137 **Northwell Health:** La historia de los EMS de Northwell y del despliegue de sus ambulancias procede de las entrevistas a Alan Schwalberg y Jonathan Washko en agosto de 2019 y de una visita posterior al centro de mando —más una entrevista condicional a Washko— en septiembre 2019. Los detalles de otras fuentes se citan independientemente abajo.

139 **dirigido por el departamento de bomberos:** US Department of Transportation, «EMS System Demographics», NHTSA, junio 2014, https://www.ems.gov/pdf/National_EMS_Assessment_Demographics_2011.pdf, 5.

139 **El tiempo medio de respuesta de... es de unos 6,5 minutos:** comunicación escrita con Jonathan Washko, octubre 2019. La media nacional de Howard K. Mell *et al.*, «Emergency Medical Services Response Times in Rural, Suburban, and Urban Area», *JAMA Surgery* 152, n.º 10 (octubre 2017): 983-84.

139 **una métrica conocida como índice ROSC:** «Return of Spontaneous Circulation», *EMT Prep*, 2018, https://emtprep.com/free-training/post/return-of-spontaneous-circulation-rosc.

140 **uno de los mejores sistemas del mundo de detección temprana de terremotos:** Alex Greer, «Earthquake Preparedness and Response: Comparison of the United States and Japan», *Leadership and Management in Engineering* 12, n.º 3 (2012): 111-25.

141 **un anuncio de televisión de IBM:** IBM Watson TV commercial, *Watson at Work: Engineering*, 2017, https: //www.ispot.tv/ad/wIha/ibm-watson-watson-at-work-engineering, consulta el 30 de abril 2019.

141 **empresas importantes de ascensores ofrecen... ascensores «inteligentes»:** Oscar Rousseau, «AI, Sensors, and the Cloud Could Make Your Buildings Lift Safer», *Construction Week Online*, 18 de febrero 2019, https://www.constructionweekonline.com/products-services/169357-ai-sensors-and-the-cloud-could-make-your-buildings-lifts-safer.

142 **«las puertas se cierran en»:** George Nott, «IoT, Cloud and Machine Learning Giving Elevator Giants a Lift», *Computerworld*, 26 de noviembre 2018, https://www.computerworld.com.au/article/649993/iot-cloud-machine-learning-giving-elevator-giants-lift/.

142 **pequeños relojes que detectan la fibrilación auricular:** «Heart Rhythm Monitoring with a Smartwatch», *Harvard Heart Letter,* Harvard Health Publishing, abril 2019, https://www.health.harvard.edu/heart-health/heart-rhythm-monitoring-with-a-smartwatch.

142 **«cerdos inteligentes»:** Phil Hopkins, «WTIA/APIA Welded Pipeline Symposium», *Learning from Pipeline Failures* (marzo 2008), 12.

142 conductor de autobús se está quedando dormido: Alex Dunham, «Dubai Buses Get Safer Thanks to Facial Recognition Technology», *TimeOut Dubai*, 18 de octubre 2016, https://www.timeoutdubai.com/aroundtown/news/74054-dubai-buses-get-safer-thanks-to-facial-recognition-technology.

142 enseña a 16 millones de personas a realizar la reanimación cardiopulmonar (RCP): «CPR Statistics», American Heart Association, https://cprblog.heart.org/cpr-statistics/.

142 «Si ves algo, di algo»: Manny Fernandez, «A Phrase for Safety After 9/11 Goes Global», *New York Times*, 10 de mayo 2010, https://www.nytimes.com/2010/05/11/nyregion/11slogan.html?pagewanted=1&hp.

143 la glándula en forma de mariposa: «Thyroid Cancer», *Mayo Clinic*, https://www.mayoclinic.org/diseases-conditions/thyroid-cancer/symptoms-causes/syc-20354161.

143 aumentando precipitadamente: Hyeong Sik Ahn, Hyun Jung Kim, and H. Gilbert Welch, «Korea's Thyroid-Cancer "Epidemic": Screening and Overdiagnosis», *New England Journal of Medicine* 371 (6 de noviembre 2014): 1765-67, https://www.ecmstudy.com/uploads/3/1/8/8/31885023/nejm-koreas_thyroid-cancer_epidemic-screening_&_overdiagnosis.pdf.

143 multiplicado por quince desde 1993: ídem., 1766.

143 La tasa de supervivencia era del 99,7 %: Gil Welch, «Cancer Screening & Overdiagnosis», 2018, YouTube, https://www.youtube.com/watch?v=lwfZFskoifw, 00:24:59.

143 promocionaba el «turismo médico»: ídem., 00:24:15.

144 «tarde o temprano acabará matando»: Gil Welch, *Less Medicine, More Health: 7 Assumptions That Drive US Medical Care* (New York: Beacon Press, 2015), 57.

144 la analogía de un corral de cánceres: ídem., 57-58.

144 si eran sintomáticos: Sohee Park, Chang-Mo Oh, Hyunsoon Cho, Joo Young Lee, *et al.*, «Association Between Screening and the Thyroid Cancer "Epidemic" in South Korea: Evidence from a Nationwide Study», *BMJ* 355 (30 de noviembre 2016), https://www.bmj.com/content/355/bmj.i5745.

144 Corea del Sur empezó a animar a la gente a hacerse exámenes: Gina Kolata, «Study Points to Overdiagnosis of Thyroid Cancer», *New York Times*, 5 de noviembre 2014, https://www.nytimes.com/2014/11/06/health/study-warns-against-overdiagnosis-of-thyroid-cancer.html.

145 operación para extirpar la glándula tiroidea: Welch, «Cancer Screening & Overdiagnosis», YouTube, https://www.youtube.com/watch?v=lwfZFskoifw, 00:22:50.

145 el 99,7 % de esos pacientes ¡seguían vivos!: ídem., 00:24:59.

145 «fatiga de alarma»: B. J. Drew, P. Harris, J. K. Zègre-Hemsey, T. Mammone, D. Schindler, R. Salas-Boni, *et al.*, «Insights into the Problem of Alarm Fatigue with Physiologic Monitor Devices: A Comprehensive Observational Study of Consecutive Intensive Care Unit Patients», *PLoS ONE* 9, n.° 10 (2014): e110274, https://doi. org/10.1371/journal.pone.0110274.

146 a raíz de la masacre en la escuela de primaria Sandy Hook: Sandy Hook Advisory Commission, *Final Report of the Sandy Hook Advisory Commission* (6 de marzo 2015), http://www.shac.ct.gov/ SHAC_Final_Report_3-6-2015.pdf.

146 Querían hacer algo: Si no se dice lo contrario, la historia del trabajo Sandy Hook Promise ha sido extraída de múltiples entrevistas a Nicle Hockley y Paula Fynboh en otoño de 2018 y 2019, así como de comunicaciones escritas con Fynboh y otros trabajadores. Dos documentos, producidos por Sandy Hook Primise para su formación, fueron especialmente útiles en este relato: «Gun Violence in America Factsheet» y «Know the Signs», también el poderoso discurso de Hockley de 2016: «All Gun Violence Is Preventable If You Know the Signs», TEDxWakeForestU, https://www. youtube.com/watch?v=2DD4wmwBUzc.

146 «Llevamos unas cuantas décadas dedicándonos a la política sobre la tenencia de armas» Lois Beckett, «Sandy Hook Mom: "For Christ's Sake, Why Be So Defeatist?"», *Guardian*, 4 de octubre 2017, https://www.theguardian.com/ us-news/2017/oct/04/ sandy-hook-mother-nicole-hockley-gun-control.

147 «un país desarrollado»: David Frum, «The American Exception», *The Atlantic*, 4 de agosto 2019, https://www.theatlantic.com/ideas/ archive/2019/08/guns-are-american-exception/595450/.

147 publicó un vídeo en 2016 titulado *Evan*: Sandy Hook Promise, *Evan*, 2016, https://www.youtube.com/watch?v=A8syQeFtBKc.

149 sistema de comunicación anónima: «Organizational Accomplishments», Sandy Hook Promise, https://www.sandyhookpromise.org/impact_ historical; «Say Something Anonymous Reporting System», https:// www.saysomething.net/.

149 178.000 estudiantes: «Press Release: Attorney General Shapiro Announces Strong Start for Safe2Say School Safety Reporting Program», Office of Attorney General Josh Shapiro, 23 de enero 2019, https://www.attorneygeneral.gov/taking-action/press-releases/attor- ney-general-shapiro-announces-strong-start-for-safe2say-school-safe- ty-reporting-program/.

149 615 llamadas: Myles Snyder, «New School Safety Hotline Gets Over 600 Tips in First Week», ABC27, 23 de enero 2019, https://www.abc27.com/news/ pennsylvania/new-school-safety-hotline-gets-over-600-tips-in-first-week/.

149 **46 intervenciones en suicidios, 3 importantes redadas de drogas:** correspondencia por email con el equipo de SHP, enero 2019.

149 **la policía recibió un aviso del sistema de comunicación:** WLYN News, Facebook post, 24 de enero 2019, https://www.facebook.com/wylnnews/photos/a.165259930225293/2112671945484072/?type=3&theater.

150 **«no vemos las fichas de dominó»:** Nicole Hockley, «All Gun Violence Is Preventable», TEDxWakeForestU, https://www.youtube.com/watch?v=2DD4wmwBUzc.

Capítulo 9: ¿Cómo saber si has tenido éxito?

154 **«Una marea creciente levanta todos los barcos»:** expresión atribuida comúnmente a John F. Kennedy; de la JFK Library: https://www.jfklibrary.org/learn/about-jfk/life-of-john-f-kennedy/john-f-kennedy-quotations.

154 **cuando la tasa de criminalidad cayó en picado:** Matt Ford, «What Caused Crime to Decline in the US?», *The Atlantic*, 15 de abril 2016, https:// www.theatlantic.com/politics/archive/2016/04/what-caused-the-crime-decline/477408/.

154 **todos los jefes de policía del país»:** entrevista con Jens Ludwig, abril 2019.

155 **Para Katie Choe, ingeniera jefa:** de la entrevista con Katie Choe, enero 2019, y a Choe, Ramandeep Josen y Christopher Coakley, marzo 2019, intercambio de escritos posteriores y documentos proporcionados por Choe y Coakley. Los datos de otras fuentes son citados en las siguientes notas.

155 **de las aceras... estaba en malas condiciones:** Meghan E. Irons, «Boston's Rich and Poor Neighborhoods Show Sidewalk Repair Disparity», *Boston Globe*, 4 de marzo 2018.

157 **«Porque no harán nada»:** ídem.

159 **«ante una pregunta difícil»:** Daniel Kahneman, *Pensar rápido, Pensar despacio* (Barcelona: editorial DeBolsillo, 2013), 12. Google Books link: https://www.megustaleer.com/libros/pensar-rpido-pensar-despacio/MES-013395

160 **midiendo las ventas que generaban sus emails promocionales:** Susan Athey and Michael Luca, «Economists (and Economics) in Tech Companies», *Journal of Economics* 33, n.º 1 (invierno 2019): 209-30, https://doi.org/10.1257/jep.33.1.209.

162 **listas de espera en urgencias:** Gywn Bevan and Christopher Hood, «What's Measured Is What Matters: Targets and Gaming in the

English Public Health Care System», *Journal of Public Administration* 84, n.º 3 (2006): 517-38, http://citeseerx.ist.psu.edu/viewdoc/download?doi=10.1.1.454.2524&rep=rep1&type=pdf.

162 **Piensa en el increíble descenso de la tasa de criminalidad en la ciudad de Nueva York:** Police Department, City of New York, *CompStat Report*, 25 de agosto 2019, https://www1.nyc.gov/assets/nypd/downloads/pdf/crime_statistics/cs-en-us-city.pdf. La gente que murió en los atentados del 11 de septiembre no se ha contado en estas listas —aunque claramente fueron asesinadas—.

162 **estableció un nuevo sistema denominado CompStat:** Chris Smith, «The Controversial Crime-Fighting Program That Changed Big-City Policing Forever», *New York*, 2 de marzo 2018, http://nymag.com/intelligencer/2018/03/the-crime-fighting-program-that-changed-new-york-forever.html.

163 **que distribuyeran sus recursos en función de los patrones:** «NYPD and CompStat», *Big Data in New York City Management*, School of International and Public Affairs Case Consortium at Columbia, Columbia University, http://ccnmtl.columbia.edu/projects/caseconsortium/casestudies/127/casestudy/www/layout/case_id_127_id_886.htl.

163 **responsables de reducir el número de delitos:** New York City Police Department, «6th Precinct», https://www1.nyc.gov/site/nypd/bureaus/patrol/precincts/6th-precinct.page.

163 **En 2018... *Reply All*:** PJ Vogt and Alex Goodman, «The Crime Machine: Vols. 1 and 2», *Reply All*, 12 de octubre 2018, https://gimletmedia.com/shows/reply-all/76h967/127-the-crime-machine-part-i. Un agradecimiento sincero a Gimlet Media por permitir compartir estos datos.

164 **«el nuevo también tenía que hacer trampas...»:** ídem., vol. 2, https://gimletmedia.com/shows/reply-all/n8hwl7.

164 **Ritchie Baez, un veterano policía:** ídem. Baez formó parte de una demanda en la que varios oficiales del POC negros y latinos demandaron a la Policía de Nueva York diciendo que habían sido injustamente penalizados por no conseguir sus «cuotas» de arrestos y citaciones. Ver: Dana Sauchelli, Frank Rosario y Leonard Greene, «NYPD Targets Minority Officers with Quota Punishments: Suit», *New York Post*, 2 de marzo 2015, https://nypost.com/2015/03/02/nypd-targets-minority-officers-with-quota-punishments-suit/. La demanda se retiró posteriormente.

164 **«¡Eh, algo muy malo está pasando!:** ídem.

167 **la historia de éxito de las escuelas públicas de Chicago:** Elaine Allensworth, Kaleen Healey, Julia Gwynne y René Crispin, *High*

School Graduation Rates Through Two Decades of Change: Research Summary (Chicago: University of Chicago Consortium on School Research, junio 2016).

168 llamaba «medidas emparejadas»: Andrew S. Grove, *High Output Management* (New York: Random House, 1978; rev. ed. 2015), 18.

168 el NYPD acabó incluyendo algunas medidas adicionales: Al Baker, «Updated NYPD: Anti-Crime System to Ask: "How We Doing?"», *New York Times*, 8 de mayo 2017, https://www.nytimes. com/2017/05/08/nyregion/nypd-compstat-crime-mapping.html.

Capítulo 10: ¿Cómo evitar causar daños?

171 La isla Macquarie está a medio camino: página de información de la isla Macquarie, Australian Antarctic Division, Australian Department of the Environment and Energy, http://www.antarctica.gov.au/living-and-working/stations/macquarie-island.

171 descanso y procreación para las aves migratorias: 3,5 millones y 80.000 focas elefante llegan cada año. Página de información Macquarie Island World Heritage Area, Tasmania Parks y Wildlife Service, https://www.parks.tas.gov.au/index.aspx?base=394.

171 desierto protegido: Australian Government Department of the Environment and Energy, «World Heritage Places–Macquarie Island», https://www.environment.gov.au/heritage/places/world/macquarie-island; De hecho, la isla Macquarie es un UNESCO World Heritage Centre, «World Heritage List», https://whc.unesco.org/en/list/629/.

171 el hogar de muchas especies raras: Australian Government Department of the Environment, «Macquarie Island: From Rabbits and Rodents to Recovery and Renewal», Commonwealth of Australia, 2014, 1; base de datos del petrel azul, del perfil y amenazas de las especies, Australian Department of the Environment and Energy, http://www.environment. gov.au/cgi-bin/sprat/public/publicspecies.pl?taxon_id=1059.

171 viene de San Pedro: Craig Campbell, «"Miraculous" St. Peter Bird Is Able to Walk on Water», *Sunday (Glasgow) Post*, 16 de septiembre 2016.

171 pingüinos y focas ocupan la isla: Australian Government Department of the Environment, «Macquarie Island: From Rabbits and Rodents», 1.

171 capturar pingüinos y focas, por su aceite natural: Australian Department of the Environment and Energy, Australian Antarctic Division, «Macquarie Island Station: A Brief History», http://www. antarctica.gov.au/about-antarctica/history/stations/macquarie-island.

171 los conejos les servían de comida: «The Pest Problem», Macquarie Island Pest Eradication Project, Tasmania Parks y Wildlife Service.

171 **gatos para matar a los roedores:** Miss Cellania, «Messing with Mother Nature: The Macquarie Island Ecosystem», Mental Floss, 27 de marzo 2012, http://mentalfloss.com/article/30307/messing-mother-nature-macquarie-island-ecosystem; Nick Holmes, «Unintended Consequences», *The Pulse*, 27 de julio 2018, podcast, 36:53.

172 **necesitaban un vector para el virus:** La historia de Macquarie está basada en las entrevistas de septiembre 2018 a Keith Springer, Dana Bergstrom, Aleks Terauds, Jamie Kirkpatrick, Keith Broome, Sue Robinson y Nick Holmes. También en cuatro fuentes: Dana Bergstrom, Arko Lucier, Katie Kiefer, *et al.*, «Indirect Effects of Invasive Species Removal Devastate World Heritage Island», *Journal of Applied Ecology* 46, n.º 1 (2009): 73-81. Tasmania Parks and Wildlife, «Plan for the Eradication of Rabbits and Rodents on Subantarctic Macquarie Island», Biodiversity Conservation Branch, Department of Primary Industries and Water, Tasmania, marzo 2007. Tasmania Parks and Wildlife Service, *Evaluation Report: Macquarie Island Pest Eradication Project*, «Timeline», agosto 2014, https://parks.tas.gov.au/Documents/Evaluation_Report_Macquarie_Island_Pest_Eradication_Project.pdf. Tasmania Parks and Wildlife Service, «Macquarie Island Pest Eradication Project», agosto 2014, https://www.parks.tas.gov.au/file.aspx?id=31160.

173 **llenarse de hierbas invasoras:** una nota divertida: los vigilantes del parque también ayudan a mantener a raya a las malas hierbas comiéndoselas —resulta que la pamplina alpina es muy sabrosa—. Ver Laura Williams y Alex Fergus, «Macquarie Island Weed Hunters», This Week at Macquarie Island, 17 de febrero 2017, http://www.antarctica.gov.au/living-and-working/stations/macquarie-island/this-week-at-macquarie-island/2017/this-week-at-macquarie-island-17-february-2017/macquarie-island-weed-hunter.

174 **«en una posición ventajosa que te permita ver todo el sistema»:** Donella Meadows. «Dancing with Systems», Donella Meadows Archives, Donella Meadows Project, Academy for Systems Change, http://donellameadows.org/archives/dancing-with-systems/.

175 **un joven ingeniero de Google:** Benjamin Weiser, «Comptroller Aims to Curb Personal-Injury Claims Against New York City», *New York Times*, 9 de julio 2014, https://www.nytimes.com/2014/07/09/nyregion/comptroller-aims-to-curb-personal-injury-claims-against-new-york-city.html.

175 **resoluciones resultantes de la caída de ramas:** Office of the New York City Comptroller Scott M. Stringer, *ClaimStat: Protecting Citizens and Saving Taxpayer Dollars*, julio 2014, 2.

175 **ascendía a 11,5 millones de dólares:** Benjamin Weiser, «Comptroller Aims to Curb Personal-Injury Claims», *New York Times*, 9 de julio 2014.

175 «Todo el dinero que ahora nos ahorramos en el mantenimiento»: entrevista con David Saltonstall, agosto 2019.

175 «una nueva herramienta basada en datos»: Office of the New York City Comptroller Scott M. Stringer, «Comptroller Stringer Releases ClaimStat: New Data-Driven Analysis of Legal Claims to Help Save Taxpayer Dollars and Make the City Safer», nota de prensa, 9 de julio 2014, https:// comptroller.nyc.gov/newsroom/comptroller-stringer-releases-claimstat-new-data-driven-analysis-of-legal-claims-to-help-save-taxpayer-dollars-and-make-the-city-safer/, Consulta el 25 de septiembre 2019.

175 casi 30.000 demandas anuales: entrevista con Saltonstall, agosto 2019.

175 indemnizaciones por daños... en los parques infantiles: Office of the New York City Comptroller Scott M. Stringer, «ClaimStat Alert: Protecting Kids on NYC Playgrounds», marzo 2015, https://comptroller.nyc.gov/wp-content/uploads/documents/ClaimStat_Playground_February_2015.pdf.

175 «Lo único que había que hacer»: entrevista con Saltonstall, agosto 2019.

176 «evitar las extinciones»: Island Conservation, «Mission and History», https://www.islandconservation.org/mission-and-history/.

176 modelos de conservación como... una red alimentaria: E. S. Zavaleta, R. J. Hobbs y H. A. Mooney, «Viewing Invasive Species Removal in a Whole-Ecosystem Context», Trends in Ecology & Evolution 16, n.º 8 (2001): 454-59.

176 «Las islas son sistemas»: entrevista con Nick Holmes, diciembre 2015.

177 tal como deja claro el «efecto cobra»: Dale Hartley, «The Cobra Effect: Good Intentions, Perverse Outcomes», Psychology Today, 8 de octubre 2015, https://www.psychologytoday.com/us/blog/machiavellians-gulling-the-rubes/201610/the-cobra-effect-good-intentions-perverse-outcomes.

177 «Esperaba que ese incentivo resolvería el problema»: Stephen Dubner y Steven Levitt, «The Cobra Effect», Freakonomics podcast, 11 de octubre 2012, episodio 96.

177 Otros ejemplos del efecto cobra son más sutiles: de la entrevista con Amantha Imber, noviembre 2018, y comunicaciones posteriores, agosto 2019.

178 Un estudio realizado en 2018 por los estudiantes de Harvard: entrevista con Ethan Bernstein, noviembre 2018. También: Ethan S. Bernstein y Stephen Turban, «The Impact of the 'Open' Workspace on Human Collaboration», Philosophical Transactions of the Royal Society B: Biological Sciences 373 (1753), 2 de julio 2018, https:// royalsocietypublishing.org/doi/full/10.1098/rstb.2017.0239.

179 «Recuerda siempre que todo lo que sabes»: Donella Meadows, «Dancing with Systems», 3.

179 sus trabajadores en la biblioteca Victoria: comunicaciones con Imber el 15 de agosto de 2019. State Library Victoria website, https://www. slv.vic.gov.au.

180 «Lo primero que te diría»: entrevista con Andy Hackbarth, marzo 2019.

183 «Puedes practicar el tiro a canasta durante ocho horas al día»: Jim Afremow, *The Champions Comeback: How Great Athletes Recover, Reflect and Re-Ignite* (New York: Rodale, 2016), Google https:// books.google.com/books?id=8iu5CwAAQBAJ&pg=PA76&dq=#v=o- nepage&q&f=false, pág. 76.

183 los propietarios de Summit CPA Group: la historia de Summit CPA Group y de sus reuniones modificadas proviene de las entrevistas con Jody Grunden y Jamie Nau en agosto de 2019.

184 *El contable* obtuvo un 3,65: «*The Accountant*, 2016», IMDb website, https://www.imdb.com/title/tt2140479/.

185 100.000 millones de bolsas anualmente: Tatiana Homonoff, Lee-Sien Kao, Doug Palmer, and Christina Seybolt, *Skipping the Bag: Assessing the Impact of Chicago's Tax on Disposable Bags*, Chicago Mayor's Office, septiembre 2018, 3.

185 son peores en muchos otros sentidos: ídem.

186 tendrías que utilizar una bolsa de papel 3 veces: Chris Edwards and Jonna Meyhoff Fry, *Life Cycle Assessment of Supermarket Carrier Bags: A Review of the Bags Available in 2006*, UK Environmental Agency, 2011, 8.

186 Ofrecer otras *más gruesas*: Alexia Elejalde-Ruiz, «The Result of Chicago Plastic Bag Bank: Shopping Bags to Be Sturdier», *Chicago Tribune*, 20 de junio 2015, https://www.chicagotribune.com/business/ ct-plastic-bag-ban-0622biz-20150622-story.html.

186 Los votantes de California aprobaron una prohibición: «State Plastic and Paper Bag Legislation», National Conference of State Legislatures, 15 de agosto 2019, http://www.ncsl.org/research/envi- ronment-and-natural-resources/plastic-bag-legislation.aspx.

186 se dispararon las ventas de las bolsas de basura: Greg Rosalsky, «Are Plastic Bags Garbage», publicación *Planet Money*, 9 de abril 2019, https://www.npr.org/sections/money/2019/04/09/711181385/ are-plastic-bag-bans-garbage.

186 28,5 % de la reducción: Rebecca L. C. Taylor, «Bag Leakage: The Effect of Disposable Carryout Bag Regulations on Unregulated Bags», *Journal of Environmental Economics and Management* 93 (2019): 254-71, 17 en versión descargada.

187 **un episodio de hepatitis mortal ocurrido en San Diego:** Paul Sisson, «What Is Causing an Outbreak That Has Infected 181 People and Killed Four?», *San Diego Union-Tribune*, 24 de junio 2017.

187 **«no alardear ni paralizarte»:** Donella Meadows, «Dancing withSystems», 3.

187 **un impuesto de 7 céntimos:** Tatiana Homonoff et al., *Skipping the Bag*.

188 **«Los sistemas no se pueden controlar»:** Donella Meadows, «Dancing with Systems», 2.

Capítulo 11: ¿Quién pagará aquello que no ocurre?

189 **En un congreso médico:** A. A. Clark, «Restriction and Prevention of the Dangerous Communicable Diseases», *Proceedings of the Sanitary Convention*, Battle Creek, Michigan, 25 y 26 de junio 1890, 23.

190 **En el año 1900, la esperanza media de vida:** Estos cálculos son de E. Arias, J. Xu y K. D. Kochanek, «United States Life Tables, 2016», *National Vital Statistics Report* 68, n.º 4 (2019), 48, tabla 19; 49, tabla 20.

190 **El promedio de vida natural:** Amanda Ruggeri, «Do We Really Live Longer Than Our Ancestors?» BBC, 3 de octubre 2018, http://www.bbc.com/future/story/20181002-how-long-did-ancient-people-live-life-span-versus-longevity.

191 **se debía a enfermedades infecciosas:** Rebecca Tippett, «Mortality and Causes of Death, 1900 vs. 2010», Carolina Demography, University of North Carolina at Chapel Hill, 16 de junio 2016, https://demography.cpc.unc.edu/2014/06/16/mortality-and-cause-of-death-1900-v-2010.

191 **se cebaban en gran parte con los niños:** Centers for Disease Control and Prevention, «Achievements in Public Health, 1900 to 1999: Controlof Infectious Diseases», *Morbidity and Mortality Weekly Review*, 30 de julio 1999, https://www.cdc.gov/mmwr/preview/mmwrhtml/mm4829a1.htm.

191 **a menos del 3 % en 2010:** Tippett, «Mortality and Causes of Death».

191 **Mejor higiene, agua más limpia:** Laura Helmuth, «Why Are You Not Dead Yet?», Slate, 5 de septiembre 2013, https://slate.com/technology/2013/09/life-expectancy-history-public-health-and-medical-advances-that-lead-to-long-lives.html. Estas series de Slate incluyen un juego interactivo «Wretched Fate» para ver tus posibilidades y la manera de morir según el momento, incluido 1890, la fecha del discurso del profesor Clark.

191 *uno de cada cinco niños... habría muerto*: Average life expectancy in 1900: E. Arias, J. Xu y K. D. Kochanek, «United States Life Tables, 2016», *National Vital Statistics Report* 68, n.º 4 (2019), 49, tabla 20.

191 «No invertimos lo suficiente»: entrevista con John Auerbach, junio 2019.
191 88.900 millones de dólares... el 2,5 % del gasto: A. B. Martin, M. Hartman, B. Washington y A. Caitlin, «National Health Care Spending in 2017: Growth Slows to Post-Great Recession Rates, Share of GDP Stabilizes», *Health Affairs* 38, n.º 1 (enero 2019), 102, exhibit 5. Te preguntarás por qué esto no es como la proporción 1:1 del primer capítulo. Recuerda que la porción a contracorriente incluía gastos que hacen que la gente esté más sana, como son las pensiones, el seguro de desempleo, la vivienda pública, etc. Aquí estamos hablando específicamente de la cantidad que se gasta en la salud de la población, que pretende reducir la incidencia de muerte y enfermedades. En otras palabras, la «salud a contracorriente» es un subconjunto que incluye, como pequeña porción, la sanidad pública.
191 «si haces bien tu trabajo, te recortan el presupuesto»: entrevista con Julie Pavlin, agosto 2018.
192 «Pagaremos 40.000 dólares al año por el precio de la insulina»: entrevista con Patrick Conway, agosto 2019.
192 tenemos mejor acceso del mundo a las resonancias magnéticas: Nota de Dan: después de muchas indagaciones infructuosas, no he conseguido localizar la fuente original de este comentario. Recuerdo que el autor(es) estaba presumiendo del acceso a las resonancias magnéticas. Es posible que lo haya escuchado en una conferencia. En cuanto al hecho en sí, que EE. UU. es uno de los líderes mundiales en resonancias magnéticas, consulta la siguiente fuente (ellos no alardean de ello): I. Papanicolas, L. R. Woskie y A. K. Jha, «Health Care Spending in the United States and Other High-Income Countries», *JAMA* 319, n.º 10 (2018): 1024-39.
193 Pongamos el caso de Poppy+Rose: entrevista con Diana Yin, enero 2019.
193 han sufrido lesiones lumbares: Occupational Safety and Health Administration, «Healthcare: Safe Patient Handling», https://www.osha.gov/SLTC/healthcarefacilities/safepatienthandling.html.
194 las residencias podrían reducir dos tercios del coste: Centers for Disease Control and Prevention, «Ten Great Public Health Achievements: United States, 2001-2010», *Mobility and Mortality Weekly Report*, 20 de mayo 2011, https://www.cdc.gov/mmwr/preview/mmwrhtml/mm6019a5.htm?s_cid=fb2423.
194 fundado en los años setenta por David Olds: Andy Goodman, «The Story of David Olds and the Nurse Home Visiting Program», Robert Wood Johnson Foundation, 25 de julio 2006, 7-8.
195 El programa NFP que Olds creó: los detalles del programa han sido sacados de varias fuentes: Nurse-Family Partnership, «Nurses and Mothers», https://www.nursefamilypartnership.org/wp-content/

up loads/2018/11/Nurses-Mothers.pdf; Nurse-Family Partnership, «Overview», https://www.nursefamilypartnership.org/wp-content / uploads/2019/07/NFP-Overview.pdf; Goodman, «The Story of David Olds», 11; Joan Riemer, «This Nurse Helps New Moms When They're Most Vulnerable», *Woman's Day*, 8 de enero 2019, https:// www.womansday.com /life /real-women /a258 05099 /nurse-family-part nership-facts/; T. R. Miller, «Projected Outcomes of Nurse-Family Partnership Home Visitation During 1996-2013, USA», *Prevention Science* 16, n.º 6 (2015): 765-77; Michelle Andrews, «"Pay for Success" Approach Used to Fund a Program That Supports New Moms», Shots: Health News from NPR, 9 de agosto 2017, https:// www.npr.org/sections/health-shots/2017/08/09/542110282/pay-for-success-approach-used-to-fund-a-program-that-supports-new-moms.

195 tres ensayos aleatoriamente controlados: T. R. Miller, «Projected Outcomes of Nurse-Family Partnership», 777; Nurse-Family Partnership, «Research and Outcomes», https://www.nursefamilypartnership.org/wp-content/uploads/2018/11/Research-Trials-and-Outcomes.pdf.

196 un retorno de al menos 6,5 dólares: Ted R. Miller, *Nurse-Family Partnership Home Visitation: Costs, Outcomes, and Return on Investment*, HSBA (septiembre 2012; revisado 30 de abril 2013), https://www.researchgate.net/publication/264972035_NurseFamily_Partnership_Home_Visitation_Costs_Outcomes_and_Return_on_Investment_Executive_Summary.

196 la reducción del número de partos prematuros... ofensas criminales... pagos de cupones: Miller, «Projected Outcomes of Nurse-Family Partnership», 765-77.

197 aproximadamente 10.000 dólares por cada mujer a la que atiende: Nurse-Family Partnership, «Nurse-Family Partnership: Outcomes, Costs and Return on Investment in the US», 2019.

197 «el problema del bolsillo equivocado»: Pay for Success, «What Is the "Wrong Pockets Problem"?», Urban Institute, https://pfs.urban.org/faq/what-wrong-pockets-problem.

197 un modelo de «pago por éxito»: South Carolina's Department of Health and Human Services, «Fact Sheet: South Carolina Nurse-Family Partnership Pay for Success Project», 2016, https://www.scdhhs.gov/sites/default/files/021616%20SC%20NFP%20PFS%20Fact%20Sheet.pdf.

198 «la cosa más obvia del mundo»: entrevista con Christian Soura, noviembre 2018.

198 mira la lista de los implicados: Nonprofit Finance Fund, Pay for Success, «South Carolina Nurse-Family Partnership», 7 de diciembre 2017, https:// www.payforsuccess.org/project/south-carolina-nurse-family-partnership.

198 las negociaciones intentaban responder: entrevista con Christian Soura, 6 de noviembre 2018, 00:06:29.

198 ofrecer servicios a 3.200 madres más: South Carolina's Department of Health and Human Services, «Fact Sheet: South Carolina Nurse-Family Partnership Pay for Success Project».

200 «la industria de servicios domésticos»: entrevista con Brandon Ridenour, febrero 2019.

201 Medicare se gasta una fortuna: Perry Undem Research & Communications, *The Revolving Door: A Report on US Hospital Readmissions*, Robert Wood Johnson Foundation, febrero 2013, 3, 34.

201 Conozcamos la Organización Responsable por el Cuidado de la Salud (ACO): CMS.gov, Centers for Medicare & Medicaid Services, «Accountable Care Organizations (ACOs)», https://www.cms.gov/Medicare/Medicare-Fee-for-ServicePayment/ACO/index.html.

202 «Antes de las ACO, a los médicos no se les pagaba»: entrevista con Farzad Mostashari, agosto 2019; «Our Company», Aledade, https://aledade.com/our-company/.

202 Hablé con Jonathan Lilly: entrevista con Jonathan Lilly, agosto 2019.

203 modelo de «pago por capitación»: «Capitation Payments», Investopedia, https://www.investopedia.com/terms/c/capitation-payments.asp; «How Kaiser Permanente Providers Are Paid», https://healthy.kaiserpermanente.org/static/health/en-us/pdfs/cal/ca_how_providers_are_paid.pdf; Kaiser Permanente, «About», 12 million: https://about.kaiserpermanente.org/who-we-are/fast-facts.

203 Kaiser Permanente (KP) es inusual: J. Pines, J. Selevan, F. A. McStay, M. George y M. McClellan, *Kaiser Permanente-California: A Model for Integrated Care for the Ill and Injured*, Center for Healthcare Policy at Brookings, 4 de mayo 2015, https://www.brookings.edu/wp-content/uploads/2016/07/KaiserFormatted_150504RH-with-image.pdf.

203 Geisinger Health System: Andrea T. Feinberg, Jonathan R. Slotkin, Allison Hess y Alistair R. Erskine, «How Geisinger Treats Diabetes by Giving Away Free, Healthy Food», *Harvard Business Review*, 25 de octubre 2017, https://hbr.org/2017/10/how-geisinger-treats-diabetes-by-giving-away-free-healthy-food.

204 industria de la sanidad de 3,5 billones de dólares: Yasmeen Abutaleb, «US Healthcare Spending to Climb 5.3 Percent in 2018: Agency», Reuters, 14 de febrero 2018, https://www.reuters.com/article/us-usa-healthcare-spending/us-healthcare-spending-to-climb-53-percent-in-2018-agency-idUSKCN1FY2ZD.

204 ingresos globales de Nike en el 2018: «Nike Inc., Reports Fiscal 2018 and Fourth Quarter and Full Year Results», 28 de junio 2018, https://news.nike.com/news/nike-inc-reports-fiscal-2018-fourth-quarter-and-full-year-results.

Capítulo 12: El problema de Chicken Little: las amenazas distantes e improbables

207 **en 1999 como cinta de VHS:** *Y2K Family Survival Guide with Leonard Nimoy*, 1999, https://www.youtube.com/watch?v=EEhEQEG43RU.

208 **John Koskinen fue el hombre encargado:** La historia de la preparación del nuevo milenio procede de las entrevistas con Koskinen en mayo de 2019, y de un extracto de un borrador no publicado de sus memorias. Otros detalles que no sean de estas fuentes se citan en las siguientes notas.

210 **La Reserva Federal ordenó la emisión de 50.000 millones de dólares:** Bert Caldwell, «Bank Regulators Feel Confident Federal Reserve Prints Extra $50 Billion in Currency», *Spokesman Review*, 4 de diciembre 1999; Ruth Simon, «Wall Street Deploys Troops to Battle Y2K-Nervous Investors Hoard Cash Gold as Chaos Hedges», *Wall Street Journal*, 22 de diciembre 1999.

211 **perdió durante varias horas... satélites de inteligencia:** President's Council, *The Journey to Y2K: Final Report of the President's Council on Year 2000 Conversion*, 29 de marzo 2000, https://itlaw.wikia.org/wiki/The_Journey_to_Y2K:_Final_Report_of_the_President%27s_Council_on_Year_2000_Conversion.

211 **pagos atrasados, pagos estancados y...:** ídem.

211 **«Los sistemas de alerta meteorológica (LLWAS)»:** ídem.

212 **«El problema no debía de ser tan grave»:** entrevista con John Koskinen, mayo 2019.

212 **«entrará en escena acompañado de un bostezo»:** David Robert Loblaw, «Millennium Bug Is a Misnomer», *Just a Number* blog, 1999, http://www.angelfire.com/oh/justanumber/whatitis.html.

212 **«Os engañaron»:** David Robert Loblaw, «You Got Conned and I Told You So», *Globe and Mail*, 6 de enero 2000, https://www.the.globeandmail.com/opinion/you-got-conned-and-i-told-you-so/article765168/.

212 **«La razón de que no pasara nada»:** entrevista con Martyn Thomas, marzo 2019.

213 **«¿cuál te quita el sueño?»:** entrevista con Madhu Beriwal, marzo 2019.

213 **el fondo de un cuenco:** Richard Campanella, «How Humans Sank New Orleans», *The Atlantic*, 6 de febrero 2018, https://www.theatlantic.com/technology/archive/2018/02/how-humans-sank-new-orleans/552323/.

213 **En los años posteriores al 11 de septiembre:** Christopher Cooper and Robert Block, *Disaster: Hurricane Katrina and the Failure of Homeland Security* (New York: Henry Holt, 2006), nota de autor.

214 **fue contratada por 800.000 dólares:** ídem., 2 y 6.

214 El acuerdo fue que creara un plan para hacer frente a los huracanes: Madhu Beriwal, «Preparing for a Catastrophe: The Hurricane Pam Exercise», Statement Before the Senate Homeland Security and Governmental Affairs Committee, 24 de enero 2006.

214 tardando únicamente cincuenta y tres días en completar: ídem., 2.

214 reunió... a trescientos colaboradores principales: ídem., 4.

214 «Aunque hay bastante tiempo para huir»: Christopher Cooper y Robert Block, *Disaster: Hurricane Katrina*, 1.

215 no habría «polvos mágicos»: ídem., 19.

216 un cuadro en el que comparaba la simulación con la realidad: Madhu Beriwal, «Preparing for a Catastrophe», 6.

216 un relato del periodista Scott Gold: Scott Gold, «Trapped in an Arena of Suffering», *Los Angeles Times*, 1 de septiembre 2005, https://www. latimes.com/archives/la-xpm-2005-sep-01-na-superdome1-story.html.

217 puntos de diferencia entre el huracán Pam y el huracán Katrina: cuadro, Madhu Beriwal, «Preparing for a Catastrophe», 7.

218 «La diferencia entre... es el efecto del contraflujo»: entrevista con Madhu Beriwal, 26 de marzo 2019, 00:23:50.

218 El «contraflujo» es un procedimiento de emergencia: «Hurricane Evacuation Contraflow Videos», Texas Department of Transportation, https://www.txdot.gov/driver/weather/hurricane-contraflow-vids.html.

218 el año anterior durante el huracán Iván: «Mass Evacuations: Using Multiple Contraflow Loading Points», US Department of Homeland Security, Lessons Learned.

218 atrapados en los pasos elevados hasta doce horas: ídem.

218 Y después Iván viró hacia el este: Tony Reichhardt, «Hurricane Ivan Highlights Future Risk for New Orleans», *Nature*, 22 de septiembre 2004, https://www.nature.com/articles/431388b.

219 revisó sus planes de contraflujo: «Mass Evacuations: Using Multiple Contraflow Loading Points», US Department of Homeland Security, Lessons Learned.

219 imprimió y distribuyó un millón y medio: Johnny B. Bradberry, «Written Testimony Before the US Senate Committee on Homeland Security and Governmental Affairs», 31 de enero 2006, 4.

219 los conductores se paraban: «Mass Evacuations: Using Multiple Contraflow Loading Points», US Department of Homeland Security, Lessons Learned.

219 ordenó que el contraflujo comenzara: Bradberry, «Written Testimony», 8, 9.

219 El tráfico fluyó mucho mejor: ídem., 10.

219 más de 1,2 millones de personas fueron evacuadas: ídem., 11.

219 «salvamos miles de vidas»: entrevista con Ivor van Heerden, 12 de marzo 2019, 00:30:05.

220 múltiples ejercicios adicionales: Beriwal, «Preparing for a Catastrophe».

220 «no podía pagar los gastos de viajes»: Christopher Cooper and Robert Block, *Disaster: Hurricane Katrina*, 21.

220 un gasto adicional de más de 62.000 millones de dólares: «FEMA Budget So Complex It Defies Consensus». Associated Press, 24 de septiembre 2005, http://www.nbcnews.com/id/9460436/ns/us_news-katrina_the_long_road_back/t/fema-budget-so-complex-it-defies-consensus/#.XPV8RYhKhDE.

221 la suplantación de identidad: *2019 Verizon Data Breach Investigations Report*, https://enterprise.verizon.com/resources/executivebriefs/2019-dbir-executive-brief.pdf.

221 un proveedor llamado KnowBe4: entrevista con Don Ringelestein, mayo 2019.

221 Un ladrón podría utilizar esos datos durante años: ídem; «Education Technologies: Data Collection and Unsecured Systems Could Pose Risks to Students», Federal Bureau of Investigation, Public Service Announcement, 13 de septiembre 2018, https://www.ic3.gov/media/2018/180913.aspx.

222 un 5 % en los últimos intentos: entrevista con Don Ringelestein, mayo 2019, correspondencia posterior e información sobre las pruebas de seguridad de suplantación de la identidad.

224 «The Vulnerable World Hypothesis»: Nick Bostrom, «The Vulnerable World Hypothesis», 2018, https://nickbostrom.com/papers/vulnerable.pdf.

225 hay «impresoras» de ADN: Rob Stein, «DNA Printing, A Big Boonto Research, But Some Raise Concerns», NPR, 7 de mayo 2015, https://www.npr.org/sections/health-shots/2015/05/07/404460240/dna-printing-a-big-boon-to-research-but-some-raise-concerns.

225 «Así recordamos el destino de la Atlántida»: *Y2K Family Survival Guide with Leonard Nimoy*, https://www.youtube.com/watch?v=EEhEQEG43RU.

226 Una predicción que se autodestruye: «Self-Defeating Prophecy», https://www.oxfordreference.com/view/10.1093/oi/authority.20110803100453214.

226 Chicken Little: Película de Walt Disney en la que un joven pollito y sus amigos se unen para salvar a los escépticos habitantes de su comunidad de un ataque extraterrestre.

226 fundó el Future of Humanity Institute: Para más información sobre el trabajo de Bostrom, busca este fascinante perfil: Raffi

Khatchadourian, «The Doomsday Invention: Will Artificial Intelligence Bring Us Utopia or Destruction?», *The New Yorker*, 23 de noviembre 2015, https://www.newyorker.com/magazine/2015/11/23/doomsday-invention-artificial-intelligence-nick-bostrom.

226 *Click Here to Kill Everybody*: Bruce Schneier, *Click Here to Kill Everybody: Security and Survival in a Hyper-connected World* (New York: Norton, 2018).

227 **«el riesgo de los gérmenes lunares»**: Michael Meltzer, *When Biospheres Collide: A History of NASA's Planetary Protection Programs* (US National Aeronautics and Space Administration, 2010), BiblioGov, 215.

227 **Era la época de la Guerra Fría**: Refugios nucleares: Robert Klara, «Nuclear Fallout Shelters Were Never Going to Work», History, 16 de octubre 2017, actualizado el 1 de septiembre 2018, https://www.history.com/news/nuclear-fallout-shelters-were-never-going-to-work; Guerra biológica: Joshua Lederberg, «The Infamous Black Death MayReturn to Haunt Us», *Washington Post*, 31 de agosto 1968, https://www.nlm.nih.gov/hmd/lederberg/pdf/bbabtv.pdf; Crisis de los misiles cubanos: «Cuban Missile Crisis», Wikipedia, https://en.wikipedia.org/wiki/Cuban_Missile_Crisis; «agacharse y cubrirse» en las escuelas: Sarah Pruitt, «How 'Duck-and-Cover' Drills Channeled America's Cold War Anxiety», 26 de marzo 2019, https://www.history.com/news/duck-cover-drills-cold-war-arms-race.

227 *La amenaza de Andrómeda*: Michael Crichton, *The Andromeda Strain* (New York: Centesis Corporation, 1969).

227 **advertían de dos tipos de contaminación**: Michael Meltzer, *When Biospheres Collide*, 18.

227 **«La contaminación de vuelta... y la contaminación de ida»**: ErinMahoney, «New Report Addresses Limiting Interplanetary Contamination During Human Missions», NASA, 2 de noviembre 2016, actualizado el 6 de agosto 2017, https://www.nasa.gov/feature/new-report-addresses-limiting-interplanetary-contamination-during-human-missions.

227 **Lederberg denominó «exobiología»**: Michael Meltzer, *When Biospheres Collide*, 32.

227 **«La exobiología influyó profundamente»**: Caleb Scharf, «How the Cold War Created Astrobiology: Life, Death and Sputnik», *Nautilus*, 21 de enero 2016, http://nautil.us/issue/32/space/how-the-cold-war-created-astrobiology-rp.

228 **«oficial de protección planetaria»**: https://sma.nasa.gov/sma-disciplines/planetary-protection.

228 **Ese departamento todavía existe**: entrevista con Catharine Conley, mayo 2019.

Capítulo 13: Tú, a contracorriente

229 **En el año 2005, el marido de Tricia Dyal:** mientras no se cite lo contrario, la historia de Daddy Doll procede de las entrevistas con Tricia Dyal en enero y julio de 2019, y con Elena Grace Dyal en enero de 2019 y de este artículo: Noelle McGee, «Ex-Danville Woman's Toys Bring Comfort to Military Children», *(Champaign, IL) News-Gazette*, 2 de diciembre 2007, https://www.news-gazette.com/news/ex-danville-womans-toys-bring-comfort-to-military-children/article_89ace243-46da-51a9-a52a-e6e295b28902.html.

230 **más de mil Daddy Dolls:** Stephanie Heinatz, «Dolls Help Children of Deployed Parents», *Chicago Tribune*, 12 de septiembre 2001, https://www.chicagotribune.com/news/ct-xpm-2006-09-12-0609120147-story.html.

230 **Hug-a-Hero Dolls:** Company website, https://daddydolls.com/HugAHero.

231 **«marca la diferencia para ellas»:** entrevista con Liz Byrne, enero 2019.

231 **El padre fundador de la astrobiología, Joshua Lederberg:** Caleb Scharf, «How the Cold War Created Astrobiology», *Nautilus*, 21 de enero 2016, http://nautil.us/issue/32/space/how-the-cold-war-created-astrobiology-rp.

232 **Jake Stap, entrenador de tenis:** Pagan Kennedy, *Inventology: How WeDream Up Things That Change the World* (New York: Houghton Mifflin Harcourt, 2016), introduction, ix–x.

233 **«Después de veinticinco años de matrimonio»:** de la respuesta a un estudio enviada por Steve Sosland en diciembre 2018 y el seguimiento posterior vía email.

234 *«Sé impaciente para la acción»:* entrevista con Maureen Bisognano, julio 2019.

234 **pienso en abogados como Sally Herndon:** La historia del proyecto ASSIST en Carolina del Norte ha sido adaptada de una columna que escribí con mi hermano hace años. Chip and Dan Heath, «Why True Grit Matters in the Face of Adversity», *Fast Company*, marzo 2011, https://www.fastcompany.com/1722712/why-true-gritmatters-face-adversity.

234 **obligaba a... 20 %:** North Carolina General Statute 367 (1993), North Carolina General Assembly, https://www.ncleg.net/Sessions/1993/Bills/House/PDF/H957v5.pdf, 2.

240 **El gobierno federal tenía la norma:** entrevista con Patrick Conway, agosto 2019; otra descripción en la web CMMI, https://innovation.cms.gov/about/.

240 estaban estudiando un programa de prevención de la diabetes (DPP): mientras no se diga lo contrario, la historia del trabajo para expandir el DPP procede de las entrevistas a Darshak Sanghavi, abril 2019, y Patrick Conway, agosto 2019, así como de lo que contó Sanghavi sobre esta historia en una presentación: Darshak Sanghavi, «Quality Talks 2018», YouTube. https://www.youtube.com/watch?v=-LYWU-qc2mSc, 8 de noviembre 2018.

240 se les retaba a que hicieran dos cosas: Research Behind the National DPP, Centers for Disease Control and Prevention, https://www.cdc.gov/diabetes/prevention/research-behind-ndpp.htm, consulta el 9 de octubre 2019.

240 un tercio menos de posibilidades de desarrollar diabetes tipo 2: ídem.

242 el actuario jefe del CMS recibió una carta con membrete del CMS: actuario anónimo, «Subject: Ethical Concerns in Using Lifetime Costs for Scoring Proposals», oficial correspondence to CMS Chief Actuary, 15 de diciembre 2015.

243 un poco de prosa legal añadida a un reglamento federal: Paul Spitalnic, «Certification of Medicare Diabetes Prevention Program», Office of the Actuary, CMS, 14 de marzo 2016.

243 «Intenta dejar este mundo»: Robert Baden-Powell, Introduction, Scouts.org, https://www.scout.org/node/19215?language=en.

Índice

Índice

Índice

Índice

Índice

Índice

Índice

Índice

Índice

Índice

Sobre el autor

DAN HEATH y su hermano Chip han escrito cuatro libros que el *New York Times* ha calificado de bestsellers: *Made to Stick, Switch, Decisive* y *The Power of Moments*. Heath forma parte del centro CASE de la Universidad Duke que ayuda a los emprendedores que luchan por el bien social. Vive en Durham, Carolina del Norte. De los libros de los hermanos Heath se han vendido más de tres millones de copias en todo el mundo y han sido traducidos a treinta y tres idiomas.